新能源汽车维修入门书系

新能源汽车
关键部件结构图解手册

广州瑞佩尔信息科技有限公司　组编

胡欢贵　主编

机械工业出版社
CHINA MACHINE PRESS

本书结合汽车企业巨头（如特斯拉、宝马、奔驰、大众、通用）及我国新能源汽车企业新星（如比亚迪、北汽新能源、上汽荣威等）诸多新能源车型的电池、电机、电控系统的产品部件结构分解，以全彩图解的形式，真实直观地诠释了新能源汽车关键部件的规格、结构特性、功能以及运行原理。

《新能源汽车关键部件结构图解手册》共分20章节，以全彩图解的形式描述了各种主流新能源车型的动力电池、车载充电机、DC/DC变换器、驱动电机、各种高压系统控制器的系统组成、部件结构、功能原理和技术特性。主要品牌包括有比亚迪、北汽新能源、广汽传祺、上汽荣威、吉利、奇瑞、众泰、江淮、长安等国产自主品牌，以及特斯拉、别克、雪佛兰、凯迪拉克、丰田、本田、日产-英菲尼迪、奔驰、宝马等国际品牌。

该书以全彩高清图文编排内容，按品牌车型进行分类，简洁明了，易查易懂；所有技术资料均来自厂家一线，真实可信，可作为汽车院校新能源汽车及相关专业的教辅资料，也可作为从事新能源汽车领域的工程技术人员、售后维修技术人员的参考资料使用。

图书在版编目（CIP）数据

新能源汽车关键部件结构图解手册 / 广州瑞佩尔信息科技有限公司组编；胡欢贵主编.—北京：机械工业出版社，2018.11（2023.1重印）
（新能源汽车维修入门书系）
ISBN 978-7-111-61351-0

Ⅰ.①新… Ⅱ.①广… ②胡… Ⅲ.①新能源-汽车-构造-图解
Ⅳ.①U469.7-64

中国版本图书馆CIP数据核字（2018）第259876号

机械工业出版社（北京市百万庄大街22号　邮政编码100037）
策划编辑：赵海青　　　责任编辑：赵海青
责任校对：杜雨霏　　　责任印制：李　昂
北京中科印刷有限公司印刷
2023年1月第1版第2次印刷
184mm×260mm・20.75印张・438千字
标准书号：ISBN 978-7-111-61351-0
定价：99.00元

凡购本书，如有缺页、倒页、脱页，由本社发行部调换

电话服务	网络服务
服务咨询热线：010-88361066	机工官网：www.cmpbook.com
读者购书热线：010-68326294	机工官博：weibo.com/cmp1952
010-88379203	金书网：www.golden-book.com
封面无防伪标均为盗版	教育服务网：www.cmpedu.com

前言

Preface

新能源汽车采用非常规的车用燃料作为动力来源（或使用常规的车用燃料，但采用新型车载动力装置），融合了车辆的动力控制和驱动方面的先进技术，是一种技术原理先进、具有新技术和新结构的汽车。

新能源汽车具体包括以下几种形式：油电混合动力汽车（分汽油混合动力系统和柴油混合动力系统）；压缩天然气（CNG）及液化天然气（LNG）汽车（包括点燃式和压燃式）；煤驱动类型汽车[包括点燃式M85甲醇汽油发动机、M15甲醇汽油机（部分新能源），压燃式二甲醚（DME）发动机、煤制汽油和煤制柴油]；生物质能源驱动类型汽车[包括E10乙醇汽油车（部分新能源）及柴油车（部分新能源）]；来自于煤、核能、水力、风力、太阳能发电充电的电动汽车。

上面提到的大多类型新能源汽车在我国目前仍处于研发阶段，批量生产的较少。而压缩天然气和液化天然气汽车因其技术较简单，主要应用于重型货车和大型客车及少数出租车型。当下批量生产的新能源汽车主要有纯电动（EV）和插电式油电混合动力（PHEV）汽车及不可外接充电的油电混动汽车（HEV），其中油电混合动力汽车包括汽油/柴油两种油电混合动力系统。

传统汽车是靠内燃机将汽油/柴油的化学能转化为动能，而内燃机的热效率仅为20%~40%，再加上原油开采、提炼、加工等工序的平均能量利用率仅为14%左右，如果利用新能源转化的电能，纯电动汽车比燃油汽车节能达70%，经济效益明显。

由于石油是不可再生资源，终有一天会枯竭。同时，即使再省油的汽车也要依靠石油这单一的能量来源。电能作为二次能源，不受石油资源的限制，除了煤炭之外，核能、风能、水力、太阳能、潮汐、地热都可以用来转化为电能，电动汽车是人类未来交通的必然选择。

今后，煤电在电力资源中所占的比例肯定会越来越低，而核电、光伏、风电、水电等新能源发电的比例将会越来越高，因此，电动汽车将会越来越环保。

使用纯电动汽车代替燃油汽车，是将燃油汽车分散的排放集中到了电厂的废气排放。而电厂的废气排放可以集中处理，无论是在技术上还是在经济上，电厂的集中处理都要优于汽车的尾气排放。此外，电动汽车代替燃油汽车，可以大大降低一氧化碳

（CO）和碳氢化合物（CH）的排放量，而随着技术进步和清洁能源发电的使用，氮氧化合物（NOx）和硫化物（SOx）的排放也将有所降低。

近年来，为了缓解全球气候升温的变化，不少国家和厂家纷纷做出禁售和减少开发与生产燃油汽车的目标和计划。

德国决议2030年起新车只能为零排放汽车，禁止销售汽油车与柴油车。

法国决定2040年前禁售汽油车与柴油车，目标是让法国在2050年前成为零碳排放国家。

荷兰要求2025年开始禁止在本国销售传统的汽油和柴油汽车。

挪威决定2025年起禁止燃油汽车销售。

印度表示到2030年只卖电动汽车，全面停止以石油燃油为动力的车辆销售。

沃尔沃宣布自2019年开始不再新开发燃油汽车，所有新款车型都将为纯电动或混合动力车型。

奔驰宣布将在2022年之前将整个汽车产品线实现电动化，全面停售传统燃油车型。

大众计划到2030年之前，实现所有车型电动化，停售传统燃油车型。

丰田宣布到2050年停售汽油车，到时将只出售混合动力及燃料电池汽车。

……

2012年，国务院出台《节能与新能源汽车产业发展规划（2012—2020年）》，提出了新能源汽车行业具体的产业化目标：到2015年，纯电动汽车和插电式混合动力汽车累计产销量力争达到50万辆；到2020年，纯电动汽车和插电式合动力汽车生产能力将达200万辆、累计产销量将超过500万辆。

在国家及地方政府配套政策的支持下，我国新能源汽车实现了产业化和规模化的飞跃式发展。2011年我国新能源汽车产量仅0.8万辆，占全国汽车产量的比重不到千分之一；2017年我国新能源汽车产量已达到79.4万辆，占全国汽车产量的比重已达2.7%。其中，2014年是我国新能源汽车发展元年，2014年、2015年我国新能源汽车产销量同比增长均超过300%。

电动汽车的核心技术是三电，即"电池、电机、电控"，而生产电池和电机所需要的关键性资源，我国储量都十分丰富。目前，电动汽车的动力电池大多为锂电池，我国是世界锂资源储量第三大国。电机目前普遍使用的是永磁同步电机，它需要利用稀土永磁材料来做电机的转子，而我国的稀土资源储量居世界首位，占了世界总储量的一半，并且目前稀土产品市场中，我国的产量占了世界市场的90%以上。因此，从资源上来说，我国有发展电动汽车的天然优势。

可以说，汽车的"新能源时代"已经全面来临，不论是汽车制造产业，还是服务行业，亦或是每一个汽车消费者，都不得不面对它，迎接它的到来。为此，我们特地

前言

编写了《新能源汽车关键技术数据速查手册》与《新能源汽车关键部件结构图解手册》、《新能源汽车高压及电控系统电路全彩图解》这套丛书。

本书结合汽车企业巨头（如特斯拉、宝马、奔驰、大众、通用）及我国新能源汽车企业新星（如比亚迪、北汽新能源、上汽荣威等）诸多新能源车型的电池、电机、电控系统的产品部件结构分解，以全彩图解的形式真实直观地诠释了新能源汽车关键部件的规格、结构特性、功能以及运行原理。

本书由广州瑞佩尔信息科技有限公司组织编写，胡欢贵主编，此外参加编写的人员还有朱其谦、杨刚伟、吴龙、张祖良、汤耀宗、赵炎、陈金国、刘艳春、徐红玮、张志华、冯宇、赵太贵、宋兆杰、陈学清、邱晓龙、朱如盛、周金洪、刘滨、陈棋、孙丽佳、周方、彭斌、王坤、章军旗、满亚林、彭启凤、李丽娟、徐银泉。在编写过程中，参考了大量国内外相关文献和网络信息资料，在此，谨向这些资料信息的原创者们表示由衷的感谢！

有囿于编者水平，及成书之匆促，书中错漏在所难免，还请广大读者朋友及业内方家多多指正。

编 者
2018年5月于广州

目 录

新能源汽车
关键部件结构图解手册

前 言

第1章 大众

1.1 途锐 HEV 001

1.1.1 高压电池（镍氢） 001
1.1.2 高压线束 002
1.1.3 驱动电机 002
1.1.4 电力电子装置 003

1.2 高尔夫 GTE PHEV 004

1.2.1 高压电池（锂离子） 005
1.2.2 高压线束 007
1.2.3 高压冷却系统 007
1.2.4 驱动电机 008
1.2.5 动力传动机构 010

第2章 奥迪

2.1 A6/A8 HEV 013

2.1.1 高压电池（锂离子） 013
2.1.2 驱动电机 016
2.1.3 功率控制电子装置 017
2.1.4 电动空调压缩机 019

2.2 Q5 HEV 020

2.2.1 高压电池（锂离子） 020

```
2.2.2  高压电缆……………………………………………………………022
2.2.3  驱动电机……………………………………………………………023
2.2.4  电动空调压缩机……………………………………………………025
```

2.3　A3 e-tron PHEV　　026

```
2.3.1  高压电池（锂离子）………………………………………………026
2.3.2  驱动电机……………………………………………………………029
2.3.3  动力传动机构………………………………………………………029
2.3.4  高压冷却系统………………………………………………………031
2.3.5  电动空调压缩机……………………………………………………032
```

第3章　奔驰

3.1　C350e PHEV　　034

3.2　GLE500e PHEV　　035

3.3　S500 PHEV　　037

```
3.3.1  高压电池（磷酸铁锂）……………………………………………037
3.3.2  高压电缆……………………………………………………………038
3.3.3  功率电子装置控制单元……………………………………………039
3.3.4  电机-变速器………………………………………………………039
3.3.5  直流变换器…………………………………………………………041
```

3.4　S400 HEV　　042

```
3.4.1  高压电池（锂离子）………………………………………………042
3.4.2  驱动电机……………………………………………………………043
```

第4章　宝马

4.1　i3/i01 EV　　045

```
4.1.1  高压电池（锂离子电池）…………………………………………045
4.1.2  驱动电机……………………………………………………………046
```

4.1.3	电机电子装置	049
4.1.4	变速器	050

4.2　i3/i01 PHEV/SHEV　　052

4.2.1	增程电机	053
4.2.2	增程电机电子装置	053

4.3　530Le/F18 PHEV　　055

4.3.1	高压电池（锂离子）	056
4.3.2	驱动电机	061
4.3.3	电机电子控制系统的部件	065
4.3.4	电机电子控制系统的作用	066
4.3.5	自动变速器	068
4.3.6	电动行驶制动	069
4.3.7	电动制冷压缩机	071
4.3.8	电加热装置	072

4.4　740e(G11)/740Le(G12) PHEV　　074

4.4.1	高压电池（锂离子）	074
4.4.2	驱动电机	076

4.5　X1 xDrive 25Le/F49 PHEV　　077

4.5.1	高压电池（锂离子）	078
4.5.2	高压电缆	079
4.5.3	驱动电机	080
4.5.4	电机电子装置	081

4.6　ActiveHybrid 7/F04 HEV　　082

4.6.1	高压电池（锂离子）	083
4.6.2	驱动电机	084
4.6.3	电机电子装置	085
4.6.4	电动空调压缩机	087

4.7　ActiveHybrid X6/E72 HEV　　089

4.7.1	高压电池（镍氢）	089
4.7.2	供电电控箱	090
4.7.3	供电配电盒	090

	4.7.4	高压导线 ·················	092
	4.7.5	辅助电源模块 ···············	093
	4.7.6	变速器与电机 ···············	093
	4.7.7	电动空调压缩机 ··············	096

第5章　特斯拉

5.1　Model S ··· 098

 5.1.1　驱动电机 ················· 098
 5.1.2　变速器 ··················· 100
 5.1.3　高压热管理系统 ············· 101

5.2　Model X ··· 103

5.3　Model 3 ··· 103

第6章　别克

6.1　君越 HEV ··· 105

 6.1.1　高压电池（镍氢）············ 106
 6.1.2　起动机/发电机总成 ··········· 107
 6.1.3　起动机/发电机控制模块 ········ 108

6.2　Velite 5 PHEV ··· 109

 6.2.1　高压电池（锂离子）··········· 109
 6.2.2　驱动电机 ················· 113
 6.2.3　混合动力热管理系统 ··········· 114
 6.2.4　5ET50变速器 ··············· 117

第7章　雪佛兰

7.1　沃蓝达 PHEV ··· 119

 7.1.1　高压线缆 ················· 120
 7.1.2　驱动电机 ················· 120

7.1.3　4ET50变速器 …………………………………………………… 121
7.1.4　电动辅助泵电动机 ………………………………………………… 123

7.2　赛欧 EV　　124

7.2.1　高压系统 ……………………………………………………………… 124
7.2.2　动力驱动单元 ………………………………………………………… 125

7.3　迈锐宝XL HEV　　126

7.3.1　高压电池（锂离子）………………………………………………… 127
7.3.2　混合动力热管理系统 ………………………………………………… 130

第8章　凯迪拉克

8.1　凯雷德 HEV　　133

8.1.1　高压电池 ……………………………………………………………… 134
8.1.2　高压电缆 ……………………………………………………………… 135
8.1.3　驱动电机电源逆变器模块 …………………………………………… 135
8.1.4　驱动电机 ……………………………………………………………… 136
8.1.5　2ML70变速器 ………………………………………………………… 137

8.2　XT5 HEV　　139

8.2.1　高压电池（锂离子）………………………………………………… 139
8.2.2　起动机/发电机 ………………………………………………………… 140
8.2.3　混合动力热管理系统 ………………………………………………… 141

8.3　CT6 PHEV　　143

8.3.1　高压电池（锂离子）………………………………………………… 143
8.3.2　驱动电机与变速器 …………………………………………………… 144
8.3.3　混合动力冷却系统部件 ……………………………………………… 145
8.3.4　4EL70变速器 ………………………………………………………… 148

第9章　丰田

9.1　卡罗拉-雷凌双擎混合动力 HEV　　157

9.1.1　HV蓄电池（镍氢）…………………………………………………… 158

| | 9.1.2 | 驱动电机 | 160 |
| | 9.1.3 | 逆变器 | 160 |

9.2 凯美瑞双擎混合动力 HEV — 162

	9.2.1	HV蓄电池（镍氢）	163
	9.2.2	驱动电机	165
	9.2.3	逆变器	166
	9.2.4	混合动力车辆传动桥	167

9.3 普锐斯HEV — 168

第10章 本田

10.1 思域HEV — 169

| | 10.1.1 | 高压电池（镍氢） | 169 |
| | 10.1.2 | 总线通信网络结构 | 171 |

10.2 飞度/CR-Z HEV — 173

| | 10.2.1 | 高压电池（镍氢） | 173 |
| | 10.2.2 | 驱动电机 | 173 |

10.3 雅阁 HEV — 175

	10.3.1	高压电池（锂离子）	175
	10.3.2	驱动电机	177
	10.3.3	电控无级变速器	179

10.4 CR-V HEV — 181

	10.4.1	高压电池（锂离子）	181
	10.4.2	混合动力系统	182
	10.4.3	驱动电机及其控制系统	184

10.5 思铂睿 HEV — 185

	10.5.1	高压电池（锂离子）	185
	10.5.2	驱动电机	186
	10.5.3	电控无级变速器	188

第11章　日产-英菲尼迪

11.1　楼兰HEV　195
- 11.1.1　高压电池（锂离子）……196
- 11.1.2　驱动电机……197

11.2　QX60 HEV　197
- 11.2.1　高压电池（锂离子）……198
- 11.2.2　驱动电机……199

第12章　比亚迪

12.1　唐 PHEV　200
- 12.1.1　高压电池（磷酸铁锂）……200
- 12.1.2　高压配电箱……201

12.2　秦 PHEV　202
- 12.2.1　高压电池（磷酸铁锂）……202
- 12.2.2　高压配电箱……204
- 12.2.3　驱动电机……205
- 12.2.4　高压电缆……206

12.3　E6 EV　206
- 12.3.1　高压电池（磷酸铁钴锂）……207
- 12.3.2　高压配电箱……208
- 12.3.3　驱动电机……209

第13章　北汽新能源

13.1　EC系列 EV　210

13.2　EU系列 EV　212
- 13.2.1　电机控制系统……212
- 13.2.2　驱动电机……212
- 13.2.3　冷却系统……213

13.3 EV系列 EV 214

13.3.1 高压电池(锂离子) 214
13.3.2 高压配电盒 215
13.3.3 驱动电机 216
13.3.4 驱动电机控制器 217

第14章 广汽传祺

14.1 GA5 PHEV 218

14.1.1 高压电池（磷酸铁锂） 219
14.1.2 驱动电机 221
14.1.3 水加热器系统 223

14.2 GA3S PHEV 224

14.2.1 高压电池（锂离子） 225
14.2.2 机电耦合系统 225
14.2.3 电机控制器 227
14.2.4 整车控制系统 228
14.2.5 电动空调压缩机与PTC水加热器 228

14.3 GE3 EV 229

14.3.1 高压电池（锂离子） 230
14.3.2 高压电池冷却系统 232
14.3.3 电机与电机控制器 235
14.3.4 差速器与减速器总成 238

14.4 GS4 PHEV 240

14.4.1 高压电池（锂离子） 241
14.4.2 高压冷却系统 246
14.4.3 车载充电机 248

第15章 荣威

15.1 E50 EV 249

15.1.1 高压电池（镍钴锰酸锂） 249

15.1.2	高压配电系统	252
15.1.3	驱动电机	253
15.1.4	电力电子箱	254

15.2 ERX5 EV — 255

15.2.1	高压电池（锂离子）	255
15.2.2	电驱动变速器	256
15.2.3	电力电子箱	258

15.3 e550 PHEV — 258

15.3.1	高压电池（锂离子）	258
15.3.2	电驱动变速器	259
15.3.3	电力电子箱	261

第16章 吉利

16.1 帝豪 EV — 263

16.1.1	高压电池（锂离子）	263
16.1.2	驱动电机	263
16.1.3	减速器	264

16.2 帝豪 PHEV — 265

16.2.1	高压电池（锂离子）	265
16.2.2	动力合成箱	267

16.3 帝豪 HEV — 271

16.3.1	高压电池（镍氢）	271
16.3.2	动力合成箱	274

第17章 奇瑞

17.1 艾瑞泽7e PHEV — 275

17.1.1	车辆控制器	275
17.1.2	电机控制器	275
17.1.3	无级变速器	276

17.2 M1 EV — 279

目录

第18章 众泰

18.1 云100/100S EV … 280
- 18.1.1 高压电池（锰酸锂）… 280
- 18.1.2 驱动电机控制器 … 280
- 18.1.3 电驱动动力系统 … 281

18.2 芝麻E30 EV … 282
- 18.2.1 高压电池（锂离子）… 282
- 18.2.2 电池管理系统 … 283
- 18.2.3 驱动电机 … 285
- 18.2.4 电机控制器 … 285
- 18.2.5 车辆控制器 … 287
- 18.2.6 车载充电机 … 288
- 18.2.7 DC/DC变换器 … 288

18.3 E200 EV … 289
- 18.3.1 高压电池（锂离子）… 289
- 18.3.2 电机控制器 … 290
- 18.3.3 整车控制系统 … 292

第19章 江淮

19.1 江淮iEV4 … 294

19.2 江淮iEV5 … 295
- 19.2.1 整车高压系统部件 … 295
- 19.2.2 驱动电机与电机控制器 … 296

19.3 江淮iEV6 … 297
- 19.3.1 高压系统部件分布 … 297
- 19.3.2 充电控制系统 … 299
- 19.3.3 驱动电机与电机控制器 … 300

19.4 江淮iEV7　　300

- 19.4.1　高压系统部件……………………………………………………300
- 19.4.2　高压电池系统……………………………………………………301
- 19.4.3　驱动电机与电机控制器…………………………………………302

第20章　长安

20.1 逸动EV　　303

- 20.1.1　驱动电机……………………………………………………………303
- 20.1.2　直流变换器…………………………………………………………304
- 20.1.3　高压电器盒…………………………………………………………305
- 20.1.4　高压线路……………………………………………………………307
- 20.1.5　电动减速器…………………………………………………………308

20.2 奔奔EV　　310

- 20.2.1　高压电池（锂离子）………………………………………………310
- 20.2.2　驱动电机与控制器…………………………………………………311
- 20.2.3　车载充电机…………………………………………………………313
- 20.2.4　高压线束……………………………………………………………314

第1章 大众

新能源汽车
关键部件结构图解手册

1.1 途锐 HEV

1.1.1 高压电池（镍氢）

高压电池安装于行李箱地板盖下。它被设计成一个整体模块，其中包含途锐高压系统的各种组件。整个高压电池模块重 85 kg，只能整体更换。

高压电池采用了镍金属氢化物电池。电池使用凝胶电解液，所以即使蓄电池外壳上出现较大的漏洞，也不会有液体泄漏。电池组包含两个蓄电池列，每列电压为 144 V。两个蓄电池列通过安全开关连接，提供 228 V 电压。高压电池采用风冷方式进行冷却。两个风扇从车内吸入少量空气，热风通过后保险杠处的强制通风系统排出。电气箱安装于高压蓄电池的边缘处。

高压电池模块包括：288V高压电池、蓄电池外壳、接线盒、配电箱（电气箱）、进气管道和排气管道、内装有两个12V电动风扇的风扇壳体，部件安装位置见图1-1。

图1-1 途锐混动高压电池模块部件安装位置

1.1.2 高压线束

图1-2所示的线路属于高压系统：从高压电池接至电力电子装置的两条高压电线，从电力电子装置接至电机的三条高压电线，从电力电子装置接至空调压缩机的一条高压电线。

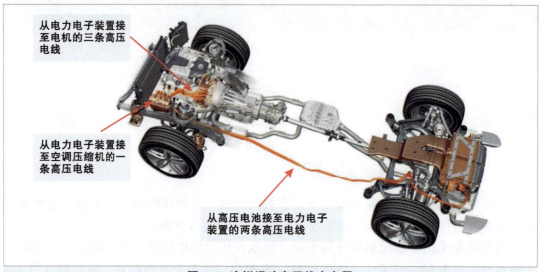

图1-2 途锐混动高压线束布置

1.1.3 驱动电机

电机位于发动机和自动变速器之间，见图1-3。它是一台三相交流同步电机。电力电子装置将288 V直流电压转换为三相交流电压。三相交流电在电机中形成一个三相电磁场。

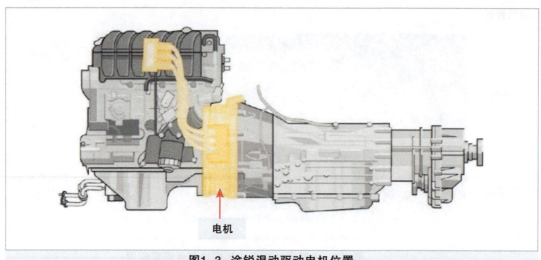

图1-3 途锐混动驱动电机位置

电机由以下部件组成（图1-4）：压铸铝壳体、内部磁极转子、定子（带电磁绕组）、电机主轴承、三相高压接口。

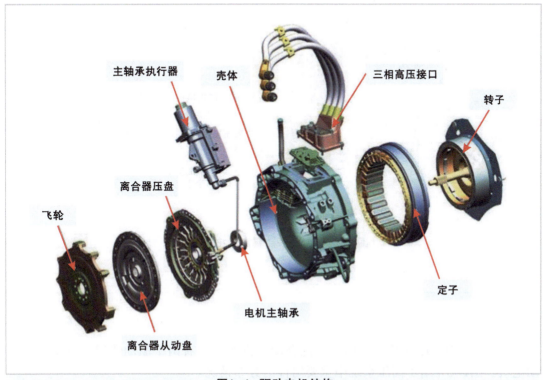

图1-4　驱动电机结构

1.1.4　电力电子装置

电力电子装置在电力驱动中起到能量转换器的作用。它位于驾驶人侧、在动力总成和轮罩之间，其中包含各种高压组件和电力驱动组件，分别是：

- 电力电子装置控制单元
- 电力电子装置温度传感器
- 一台288V直流/12V直流变压器
- 用于电机的双向直流/交流变压器
- 高压分配器
- 2个用于连接来自高压电池线路的高压接口，见图1-5
- 3个用于连至电机线路的高压接口，见图1-5
- 1个用于连至空调压缩机线路的高压接口，见图1-5
- 12V车载电网低压接口
- 集成安装于壳体内的冷却系统，带有接至低温冷却回路的接管
- 配有安全插接器的安全线路

在电力电子装置中集成了两个变压器。它们可转换高压电池的288V直流电压,以供电机和12V车载电网使用。

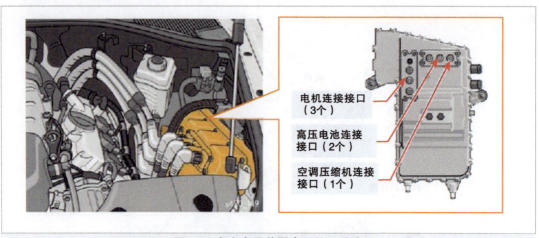

图1-5 电力电子装置高压接口分布

1.2 高尔夫 GTE PHEV

高尔夫GTE PHEV是一款插电式混合动力汽车。它有两个驱动装置,发动机与驱动电机。图1-6介绍了高压系统中重要组件的分布情况。

高尔夫GTE PHEV与普通版高尔夫车型一样来源于MQB平台,动力系统、油箱、

图1-6 高尔夫GTE PHEV高压系统部件位置

高压电池组等模块都能在该平台上灵活替换。车身后部集成了一个容积为40L的油箱和一块重量为120kg，容量为8.7kW·h的锂离子电池，电池的安装位置在后排座椅的正下方。

该车充电口隐藏在车头大众标志后面，用家用220V交流电充电时，采用壁挂式充电器仅需3.5h。充电器与充电枪制造商为台达集团与德尔福公司。

1.2.1 高压电池（锂离子）

高压电池安装在后桥前部的车辆底部。它提供三相电驱动电机、高压加热器和电动空调压缩机。高尔夫GTE使用和e-up与e-Golf相同的锂离子电池，并且是首次使用液冷电池。电池冷却接口与高压接口见图1-7，高压电池组内部结构如图1-8所示。

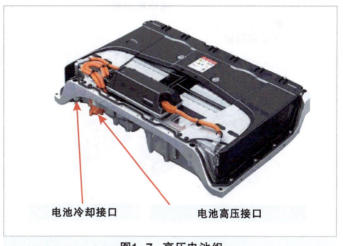

图1-7 高压电池组

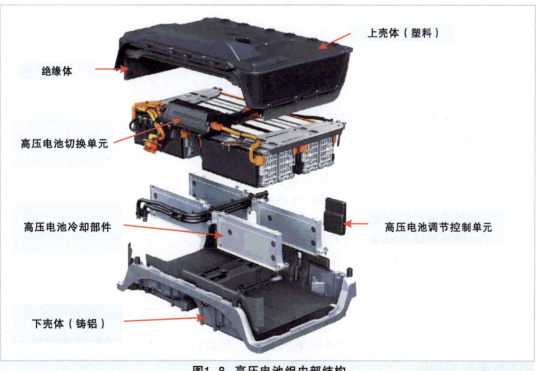

图1-8 高压电池组内部结构

高压电池调节控制单元是用于高压电池切换以及电池模块监控的主控制器，单个电池模块组成如图1-9所示，高压电池调节控制单元执行以下功能：

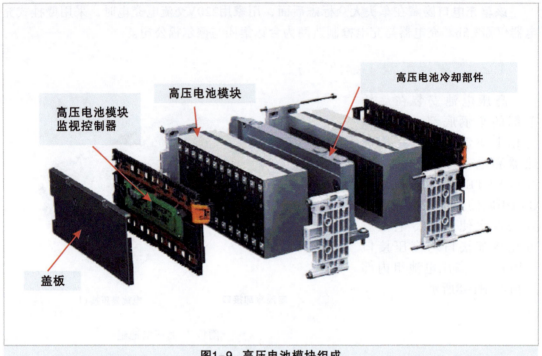

图1-9　高压电池模块组成

- 监测线路状况
- 检测碰撞信号
- 冷却液冷却的温度调节
- 控制继电器（SX6传感器）
- 测量阻断继电器前后的电流（Sx6传感器）
- 评估电流传感器（SX6传感器）
- 测量和评估电池电压（Sx6传感器）
- 测量和评估电池电压（J497传感器）
- 模块的温度测量（J497传感器）
- 电池平衡（J497执行器/传感器）

绝缘电阻由高压电池SX6的开关单元监控。起动信号经过检查后发送至高压电池调节控制单元J840。

1.2.2 高压线束

图1-10显示了高压线束如何布线到高压组件并标示了导线横截面参数。

图1-10 高压线束布线

1.2.3 高压冷却系统

高压组件的冷却液回路是一个独立的回路,用于以下高压组件:电池充电器,电源和控制电子设备以及高压电池。冷却回路如图1-11所示。用于高压电池N688的冷却液阀可使高压电池解耦和独立调节。高压电池的热交换器VX63通过空调系统中的制冷剂达到所需温度。

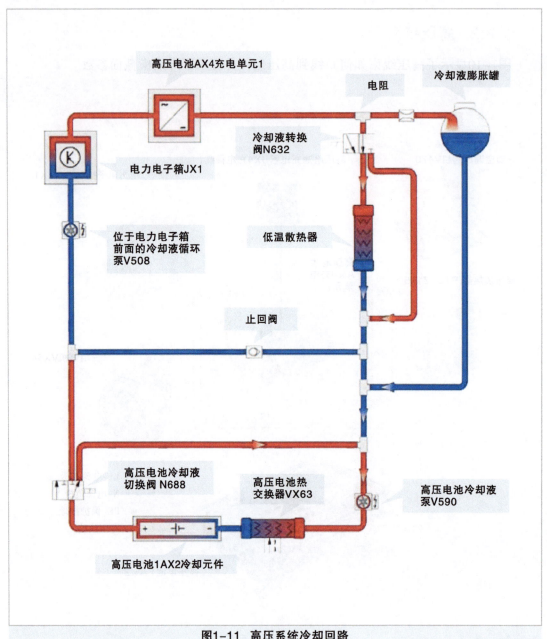

图1-11 高压系统冷却回路

1.2.4 驱动电机

电力驱动装置使用永磁同步电机。它位于1.4L 110kW TSI发动机和六速双离合器变速器0DD之间。

该电机可以作为车辆的唯一驱动装置,或者与发动机一起使用。此外,它还可以执行起动机和交流发电机的任务。该电动装置部件分解如图1-12所示。

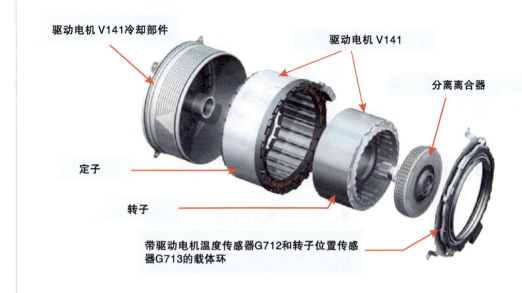

最大输出功率	75kW
最大输出转矩	330N·m
最大电机转速	7000r/min
驱动电机重量	34kg

图1-12 驱动电机部件分解

 电驱动装置

三相电流驱动装置VX54包括以下部件：

- 驱动电机V141
- 驱动电机温度传感器G712
- 驱动电机转子位置传感器1 G713

电机温度传感器测量两个电磁铁之间的驱动电机的温度，其安装位置见图1-13。它将信号发送到电动驱动控制单元J841。在大约150℃以上的温度下，驱动电机的功率将受到限制。在180℃以上，电机将停止工作防止过热。传感器是NTC热敏电阻传感器（负温度系数）。

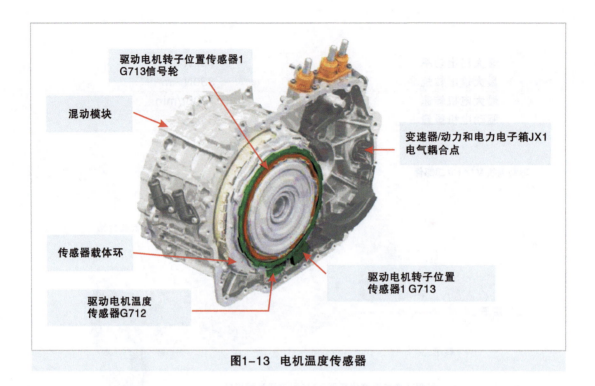

图1-13 电机温度传感器

1.2.5 动力传动机构

六速双离合器变速器ODD首次在高尔夫GTE中使用,并已用于混合动力驱动系统。完整的混合动力模块已安装在变速器中首次使用,见图1-14。

双离合器变速器ODD具有六个前进档。两个齿轮系通过两个离合器K1和K2连接到

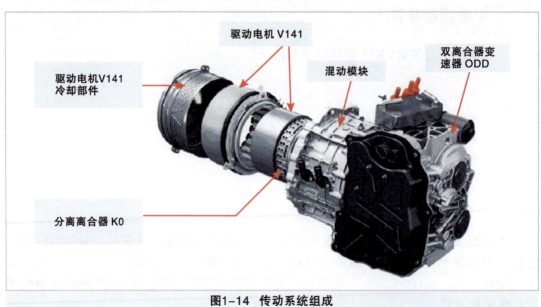

图1-14 传动系统组成

驱动电机V141。分离离合器K0将发动机连接到驱动电机V141或将它们分开。所有三个离合器都通过液压力进行工作。

当分离离合器接合时，高尔夫GTE由发动机和驱动电机V141一起驱动。而且，当分离离合器接合时，发动机通过驱动电机V141起动。

大众高尔夫GTE采用的混动系统叫P2混动系统，这套系统有两个离合器，除了传统变速器具备的离合器之外，在电机和发动机中间还有一个离合器，其结构形式见图1-15与图1-16。

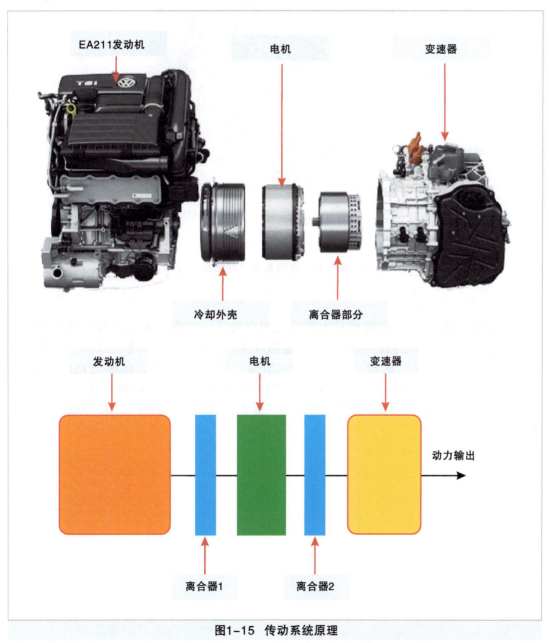

图1-15 传动系统原理

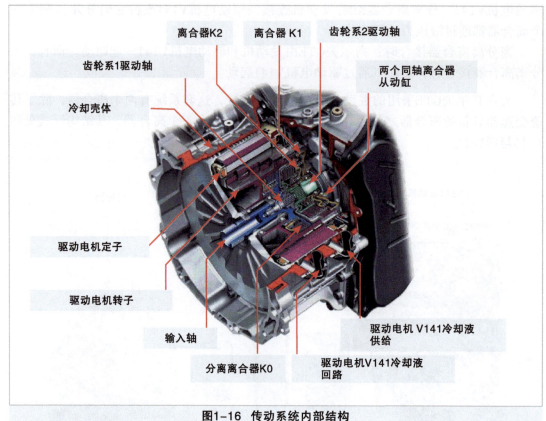

图1-16 传动系统内部结构

该车结构简单,仅在传统的动力总成之间多加了一个电机和离合器(该离合器用于控制电机和发动机之间的连断),其他都没变。系统应用在高尔夫GTE上,由一台1.4TSI发动机、一台电机和一台六速DSG组成:驱动电机最大功率为75kW,结合1.4TSI发动机可输出150kW,峰值转矩达到350N·m。在六速双离合器变速器配合下,百公里加速7.6s,最高车速为222km/h,最大巡航里程为939km,百公里综合油耗低至1.5L。

第2章 奥迪

2.1 A6/A8 HEV

2.1.1 高压电池（锂离子）

A6/A8 HEV的混合动力蓄电池单元AX1位于行李箱内的前部，它由下述部件构成：高压电池A38、蓄电池调节控制单元J840、高压触点、保养插头接口TW、安全插头接口TV44、高压线束接口PX1和12V车载电网接口。

混合动力蓄电池单元AX1壳体使用电位补偿线（电位均衡线）与车身相连。为了冷却高压蓄电池A38，混合动力蓄电池单元AX1壳体带有用于吸入和排出冷却空气的接口。

另外，在混合动力蓄电池单元AX1壳体上装了一个有害气体通气管，这是为了在蓄电池有故障时通过该通气软管将溢出的气体引至车底部位。奥迪A6混合动力车混合动力蓄电池单元AX1的安装位置见图2-1。

图2-1 奥迪A6混动蓄电池安装位置

奥迪A8混合动力车混合动力蓄电池单元AX1的安装位置见图2-2。

图2-2 奥迪A8混动蓄电池安装位置

高压电池A38由两个串联的电池组组成，这两个电池组是通过保养插头TW彼此相连的。每个电池组又是由两个电池模块构成的，每个电池模块由18个锂离子电池格组成，额定电压是66.5V。有一个电流传感器用于在蓄电池充电和放电时检测电流，工作情况由蓄电池调节控制单元J840来监控。电池模块接口及插头分布见图2-3。

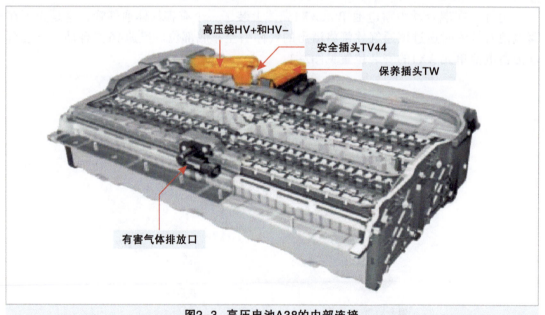

图2-3 高压电池A38的内部连接

奥迪A6混合动力汽车的冷却模块安装在备胎坑内，混合动力蓄电池单元的后面。蓄电池冷却系统部件组成如图2-4所示。

- 蓄电池风扇1 V457
- 混合动力蓄电池循环空气翻板1的伺服电动机V479
- 混合动力蓄电池循环空气翻板2的伺服电动机V480
- 混合动力蓄电池蒸发器前的温度传感器G756
- 混合动力蓄电池蒸发器后的温度传感器G757
- 混合动力蓄电池冷却液截止阀2 N517
- 蒸发器

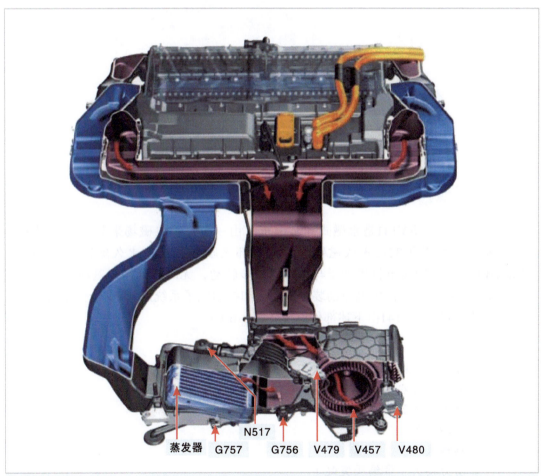

图2-4 奥迪A6混动蓄电池冷却系统部件组成

奥迪A8混合动力车的混合动力蓄电池单元AX1冷却模块安装在蓄电池单元下面。冷却系统部件组成见图2-5。

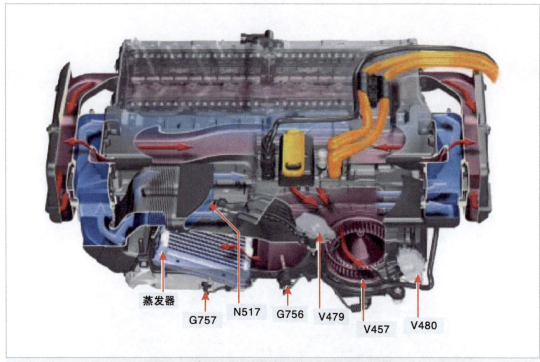

图2-5 奥迪A8混动蓄电池冷却系统部件组成

2.1.2 驱动电机

电驱动装置电机V141是永磁式同步电机,由一个三相电磁场来驱动。所谓永磁式,是指转子配备了32块永久磁铁,不由外部来励磁。这些永久磁铁是钕-铁-硼(NdFeB)材料。同步电机指转子与励磁场同步转动,无时间延迟。磁场由24个电磁线圈产生,这些电磁线圈由电驱动装置的功率和控制电子系统JX1来供给交流电压。

电驱动装置电机V141由下述部件组成(图2-6):

- 带有永久磁铁的转子
- 带有电磁线圈的定子
- 分离离合器 F
- 冷却水套
- 轴承盖
- 动力接头(带编码突起)
- 电驱动装置温度传感器G712
- 电驱动装置转子位置传感器1-G713

图2-6 驱动电机的组成部件

电驱动装置温度传感器1-G712是一个负温度系数（NTC）电阻，它用于检测电驱动装置电机V141的温度，该传感器置于两个电磁线圈之间。

电驱动装置转子位置传感器1-G713由24个线圈和一个金属制的凸轮盘（带有八个凸轮）组成，凸轮盘与转子是刚性连接在一起的。两个传感器的安装位置见图2-7。

图2-7 温度传感器与转子位置传感器

2.1.3 功率控制电子装置

电驱动装置的功率和控制电子系统JX1由下述部件组成（图2-8~图2-10）：

- 电驱动控制单元 J841
- 牵引电机逆变器 A37
- 变压器 A19
- 中间电容器 1-C25

图2-8 功率控制电子装置接口分布

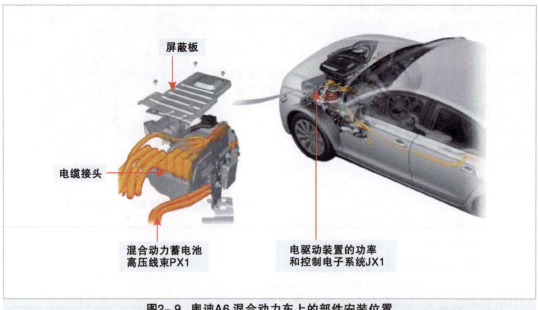

图2-9 奥迪A6混合动力车上的部件安装位置

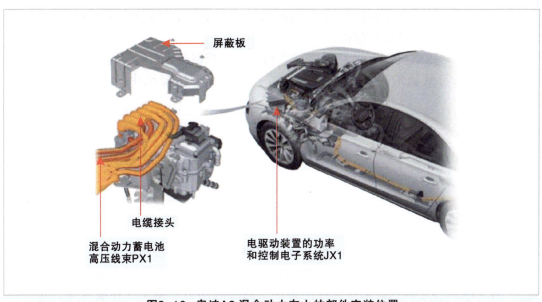

图2-10 奥迪A8混合动力车上的部件安装位置

2.1.4 电动空调压缩机

电动空调压缩机V470取代了带传动的空调压缩机，见图2-11。该压缩机通过电驱动装置的功率和控制电子系统JX1连接在高压系统上，其供电电压是266V。

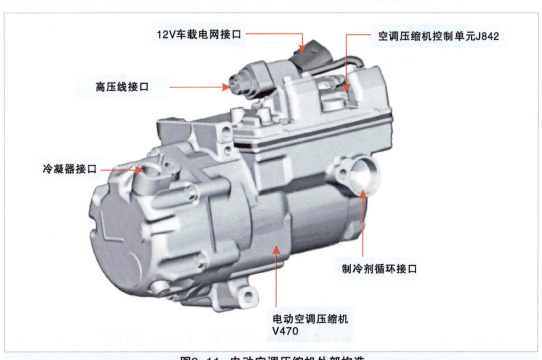

图2-11 电动空调压缩机外部构造

在电驱动装置的功率和控制电子系统JX1内有一个30A的熔丝，它用于为电动空调压缩机V470的高压电路提供保护。

在电动空调压缩机V470上，集成有空调压缩机控制单元J842。该控制单元通过扩展CAN总线来与其他的控制单元交换数据。电动空调压缩机由自动空调控制单元J255来操控。

2.2　Q5 HEV

奥迪Q5 HEV quattro（奥迪Q5混合动力四驱）车是奥迪公司第一款完全混合动力高级SUV，它的高压部件分布如图2-12所示。在经历了三代奥迪混合动力轿车后，奥迪Q5 HEV quattro是第一款采用两种动力形式的混合动力车型（这种混合动力是一种最新的高效并联式混合动力技术），其动力媲美V6发动机，油耗却很低。

图2-12　整车高压系统部件

2.2.1　高压电池（锂离子）

混合动力蓄电池单元AX1在行李箱内的备胎坑中，它由下述部件构成（图2-13）：

- 高压蓄电池A38
- 蓄电池调节控制单元J840
- 保养插头接口TW
- 安全插头接口TV44
- 高压线束接口PX1
- 12V车载电网接口

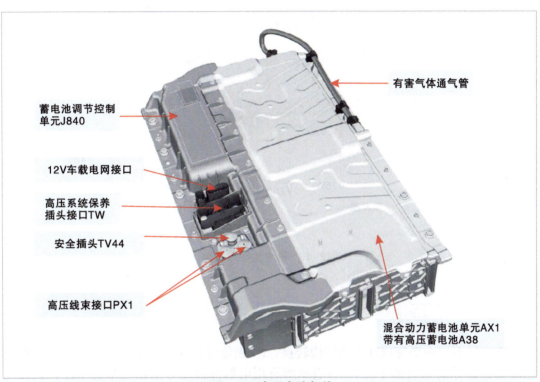

图2-13 高压电池部件

冷却模块的部件包括（图2-14）：

- 蓄电池风扇1-V457
- 混合动力蓄电池循环空气翻板1的伺服电动机-V479
- 混合动力蓄电池循环空气翻板2的伺服电动机-V480（未示出）
- 混合动力蓄电池蒸发器前的温度传感器-G756
- 混合动力蓄电池蒸发器后的温度传感器-G757
- 混合动力蓄电池冷却液截止阀1-N516
- 混合动力蓄电池冷却液截止阀2-N517（未示出）

另外,在混合动力蓄电池壳体与高压蓄电池两个部分之间,安装了六个温度传感器,每个传感器都位于冷却模块上的蓄电池冷却空气入口或出口处。

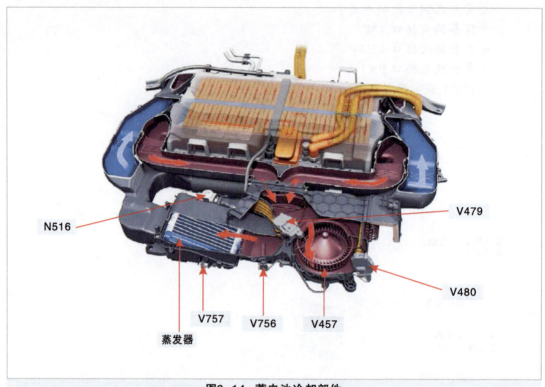

图2-14 蓄电池冷却部件

2.2.2 高压电缆

在高压系统内要完成IT线路结构转换。I代表绝缘传递电能(通过单独的、对车身绝缘的正极导线和负极导线)。T表示所有用电器都采用等电位与车身相连,该导线由控制单元J840在绝缘检查时一同监控,以便识别出绝缘故障或者短路。

高压装置内分布有如下线路段(图2-15):

- 从高压蓄电池到功率控制电子装置的两根高压线(P1、P2)
- 从功率控制电子装置到电驱动装置电机的三根高压导线(P4、P5、P6)
- 从功率控制电子装置到空调压缩机的一根双芯高压线(P3)

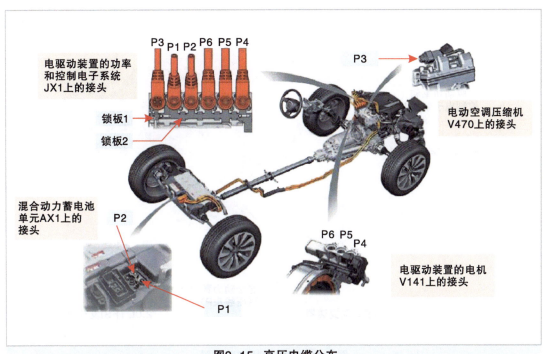

图2-15 高压电缆分布

接头	编号	环颜色和局部颜色	状态
功率控制电子装置-高压蓄电池 混合动力蓄电池高压线束 PX1	P1	红色	T+ (HV-Plus)
	P2	棕色	T- (HV-Minus)
功率控制电子装置-空调压缩机	P3	红色	—
功率控制电子装置-电驱动装置 的电机高压线束 PX 2	P4	蓝色	U
	P5	绿色	V
	P6	紫色	W

2.2.3 驱动电机

电驱动装置的电机安装在2.0L TFSI发动机和8速自动变速器之间的空隙处（取代了变矩器），见图2-16。该电机是永磁式同步电机，由一个三相电磁场来驱动。转子上装备有永久磁铁（钕-铁-硼NdFeB材料）。

电驱动装置的电机V141集成在三相交流驱动装置VX54内。电驱动装置的电机由电驱动控制单元J841和电驱动功率和控制电子装置JX1来操控，通过改变频率来调节转速，通过脉冲宽度调制来调节转矩。

通过功率控制电子装置将266V的直流电转换成三相交流电，这个三相交流电可在电驱动装置的电机内产生一个三相电磁场。

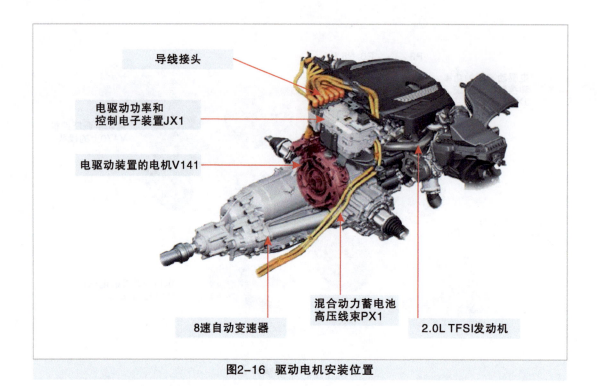

图2-16 驱动电机安装位置

电驱动装置的电机构成如下（图2-17）：

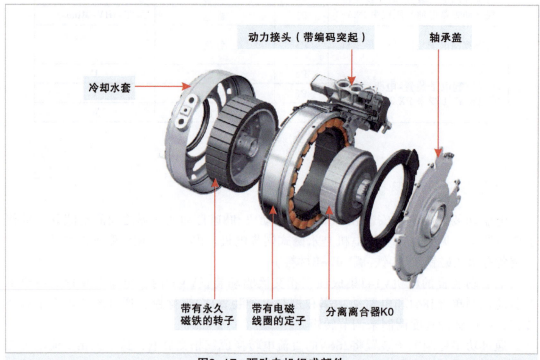

图2-17 驱动电机组成部件

- 铸造铝壳体
- 内置转子，装备有永久磁铁（钕-铁-硼NdFeB材料）
- 带有电磁线圈的定子
- 一个轴承盖（用于连接到自动变速器上）
- 分离离合器
- 三相动力接头

2.2.4 电动空调压缩机

混动车型不再使用带传动的空调压缩机，而是电动空调压缩机V470。该压缩机使用高压回路的电压来工作，并连接在功率控制电子装置上。在电动空调压缩机V470上，集成有空调压缩机控制单元J842。空调系统部件见图2-18。

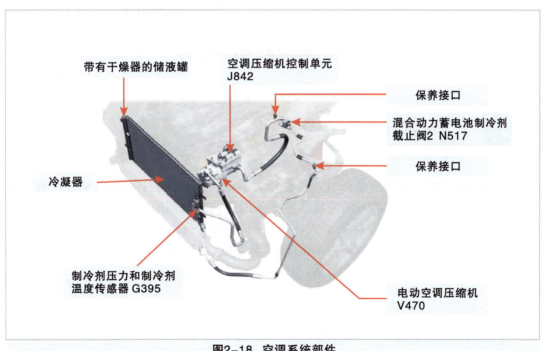

图2-18 空调系统部件

电动空调压缩机V470是用螺栓拧在缸体上的，它通过高压线与功率和控制电子装置连接(图2-19)。该高压线与其他高压线不同，它有一个用于高压的双圆形触点和两个用于安全线的触点。

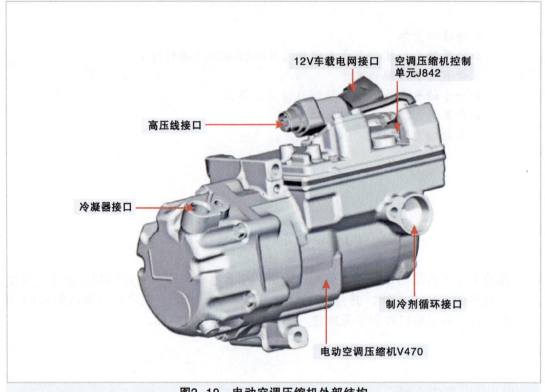

图2-19 电动空调压缩机外部结构

2.3 A3 e-tron PHEV

A3 e-tron PHEV采用的是插电式混合动力系统,搭载一台1.4T涡轮增压汽油发动机和一个最高转矩为330N·m的电机,整车依旧是前置前驱的布局,电池和油箱都被安置在车辆的后半部分。车辆的最大转矩达到了350N·m,接近主流2.0T发动机的动力水平。在纯电动模式下,A3 e-tron的最高车速可达130km/h,续航里程达到50km。车辆高压系统部件分布如图2-20所示。

2.3.1 高压电池(锂离子)

A3 e-tron配备的锂离子电池组容量为8.8kW·h,其外壳主要由铝材制成,内部包括8个模块共计96个电池单元,其工作温度为-28~60℃。如采用工业电压充电,约135min可充满电。如采用家用电压充电,约300min可以把电充满。电池内部结构见图2-21、图2-22。

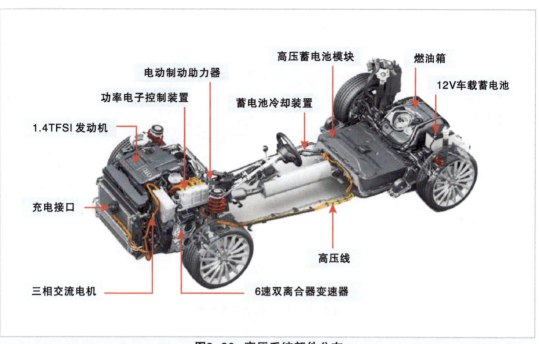

图2-20 高压系统部件分布

图2-21 高压电池内部结构

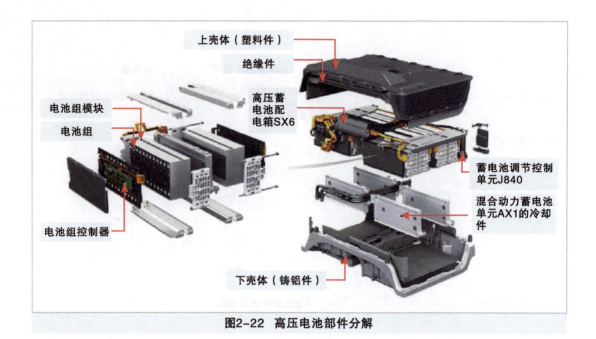

图2-22 高压电池部件分解

! 高压蓄电池配电箱SX6由下述部件组成：

- 控制器
- 高压系统熔丝2-S352
- 高压蓄电池电流传感器-G848
- 高压蓄电池保护电阻-N662
- 高压蓄电池功率保护器1-J1057（HV-正）
- 高压蓄电池功率保护器2-J1058（HV-负）
- 高压蓄电池预充电保护器-J1044（20Ω）

满足下述条件之一，功率保护器就会断开：

- 15号线关闭
- 识别到来自安全气囊控制单元J234的碰撞信号
- 保养插头TW已断开
- 30c号线的功率保护供电熔丝已拔下
- 混合动力蓄电池单元AX1的12V供电已中断
- 安全线已中断

2.3.2 驱动电机

A3 e-tron动力系统的最特别之处在于其有3个离合器，除了双离合器变速器上面的两个离合器之外，其在电机中还集成了一个分离离合器K0，它的主要作用是当纯电行驶的时候，发动机并不工作，这时如果发动机和电机通过传动机构相连的话，电机会带动发动机转动，从而浪费电量，所以在发动机不工作的时候，分离离合器K0会将两者断开连接，让电机独自驱动车辆，达到最大化利用电能行驶的目的。驱动电机装置部件分解如图2-23所示。

图2-23 驱动电机部件分解

2.3.3 动力传动机构

A3 e-tron的动力系统由发动机、电机和变速器组成（图2-24）。

A3 Sportback e-tron的传动系统，采用的是前驱车横置安装的六速双离合器变速器(0DD)，变速器剖视图如图2-25所示。

- 整体包含有被冷却水套包围着的电驱动装置电机V141、变速器部分1和离合器部分2的离合器K1和K2，以及离合器K0。
- 离合器K0位于双质量飞轮的次级质量块一侧，将电驱动装置的电机V141与发动机连接在一起。
- 离合器K1和K2会将两种动力的全部功率连续传递到变速器部分。
- K0、K1和K2这三个离合器都是湿式离合器，由变速器的机电一体控制模块来操控。

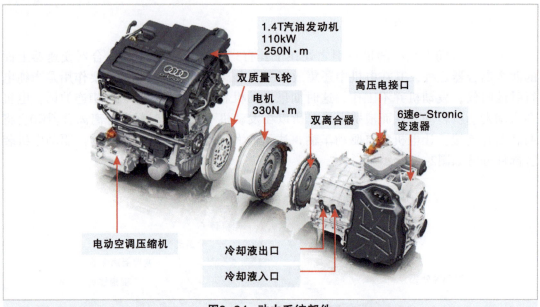

图2-24 动力系统部件

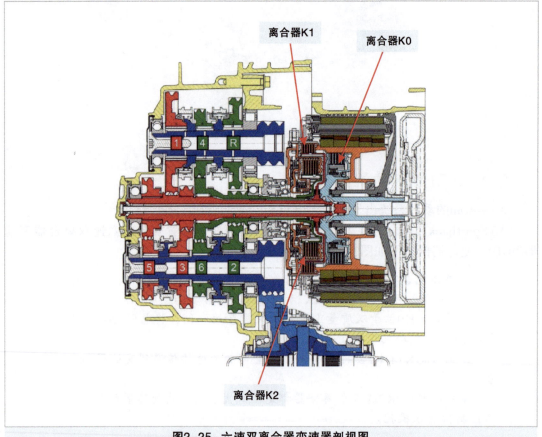

图2-25 六速双离合器变速器剖视图

2.3.4 高压冷却系统

高压模块连接在低温冷却液循环2中，温度低于低温冷却液循环1中的平均温度。高压冷却系统管路分布及冷却液循环回路见图2-26、图2-27。

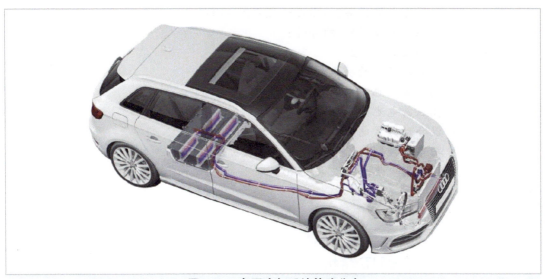

图2-26 高压冷却系统管路分布

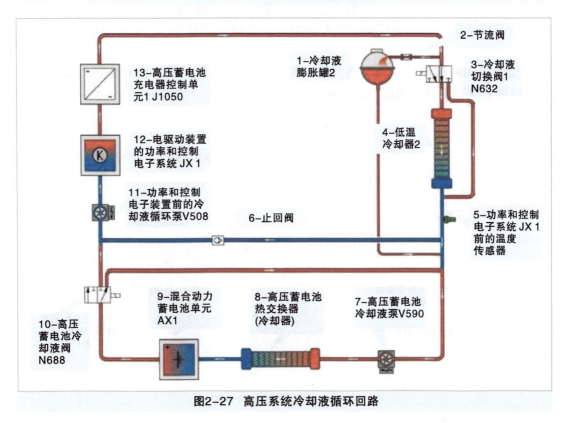

图2-27 高压系统冷却液循环回路

- 低温冷却液循环2有专用的冷却液膨胀罐（冷却液膨胀罐2），并通过功率和控制电子装置前的冷却液循环泵V508和高压蓄电池冷却液泵V590来实施循环。
- 低温冷却液循环2的温度一般在20~40℃。
- 低温冷却液循环2的部件：
  * 冷却液膨胀罐2
  * 电驱动装置的功率和控制电子系统JX1
  * 高压蓄电池充电器控制单元
  * 高压蓄电池热交换器
  * 混合动力蓄电池单元AX1
  * 功率和控制电子装置前的冷却液循环泵V508
  * 高压蓄电池冷却液泵V590

2.3.5 电动空调压缩机

A3 Sportback e-tron的空调制冷剂循环与奥迪A3（型号8V）不同。

电动空调压缩机V470既可调节车内温度，也可调节混合动力蓄电池单元AX1的温度。

接膨胀阀的空调制冷剂循环具有单独的高压管和低压管，没有使用内部热交换器。空调系统部件连接如图2-28所示。

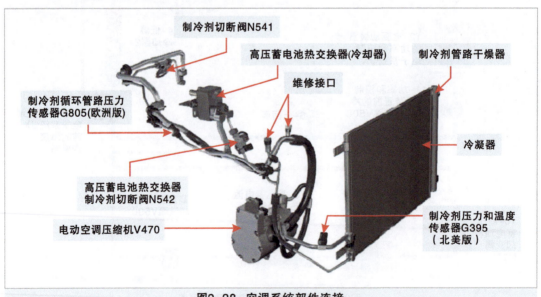

图2-28 空调系统部件连接

在接高压蓄电池热交换器的制冷剂高压管中，有个节流阀，其孔径为0.7mm。有不同的制冷剂高压管，带有一体式的节流阀或者插接的节流阀。本系统使用的制冷剂是R134a。

A3 Sportback e-tron车使用的压缩机专用机油，与机械式传动的空调压缩机上的专用机油不同。这种压缩机专用机油叫SPA2，是PAG机油。

电动空调压缩机V470如图2-29所示。

- 通过高压蓄电池充电器1 AX4接入高压系统。
- 集成有空调压缩机控制单元J842。
- 由空调控制单元J255通过LIN总线来操控。
- 通过一根等电位线与车身相连。

图2-29　电动空调压缩机

第3章 奔驰

新能源汽车
关键部件结构图解手册

3.1 C350e PHEV

C350e PHEV搭载了一台2.0T四缸涡轮增压发动机,最大输出功率为152kW。混合动力总成系统中的电机,最大输出功率达到了59kW,峰值转矩为340N·m,综合最大功率高达202kW,综合峰值转矩为600N·m。百公里加速值约为6.1s。系统高压部件分布见图3-1、图3-2、图3-3。

图3-1 奔驰W205 插电式混合动力 (PLUG-IN HYBRID)车

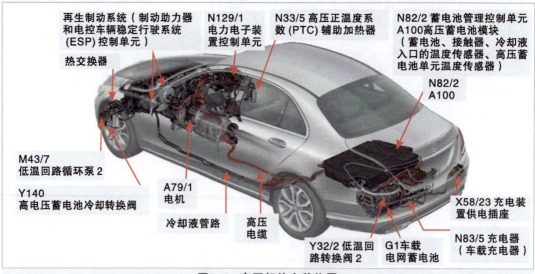

图3-2 高压部件安装位置

图3-3 高压系统主要部件分布

3.2　GLE500e PHEV

GLE 500 e 4MATIC 的混合动力变速器是所谓的 P2 混合动力系统。在 P2 混合动力系统中，发动机通过NAK驱动电机的转子。这种布置可将电机转速与内燃机的转速分开。除了传统的驱动模式，还提供以下功能或运行模式：发动机起动/停止；能量回收；助力（内燃机的电支持）；纯电动行驶。

纯电动行驶的最高速度可达 130km/h。电能储存在一个容量为8.8kW·h的锂离子蓄电池中，该蓄电池可外接公共充电站、家里的壁挂式充电盒或普通的 220 V插座进行充电。车辆高压系统部件分布见图3-4、图3-5。

图3-4　GLE500e车型部件分布

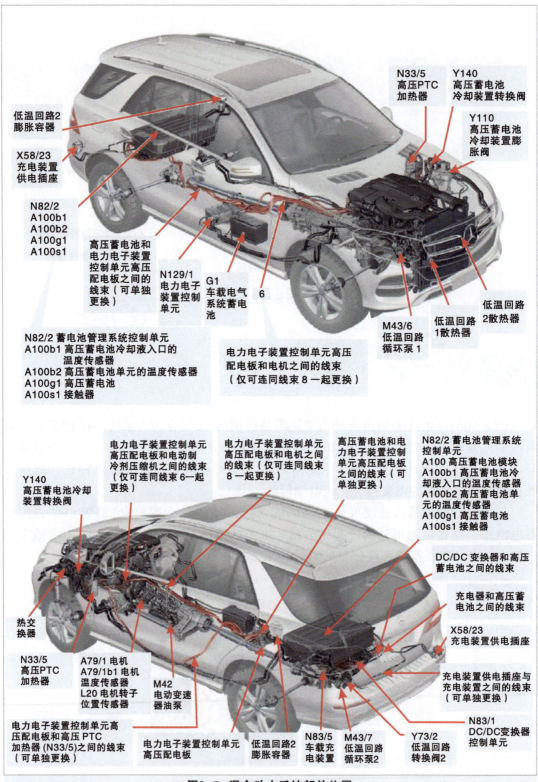

图3-5 混合动力系统部件位置

3.3 S500 PHEV

S 400 HYBRID 和 S 300 BlueTECHYBRID 的高压电池可在制动、滑行时充电，或通过内燃机带动电机进行充电。而 S 500 PHEV（Plug-In Hybrid）新型高压电池（容量增大了 10 倍）则可以从外部通过充电插座进行充电。由于高压电池的容量更大，因此 S 500Plug-In Hybrid 可利用电机，以电气运行模式行驶约 30km。S 500 PHEV车型透视图如图3-6所示。

图3-6　S 500 PHEV车型透视图

3.3.1　高压电池（磷酸铁锂）

高压电池集成在高压电池模块中。高压电池模块位于行李箱内载物舱盖下方。高压电池用于存储电能，并以最高 432 V 的电压向所有高压组件供电（额定电压 396 V）。高压电池由 120个相互串联的磷酸铁锂（$LiFePO_4$）VDA 单电池（22 Ah）组成，电池外部接口分布见图3-7。

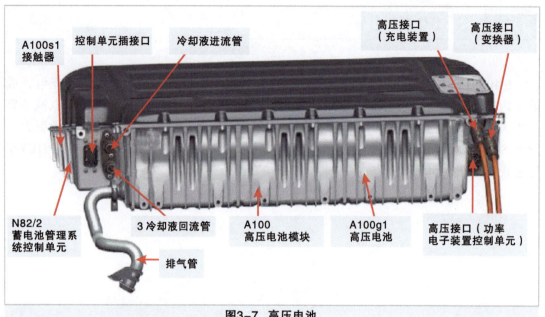

图3-7 高压电池

3.3.2 高压电缆

车上安装的所有高压车载电气系统线束均为橙色，其分布如图3-8所示。

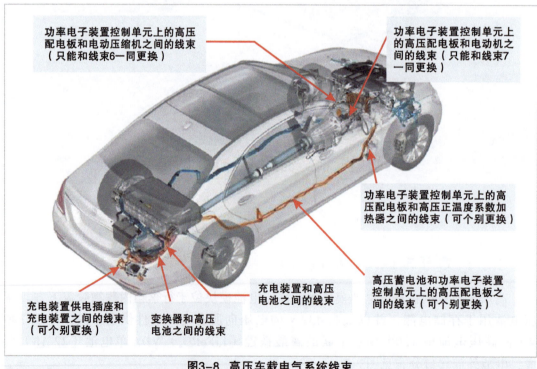

图3-8 高压车载电气系统线束

3.3.3 功率电子装置控制单元

功率电子装置控制单元位于发动机舱右前方。功率电子装置控制单元内集成了一个逆变器，用于促动电机，见图3-9。与此前的型号相比，功率电子装置控制单元仅具有逆变器结构，而直流变换器则作为一个单独的组件位于行李箱中。

功率电子装置控制单元可根据ME控制单元的请求，以三相交流电促动电机。它会监控电机转子的温度和位置，并向ME控制单元提供诊断及可用转矩预测。

功率电子装置控制单元通过高压配电板与高压车载电气系统的线束相连。

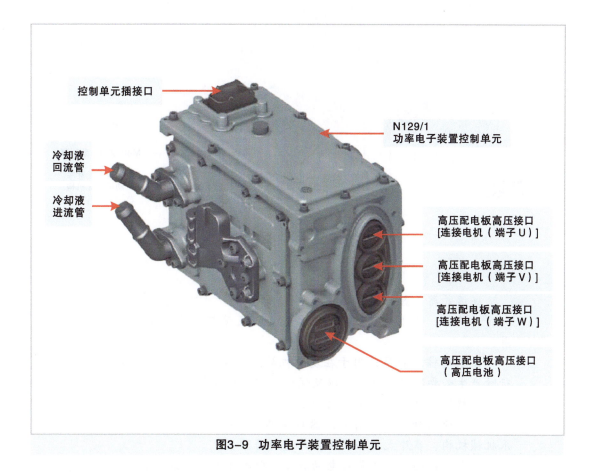

图3-9 功率电子装置控制单元

3.3.4 电机-变速器

S 500 Plug-In Hybrid配备7速自动变速器(7G-TRONIC)，并针对插电式混合动力驱动方案进行了调整。

变速器可分为以下组件（图3-10）：

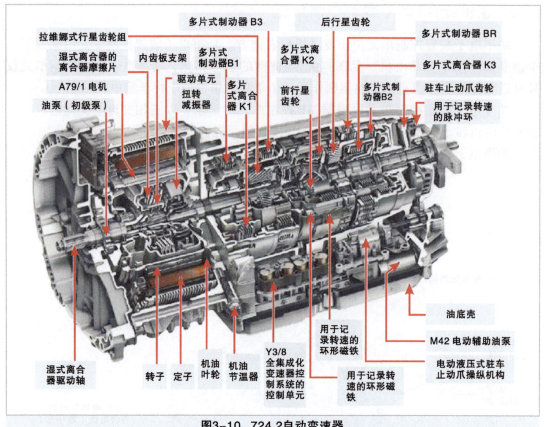

图3-10 724.2自动变速器

- 湿式离合器,带扭转减振器
- 油泵,用于产生必要的机油压力以及保证换档元件及轴承润滑
- 电动辅助油泵,用于在发动机静止、混合动力运行和电气运行时产生必要的机油压力,以及保证换档元件及轴承润滑
- 机油冷却系统,用于机油散热
- 变速器外壳,带有变速器机械部件(行星齿轮组、驻车止动爪机械机构、多片式离合器和多片式制动器)
- 电气控制单元(集成电动液压式驻车止动爪操纵机构)
- 电机

电机是一款永磁式同步电机,安装在变速器钟形壳内,位于自动变速器和发动机之间。电机的转子通过转子支架与湿式离合器的输出端,或与自动变速器输入端形状配合连接,见图3-11。

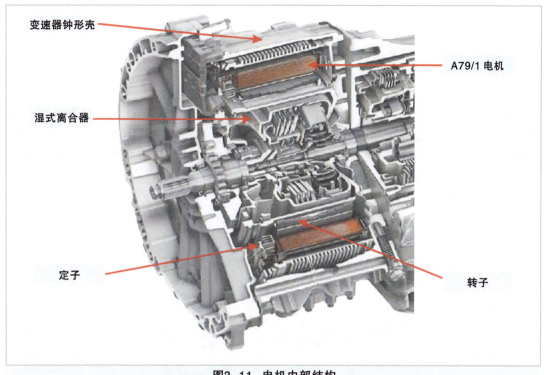

图3-11 电机内部结构

3.3.5 直流变换器

直流变换器位于行李箱内载物舱盖下方。

直流变换器是一台可产生12V直流电压的变换器。借助直流变换器，可通过将高压直流电压（初级电压）转换为12V直流电压（次级电压），从而在高压车载电气系统和12V车载电气系统之间进行能量交换。直流变换器连接接口见图3-12。

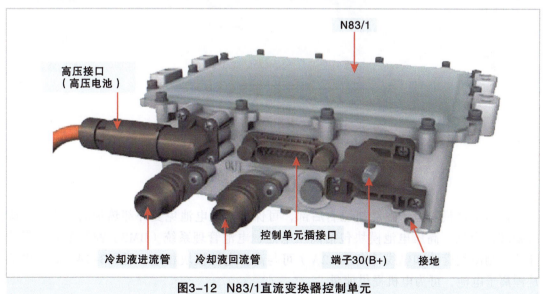

图3-12 N83/1直流变换器控制单元

3.4　S400 HEV

　　S 400 HEV 配备了平行混合动力驱动系统。通过该驱动系统，内燃机和电机均与驱动轮机械相连（发动机和电机的平行连接）。电机和发动机所提供的功率可以进行叠加，这就意味着二者可分别保持更低的额定功率，但仅使用电动驱动系统无法驱动车辆。高压系统部件见图3-13。

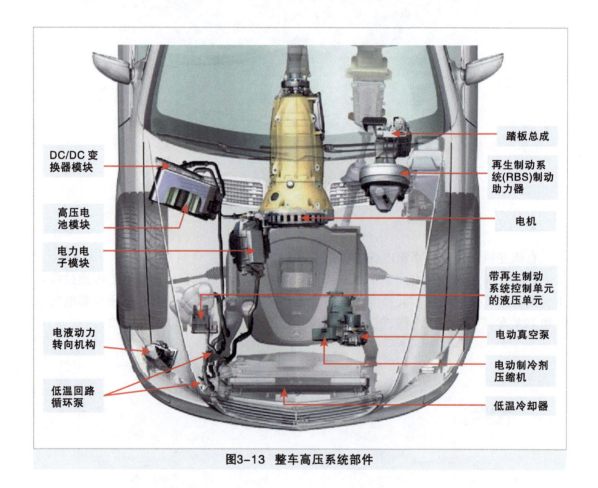

图3-13　整车高压系统部件

3.4.1　高压电池（锂离子）

　　高压电池模块位于发动机舱右后部，可保护高压电池免受外部热量的作用，并确保物理稳定性。高压电池模块包括高压电池、电池管理系统（BMS）控制单元和保护开关。制冷剂管路和电线（高压/12 V）可与高压电池模块相连，见图3-14。高压电池是锂离子电池，可为电机提供能量。

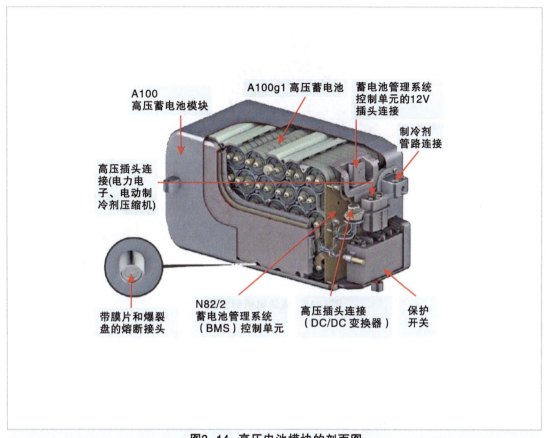

图3-14 高压电池模块的剖面图

3.4.2 驱动电机

盘形电机是持续通电同步电机,安装在发动机与自动变速器之间,具有起动机和高压发电机的功能。该设计也被称为起动机-发电机。

电机充当减振元件的作用,以降低行驶/扭转振动。根据工作模式,电机可以沿曲轴转动方向施加转矩,以起动发动机(发动机模式),或沿曲轴转动方向的反方向施加转矩,以对高压电池充电(发电机模式)。起步过程中,电机为发动机提供支持(升压模式);施加制动过程中,部分制动能量被转化为电能(再生制动)。

各种工作模式(发动机模式/发电机模式)之间的切换由电力电子控制单元进行控制。电力电子装置通过3条母线与电动机的3个电源连接相连。三相电流根据工作模式和转子的位置进行调节。这些相电流产生一个磁场,并与转子磁场一起产生转动所需的转矩。电机内部结构如图3-15、图3-16所示。

图3-15 驱动电机剖面图

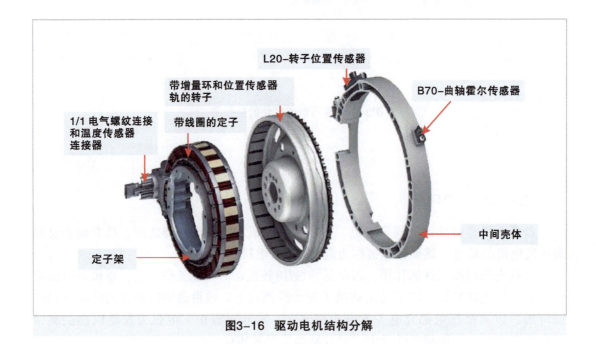

图3-16 驱动电机结构分解

第4章 宝马

新能源汽车
关键部件结构图解手册

4.1 i3/I01 EV

4.1.1 高压电池（锂离子电池）

i3的高压电池单元由以下主要组件构成：

- 电池模块
- 电池监控电子装置
- 带有冷却通道和加热装置的热交换器
- 蓄能器管理电子装置SME
- 导线束
- 安全盒
- 接口（电气、制冷剂、排气）
- 壳体和固定部件

电池由韩国SamsungSDI公司为BMW公司提供。宝马的工厂负责将电池组装成电池模块，并与其他组件一起组装为完整的高压电池单元。SME控制单元和电池监控电子装置的制造商是Preh公司。

i3的高压电池属于锂离子电池。锂离子电池的正极材料基本上是锂金属氧化物。使用石墨作为负极材料，放电时锂离子存储在石墨内。根据所使用的材料，电池额定电压为3.75V。

高压电池单元由8个串联连接的电池模块构成。每个电池模块都分配有1个电池监控电子装置。电池模块自身由12个串联连接的电池构成。每个电池的额定电压为3.75V、额定电容量为60A·h。电池模块的顺序是固定的，电池模块结构及排序见图4-1。

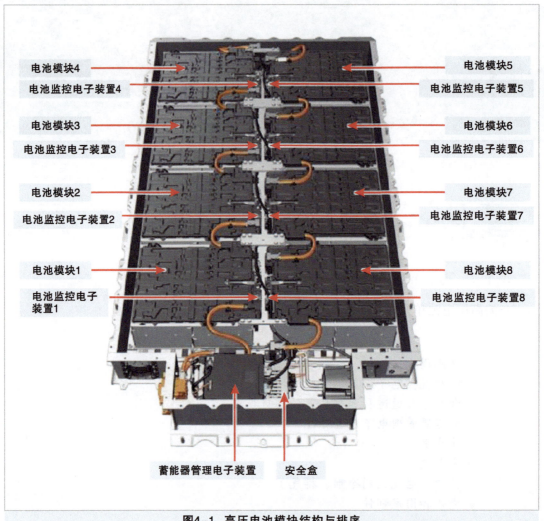

图4-1 高压电池模块结构与排序

4.1.2 驱动电机

i3所用驱动电机是同步电机,其基本结构和工作原理与带内转子的永磁同步电机相同:转子位于内部且装备了永久磁铁。定子以环形方式布置在转子外围,由安装在定子铁心凹槽内的三相绕组构成。如果在定子绕组上施加三相交流电压,所产生的旋转磁场(在电机运行模式下)就会"带动"转子转动。

说明:图4-2中只展示了定子不带绕组的部分。转子由一个重量经过优化且位于内部部件内的托架、一个挡板套件和布置在两个位置的永久磁铁组成。因此可提高电机产生的转矩。转子热装在驱动轴上。驱动电机连接接口见图4-3、图4-4、图4-5。

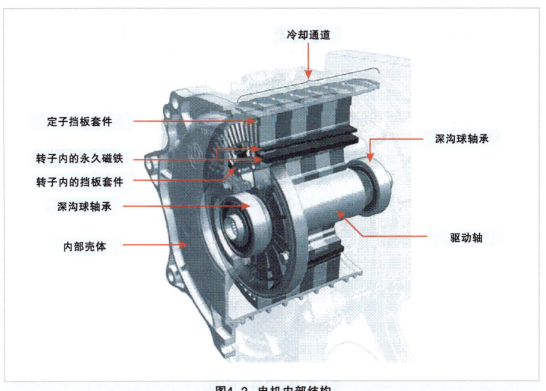

图4-2 电机内部结构

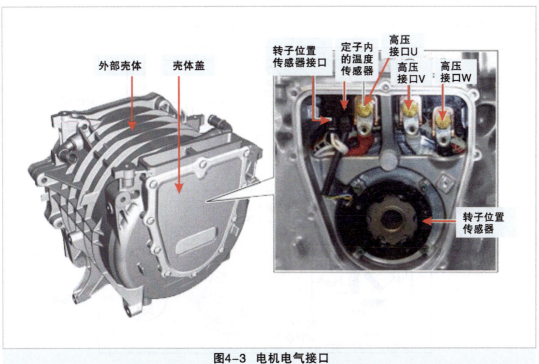

图4-3 电机电气接口

图4-4 电机外部机械接口

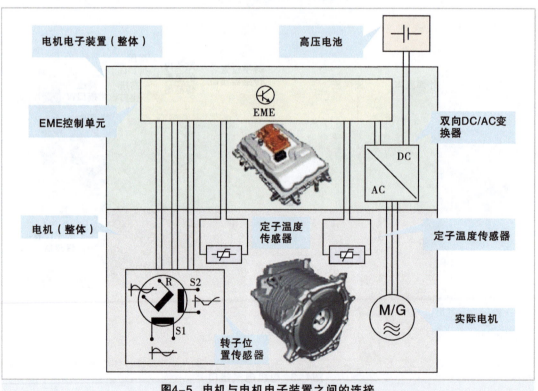

图4-5 电机与电机电子装置之间的连接

4.1.3 电机电子装置

电机电子装置(EME)内部由4个子组件构成,即双向DC/AC变换器、单向AC/DC变换器、DC/DC变换器和EME控制单元。功率电子电路也由中间电路电容器构成,用于平滑电压和过滤高频部分。

电机电子装置(EME)主要用于驱动i3的电机电子控制装置。在此该装置的任务是将高压电池的直流电压(最高约400V)变换为用于控制电机(作为电动机)的三相交流电压(最高约360V)。

反之,当电机作为发电机使用时,电机电子装置将电机的三相交流电压变换为直流电压,从而为高压电池充电。该过程在制动能量回收利用期间进行。对于这两种运行方式来说都需使用双向DC/AC变换器,该变换器可作为逆变器和整流器工作。

通过同样集成在电机电子装置内的DC/DC变换器来确保为12V车载网络供电。此外,电机电子装置还有一个EME控制单元。电机电子装置接口分布如图4-6、图4-7、图4-8所示。

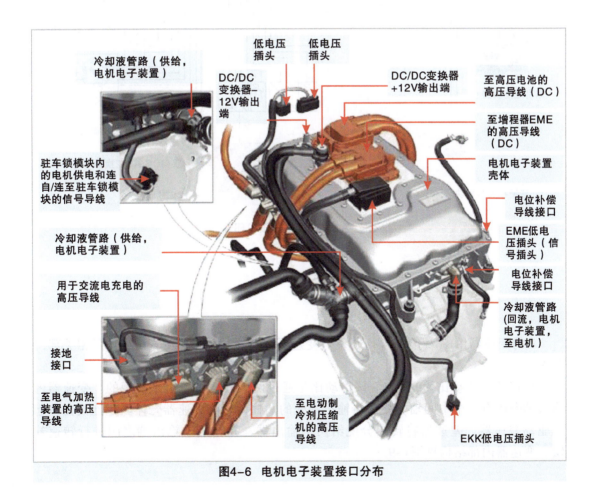

图4-6 电机电子装置接口分布

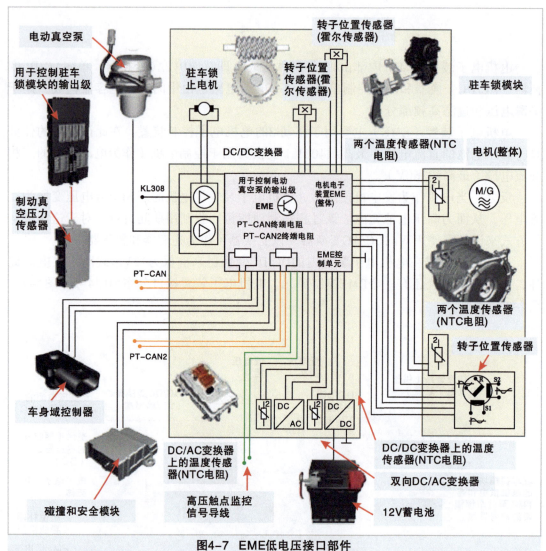

图4-7 EME低电压接口部件

4.1.4 变速器

i3的变速器由BMW集团自行研发。变速器生产也由BMW Dingolfing工厂相关部门负责。

变速器总传动比为9.7∶1。该传动比是通过两个圆柱齿轮组来实现的。变速器内输入轴旁还有一个中间轴。变速器输出端处的圆柱齿轮与差速器壳体固定连接在一起并驱动差速器。差速器将转矩分配给两个输出端,并在两个输出端之间进行转速补偿。变速器内部结构见图4-9。

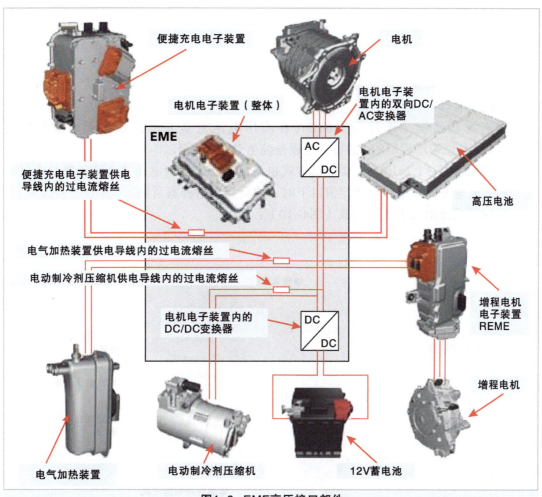

图4-8 EME高压接口部件

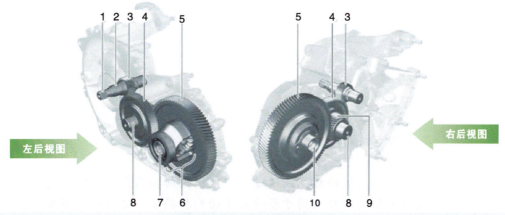

图4-9 变速器内部结构

1—啮合轴用于连接电机驱动轴 2—变速器输入轴 3—输入轴上的圆柱齿轮1 4—中间轴上的圆柱齿轮2 5—变速器输出端处的圆柱齿轮4 6—差速器 7—左侧半轴毂 8—中间轴 9—中间轴上的圆柱齿轮3 10—右侧半轴毂

4.2　i3/I01 PHEV/SHEV

　　i3纯电动驱动设计确保可在高压电池重新充电前行驶约150km。当然也可提前为高压电池充电。

　　带有增程系统（增程器）的i3可在高压电池重新充电或加注燃油前行驶约300km。就是说带增程器的i3的可达里程是纯电动i3的两倍。

　　在带增程器i3上采用的主要驱动方式也是由高压电池为电动驱动装置提供能量。只有高压电池充电状态降至规定值以下时，才会启用增程器系统。

　　增程器系统由以下组件构成（图4-10）：

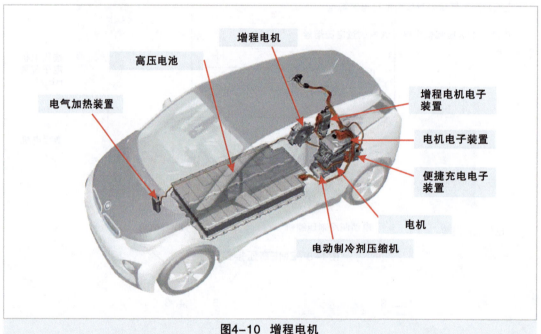

图4-10　增程电机

- W20发动机
- 增程电机
- 增程电机电子装置
- 增程器数字式发动机电子系统
- W20发动机的机械能通过增程电机仅转换为电能。电机使用该电能并将其转换为用于驱动后车轮的机械能。这种组件布置是串联式混合动力的特点

4.2.1 增程电机

增程电机由Fa.Valeo公司提供。i3的增程电机是一个同步电机,其基本结构和工作原理与带内转子的永磁同步电机相同。转子位于内部且装有永久磁铁。定子由带铁心的三相绕组构成,以环形方式布置在转子外围。如果在定子绕组上施加三相交流电压,所产生的旋转磁场(在电动机运行模式下)就会"带动"转子旋转。电机安装位置如图4-11所示。

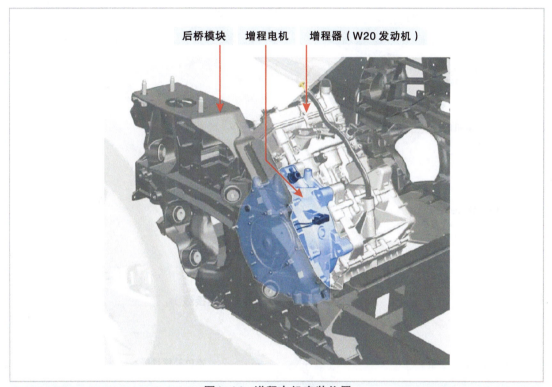

图4-11 增程电机安装位置

4.2.2 增程电机电子装置

i3的增程电机电子装置(REME)由Bosch公司提供。REME效率为96%,REME重量约为6kg。增程电机电子装置(REME)内部由两个子组件构成,即双向DC/AC变换器和REME控制单元。功率电子电路也由中间电路电容器构成,用于平滑电压和过滤高频部分。REME的主要任务是控制增程电机。它将高压电池的直流电压变换为用于控制增程电机(作为电机)的三相交流电压(最高约为420V)。此时最大电流为200A。反之,增程电机作为发电机运行时,增程电机电子装置将增程电机的三相交流电压转换为直流电压,从而为i3提供驱动能量。此时持续相电流约为130A。对于这两种运行方式来说都需使用双向DC/AC变换器，该变换器可作为逆变器和整流器工作。REME接口连接如图4-12、图4-13、图4-14所示。

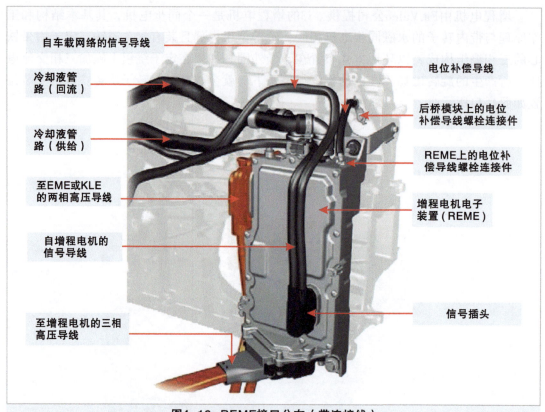

图4-12　REME接口分布（带连接线）

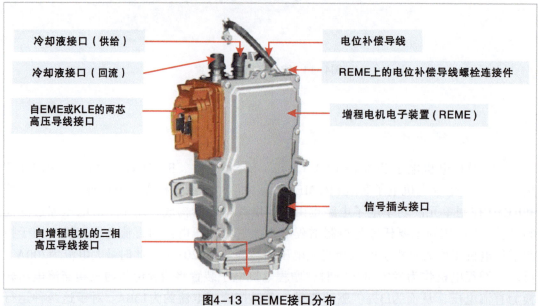

图4-13　REME接口分布

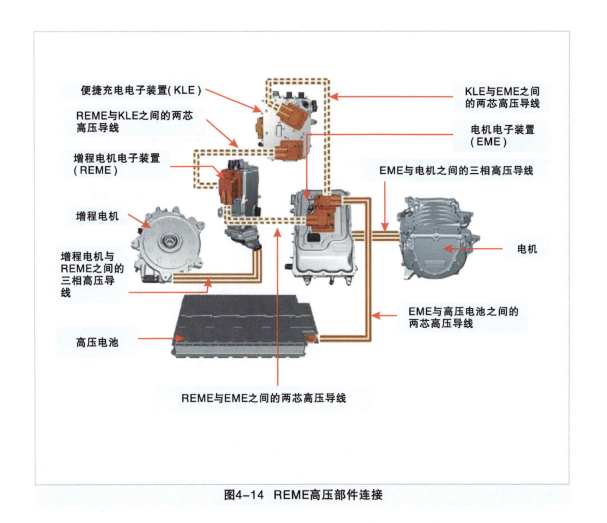

图4-14 REME高压部件连接

4.3　530Le/F18 PHEV

宝马530Le的驱动系统由一台涡轮增压四缸汽油发动机(N20B20M0)、一个8速自动变速器(GA8P75HZ)和一个电机组成。与采用传统方式驱动的宝马525Li轿车相比，F18 PHEV所采用的ActiveHybrid技术的主要优点在于：在耗油量更低的同时进一步提高了驱动功率。530Le百公里加速用时7.1s，平均耗油量降低到百公里2.0L，CO_2排放量降至每公里49g(根据中国测试循环测得的数值，与所选轮胎规格有关)。

宝马530Le的电驱动装置可以进行纯电动行驶，因此能实现零排放，纯电动行驶时最高车速为120km/h，最大电动续航里程为58km。530Le高压组件与导线分布见图4-15。

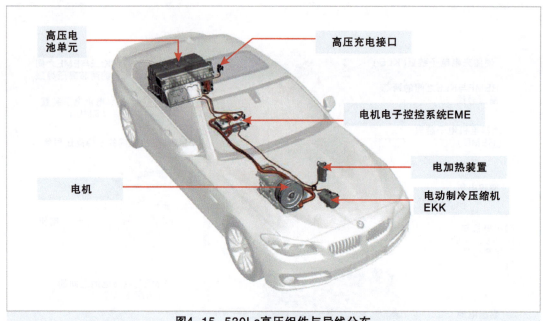

图4-15 530Le高压组件与导线分布

4.3.1 高压电池（锂离子）

高压电池单元是一个整体系统，由以下基本组件构成：

- 电池模块
- 电池监控电子装置CSC
- 电池电子管理系统控制单元SME
- 安全盒
- 接口（电气系统、冷却液、排气）
- 热交换器
- 导线束
- 壳体和固定件

高压电池单元主要负责存储电能。此外，它还承担有保障高压系统安全的基本任务，例如进行高压触点监测等任务。通过制动能量回收以及通过外部电力网络可给高压电池充电。

F18 PHEV的高压电池单元由Bosch苏州公司制造。高压电池单元的单格电池由Samsung公司生产。高压电池单元的研发同样由Bosch公司进行。

F18 PHEV高压电池中使用的单格电池属于锂离子电池(电池型号：NMCo-/LMO-Blend)。锂离子电池的正极材料是一种锂金属氧化物。

所选择的正极材料可针对在电动车中的使用而优化高压电池的各种特性（能量密度高、充电循环次数多）。和通常的蓄电池一样，负极材料采用石墨，锂离子在放电时嵌入石墨中。通过单格电池中使用的材料，总共可产生3.78V的额定电压。

高压电池单元安装在行李箱内后排座椅后面位置。要触到高压电池单元上的接口，必须拆下后排座椅靠背。电池模块安装位置与接口导线分布如图4-16所示。

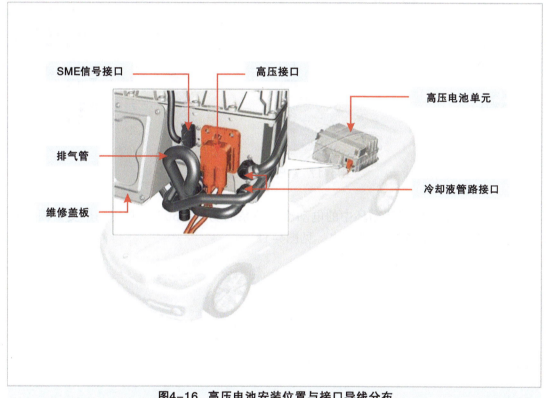

图4-16 高压电池安装位置与接口导线分布

电动冷却液泵输送冷却液流过高压电池单元。只要冷却液温度低于电池模块，就可以只靠冷却液循环来冷却电池模块。

借助一个冷却液-制冷剂热交换器(即冷却装置)降低冷却液温度。该冷却装置是高压电池冷却液循环和空调制冷剂循环之间的接口。

当冷却装置上的组合式膨胀阀和单向阀打开时，液态制冷剂流入冷却装置并蒸发。此时，制冷剂从周围环境中吸取热量，也从在冷却液循环管路中流过来的冷却液中吸收热量。电动制冷剂压缩机重新压缩制冷剂，然后输送到冷凝器，制冷剂在这里恢复液态。高压电池冷却部件如图4-17所示。

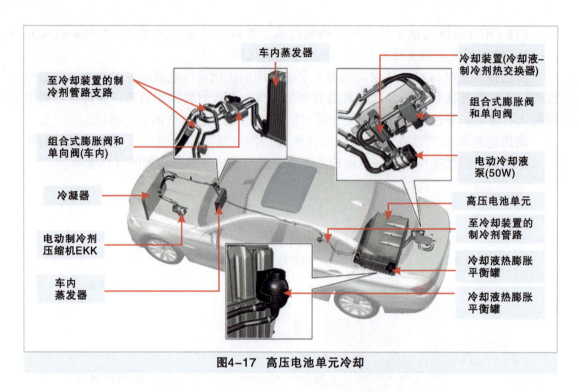

图4-17 高压电池单元冷却

高压电池单元冷却液循环中的电动冷却液泵的功率为50W。它用一个支架固定在冷却装置上，位于行李箱凹槽右边，见图4-18。

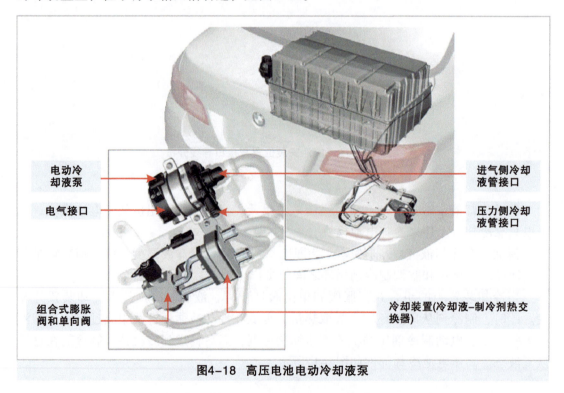

图4-18 高压电池电动冷却液泵

冷却装置的任务是借助制冷剂冷却高压电池单元冷却液循环管路中的冷却液。因此，冷却装置由一个冷却液-制冷剂热交换器和一个组合式膨胀阀和单向阀组成，见图4-19。组合式膨胀阀和单向阀由SME控制单元通过一根导线直接控制。电气控制分为两个状态：

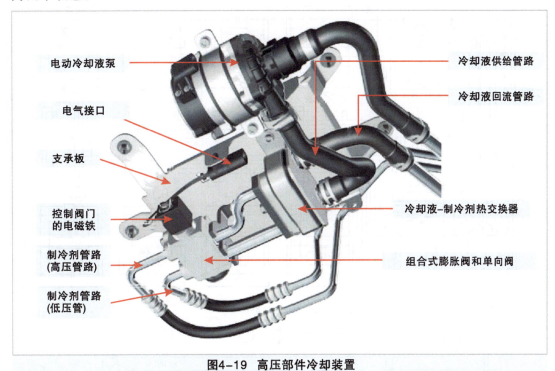

图4-19 高压部件冷却装置

- 0V控制电压表示阀门保持关闭
- 12V控制电压打开阀门

从图4-20所示的电路图可以看出，除了集中在8个电池模块中的单格电池，F18 PHEV高压电池单元还包含以下电气/电子部件：

- 电池电子管理系统SME
- 八个电池监控电子装置(Cell Supervisory Circuits, CSC)
- 带接触器和传感器的安全盒

除了电气组件，高压电池单元还包括冷却液管和冷却通道，以及电池模块的机械固定元件。

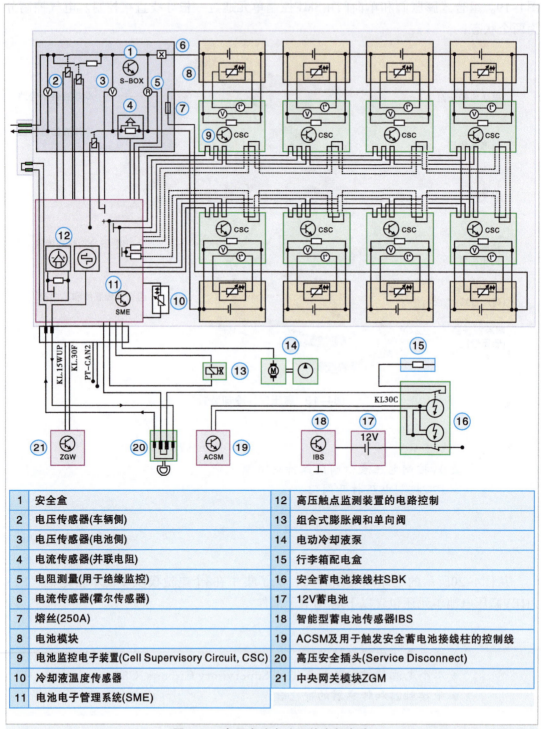

1	安全盒	12	高压触点监测装置的电路控制
2	电压传感器(车辆侧)	13	组合式膨胀阀和单向阀
3	电压传感器(电池侧)	14	电动冷却液泵
4	电流传感器(并联电阻)	15	行李箱配电盒
5	电阻测量(用于绝缘监控)	16	安全蓄电池接线柱SBK
6	电流传感器(霍尔传感器)	17	12V蓄电池
7	熔丝(250A)	18	智能型蓄电池传感器IBS
8	电池模块	19	ACSM及用于触发安全蓄电池接线柱的控制线
9	电池监控电子装置(Cell Supervisory Circuit, CSC)	20	高压安全插头(Service Disconnect)
10	冷却液温度传感器	21	中央网关模块ZGM
11	电池电子管理系统(SME)		

图4-20 高压电池电池组件内部电路

高压电池单元由8个串联的电池模块组成，见图4-21。每个电池模块分配有一个电池监控电子装置。电池模块本身由12个串联的单格电池组成。每个单格电池的额定电压为3.78V，额定电容量为40A·h。

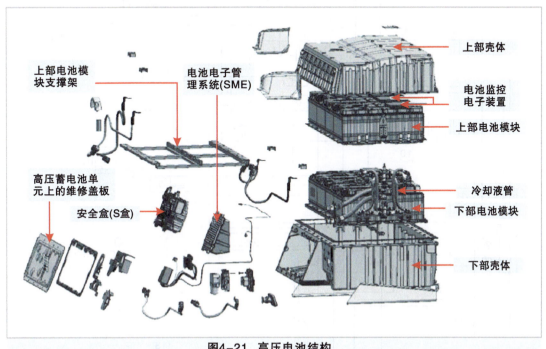

图4-21　高压电池结构

为确保F18 PHEV中的锂离子电池正常工作，必须达到特定的运行条件：单格电池电压和单格电池温度不允许高于和低于特定数值，否则电池可能永久受损。出于这个原因，高压电池单元包含8个电池监控电子装置，它们被称为Cell Supervisory Circuit，CSC。CSC电路如4-22所示。

4.3.2　驱动电机

F18 PHEV中的电机是一台永磁同步电机。它能将高压电池的电能转换成机械能，由此驱动车辆。电机安装位置和结构见图4-23。

F18 PHEV既能在电动模式中以不超过120km/h的速度行驶，也能对发动机提供支持，例如在超车过程中（加速功能），或者在换档时主动支持发动机加大转矩。

相反，在制动模式和滑行模式中，电机将动能转化成电能并提供给高压电池（能量回收）。

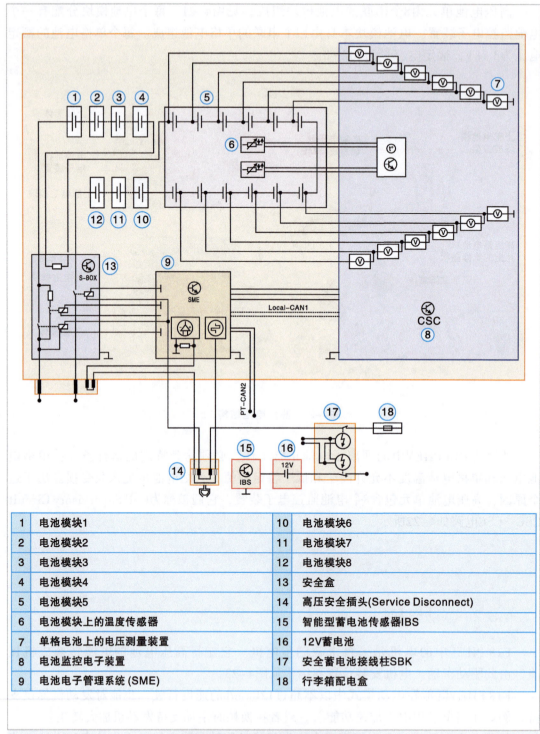

1	电池模块1	10	电池模块6
2	电池模块2	11	电池模块7
3	电池模块3	12	电池模块8
4	电池模块4	13	安全盒
5	电池模块5	14	高压安全插头(Service Disconnect)
6	电池模块上的温度传感器	15	智能型蓄电池传感器IBS
7	单格电池上的电压测量装置	16	12V蓄电池
8	电池监控电子装置	17	安全蓄电池接线柱SBK
9	电池电子管理系统(SME)	18	行李箱配电盒

图4-22 电池监控电子装置电路

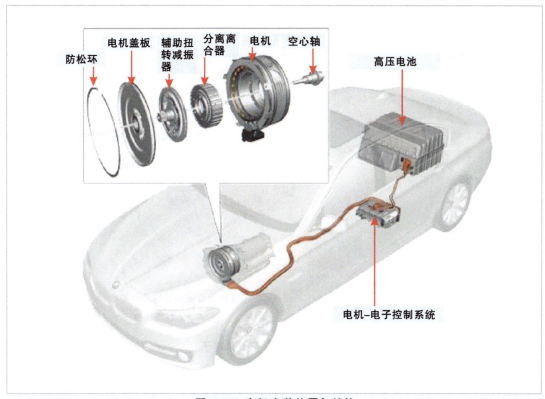

图4-23 电机安装位置与结构

电机主要组件有（图4-23）：

- 转子和定子
- 接口
- 转子位置传感器
- 冷却装置

F18 PHEV中的混合动力系统是所谓的"并联式混合动力系统"。发动机和电机均与驱动轮机械连接。车辆驱动时，两个驱动系统既能单独使用，也能同时使用。F18 PHEV中的电机(驱动电机)结构采用内部转子的形式。"内部转子"表示带永久磁铁的转子呈环形排布在内部。产生旋转电磁场的绕组位于外部并构成定子。F18 PHEV的电机有8对极偶。

定子固定在转子空心轴上的一个法兰上方，空心轴与变速器输入轴嵌合连接。电机结构、接口如图4-24、图4-25所示。

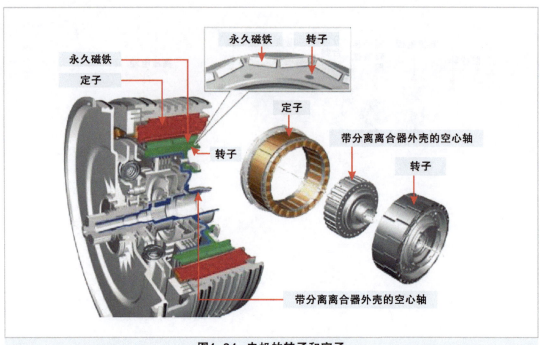

图4-24 电机的转子和定子

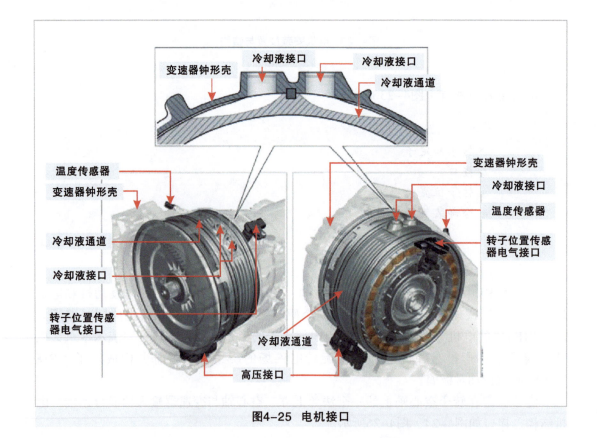

图4-25 电机接口

电机自带一个节温器，将冷却液进流温度调到约80℃的最佳范围，见图4-26。由于电机工作温度低于发动机工作温度，因此这种调节是必要的。节温器通过一个石蜡恒温元件进行调节，该石蜡恒温元件随着冷却液温度膨胀和收缩。此时不存在电动控制。

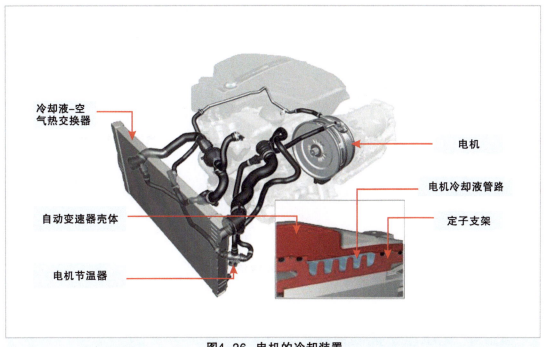

图4-26 电机的冷却装置

4.3.3 电机电子控制系统的部件

电机电子控制系统（EME）内部有4个部件：

- 双向DC/AC变换器
- 单向AC/DC变换器
- DC/DC变换器
- EME控制单元

中间电路电容器也是功率控制电路的组成部分，用于平整电压并过滤高频部分。电机电子控制系统由一个独立的冷却液循环进行冷却，见图4-27。

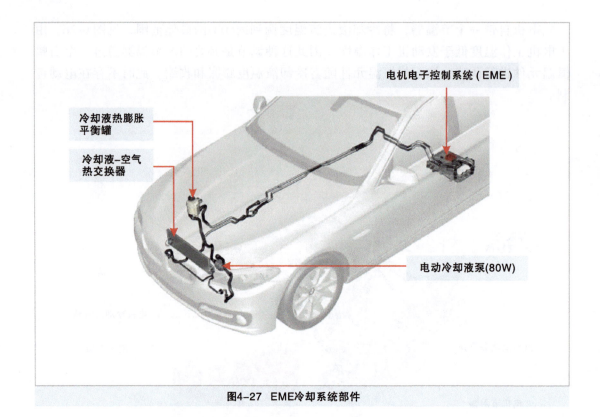

图4-27 EME冷却系统部件

4.3.4 电机电子控制系统的作用

电机电子控制系统（EME）用于电机的电子控制。它还负责将高压电池中的直流电压(最高约393V)转换成三相交流电压（最高约360V），从而控制驱动电机。相反，当电机作为发电机工作时，电机电子控制系统将电机的三相交流电压转换为直流电压，以此给高压电池充电。例如，在制动能量回收时就是进行这种转换。对于这两种运行模式，需要一个双向DC/AC变换器用作逆变器和整流器。

同时，凭借同样集成在电机电子控制系统中的DC/DC变换器确保12V车载网络的电源供应。

电机电子控制系统上的接口可分为4类（图4-28）：

- 低压接口（图4-29）
- 高压接口
- 电位平衡导线接口
- 冷却液管路接口

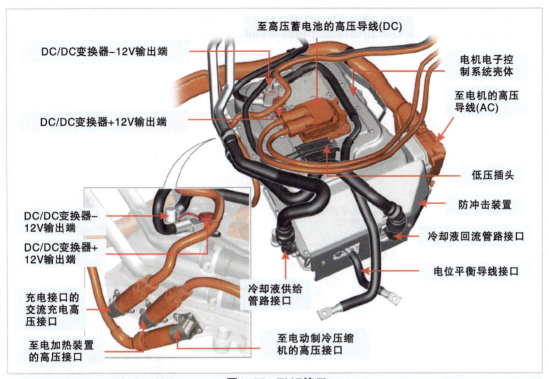

图4-28 EME接口

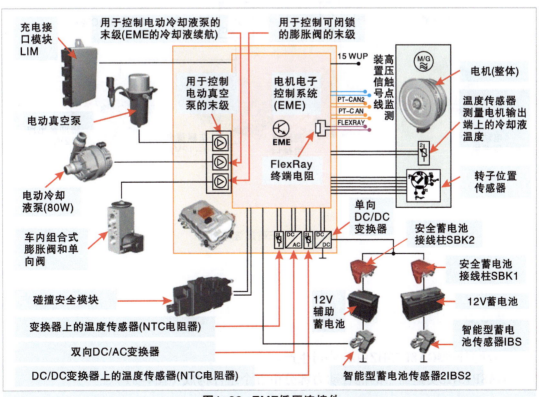

图4-29 EME低压连接件

在电机电子控制系统上共有5个高压接口，用于连接其他高压组件导线，见图4-30。它显示了电机电子控制系统和其他高压组件之间的高压连接。

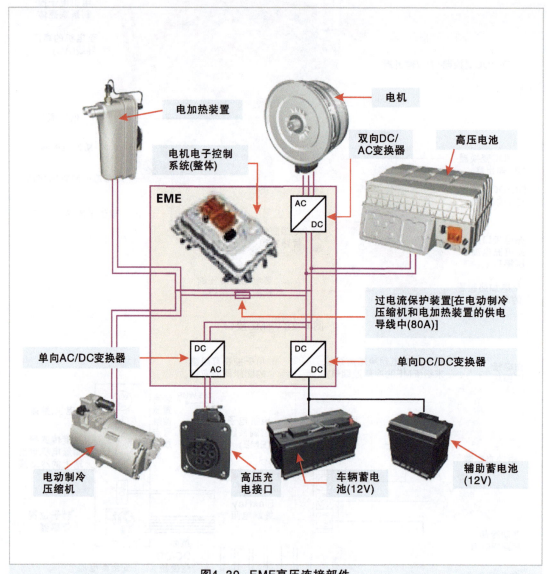

图4-30 EME高压连接部件

4.3.5 自动变速器

自动变速器GA8P75HZ由ZF公司生产。

GA8P75HZ变速器中的混合动力部分由五个组件构成（图4-31）：

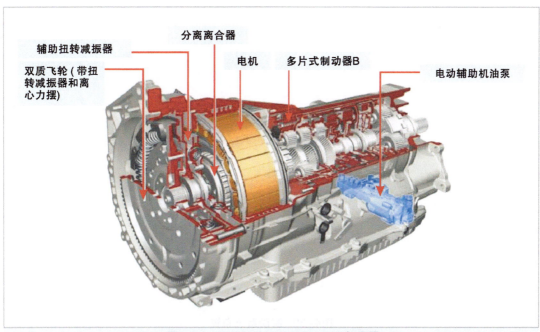

图4-31 F18 PHEV GA8P75HZ变速器

- 双质飞轮
- 辅助扭转减振器
- 分离离合器
- 电机
- 相对于GA8P70HZ进行过改进的电动辅助机油泵,用于在变速器输入轴静止时供应变速器油压

4.3.6 电动行驶制动

发动机在纯电动行驶期间不运行,因此不能驱动机械真空泵。为了在这种行驶状况还能确保制动真空的供应,在F18 PHEV中设置了一个辅助电动真空泵。

制动助力器中的真空由制动真空传感器记录,并由数字式发动机电子控制系统读取。通过电机电子控制系统进行电动真空泵的控制和监控。

动态稳定控制系统(DSC)的硬件由Bosch公司提供。此系统的零件名称为ESP9 HEV Premium。制动系统布置如图4-32所示。

这个名称的具体含义如下:

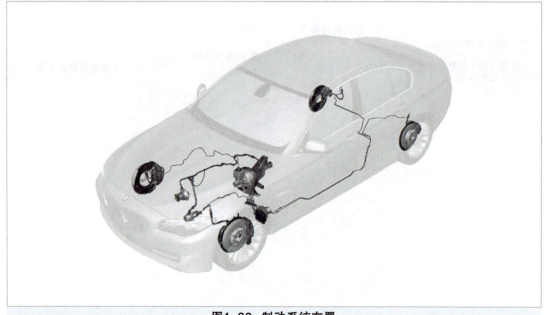

图4-32 制动系统布置

- E=电子
- S=稳定
- P=程序
- 9=代次
- HEV=混合动力电动车
- Premium=最高装备等级（最多数量的执行器和传感器）

再生制动实现制动能量回收。此时，电机作为发电机工作，并且通过自动变速器→传动轴→后驱动桥→输出轴制动驱动轮。使用此时产生的能量通过电机电子控制系统为高压蓄能器充电，见图4-33。

与F10H和F04不同，在串联式制动主缸上未安装制动踏板位移传感器。取而代之的是直接在制动踏板上使用了一个制动踏板角度传感器。通过这种安排，无需调整串联式制动主缸。

此外，制动踏板的空行程总值扩大到2.25mm。因此，轻微制动完全可由后桥上的电机能量回收性能来承担。在这种运行状态中，车轮制动器的制动摩擦片只是轻靠在制动盘上，并不产生制动效果。这可以提高驱动装置的效率，因为有更多的可用能量返回到高压电池中。

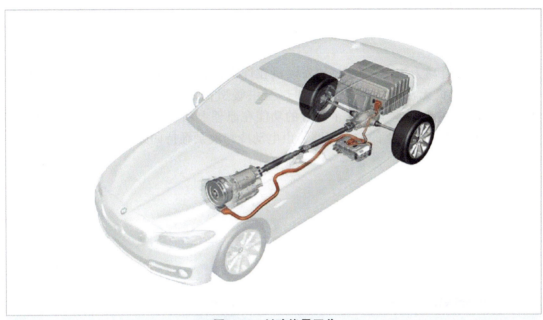

图4-33 制动能量回收

4.3.7 电动制冷压缩机

电动制冷压缩机（EKK）的功能原理与F30H中或F01H中使用的压缩机原理一致。使用螺旋式压缩机（也称为涡流式）压缩制冷剂。电动制冷压缩机的电功率约为5kW。

EKK的高电压处于约288~400V的电压范围内。如果电压高于或低于这个范围，就会降低功率或断开EKK。

电动制冷压缩机的制造商为Sanden公司。电动压缩机连接管路如图4-34所示。

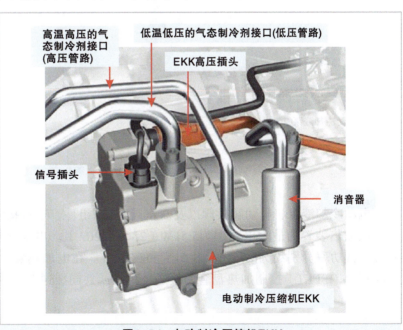

图4-34 电动制冷压缩机EKK

4.3.8 电加热装置

由于是混合动力汽车，530Le的发动机在许多行驶状况中产生的热量损失明显减少，并且发动机无法将冷却液循环加热至供暖所需的温度。出于这个原因，F18 PHEV配备一个电加热装置。这个装置的功能在原理上和直通式加热器相同。通过一个转换阀可建立一个独立的加热回路，由电动冷却液泵维持回路的循环。电动加热系统见图4-35。

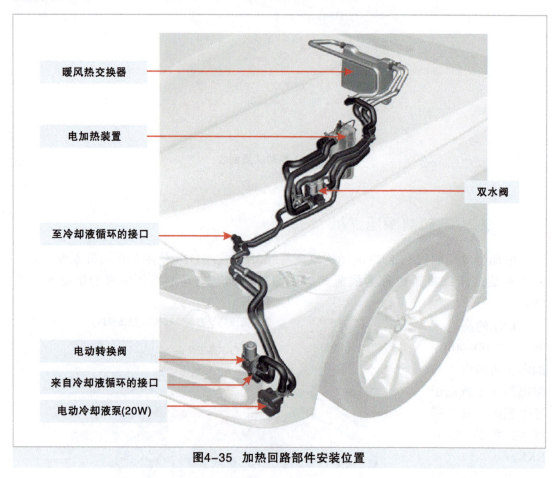

图4-35 加热回路部件安装位置

电动冷却液泵、电动转换阀以及双水阀为12V组件，通过接线盒电子装置控制。

电加热装置的最大电功率为5.5kW（280V和20A）。电加热功能通过3个加热盘管实现，其功率分别约为0.75kW、1.5kW和2.25kW。在电加热装置内部，通过电子开关（Power MOSFET）控制加热盘管的接通（单个或共同接通），见图3-36，图3-37。

图4-36 电加热装置上的接口

图4-37 电加热装置中的加热盘管

4.4 740e(G11)/740Le(G12) PHEV

在配有高压系统的车辆中安装了高于60V的直流电压，或高于30V的交流电压驱动的组件。这些车辆中的组件大多数需要高电气功率。

插电式混合动力电动车辆的高压系统在直流电压低于650V的情况下运转，同时必须为车辆的驱动装置和一些便捷功能提供大量电力。740e高压系统部件安装位置见图4-38。

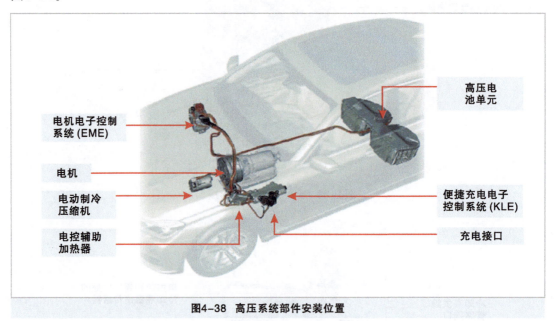

图4-38 高压系统部件安装位置

4.4.1 高压电池（锂离子）

电池单元模块由16个串联的锂离子电池组成。单格电池用压盘压在一起。在电池单元模块中安装了3个温度传感器。盖板用作防接触保护件。电池单元模块结构见图4-39、图4-40。

每个电池单元模块都标有唯一的序列号：例如：BMW 6127 8612161-03 728838 17 DE 24-07-16 00001

——8612161：7位零件号码。

——03：2位更改索引。

——72883817：8位供应商编号。

——240716：6位生产日期（日-月-年）。

——00001：5位连续编号。

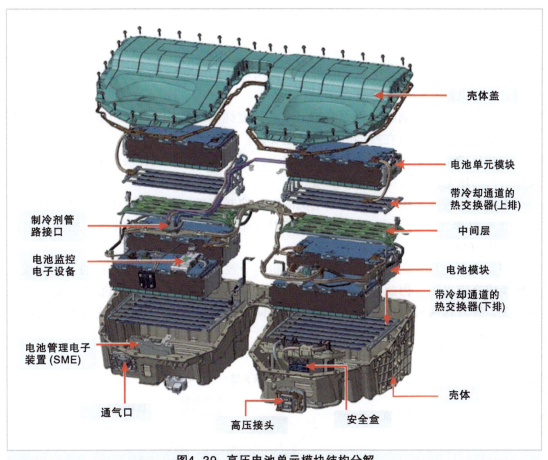

图4-39 高压电池单元模块结构分解

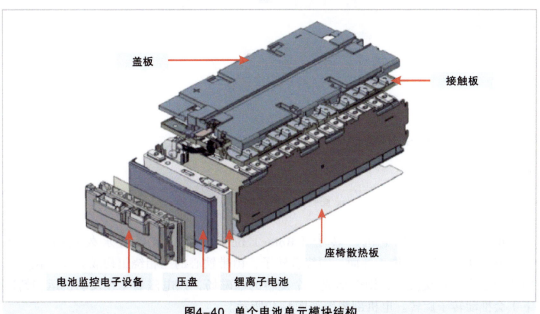

图4-40 单个电池单元模块结构

4.4.2 驱动电机

驱动电机是永磁同步电机。它可以把高压电池的电能转化为机械能,并由此驱动车辆。驱动电机结构见图4-41。

它既可以驱动车辆以高达约120 km/h的速度纯电动行驶,又可以支持发动机,例如在超车过程中,或者在换档时启用转矩支持。

在相反的情况下,在制动和滑行模式下,电机将运动能量转换成电能。电机将该能量送入高压电池单元(动能回收)。

电机电子控制系统(EME)充当电机的电子控制装置。在此,它也承担下列任务:将高压电池单元的直流电压(最高约327V)转换为用于控制电机的三相交流电压(最高约360V)。

相反,当电机作为发电机运行时,电机电子控制系统(EME)将电机的三相交流电压转换成直流电压,因此可以给高压电池充电。例如,在制动动能回收中就是出现此种情况。针对这两种操作模式,需要一个双向的变换器,既可以作为逆变器,也可以作为整流器。

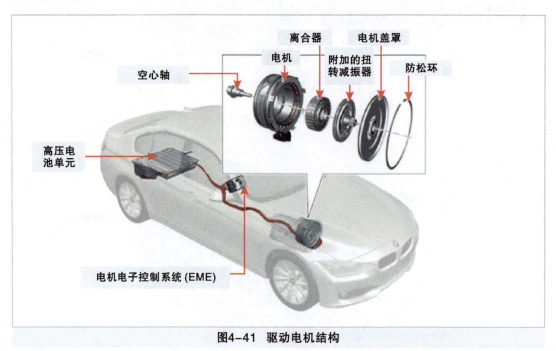

图4-41 驱动电机结构

电机是一个同步电机。转子(Rotor)位于内部,装备有永久磁铁。定子(Stator)是环形的,位于外面,围绕着转子,由带铁心的三相绕组构成。如果在定子的绕组上通三相交流电,则会形成一个旋转的电磁场,该电磁场(在发动机运转情况下)会推动转子旋转。电机剖视图如图4-42所示。

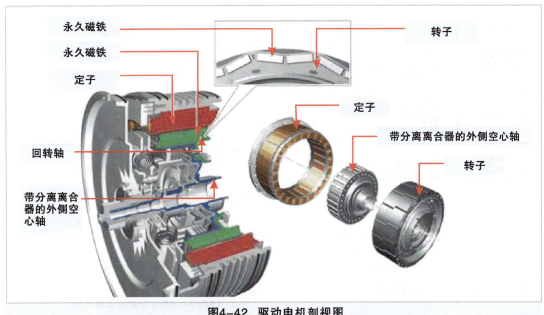

图4-42 驱动电机剖视图

4.5　X1 xDrive 25Le/F49 PHEV

宝马X1 xDrive 25Le的驱动系统包括：使用双排气涡轮增压技术（型号B38A15M0）的三缸汽油发动机、前驱动轮上的6速自动变速器（型号AISIN F21 250FT），以及驱动后驱动齿轮的电机。宝马X1 xDrive 25Le后轮电驱动装置使该汽车在不超过120 km/h的行驶状态下实现零排放。电动行驶的最大里程为60km。高压系统部件位置见图4-43。

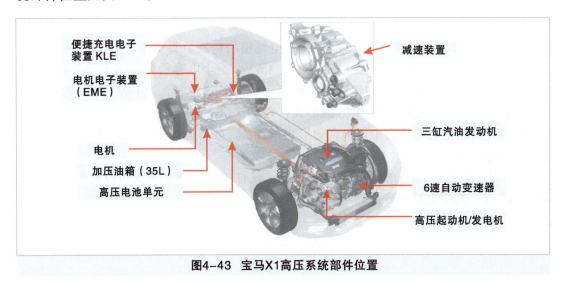

图4-43　宝马X1高压系统部件位置

组件	说明	特性值
汽油发动机 B38A15M0	−三缸汽油机 −涡轮增压，直喷，横向安装 −F49 PHEV−特别适应	100kW 220N·m
自动变速器	−6速自动变速器 −混动适应 −辅助电动油泵	250N·m
高压起动机/发电机 EMP120.66	−起动，eBOOST和充电功能 −通过传动带连接	12kW 60 N·m 18000 r/min（发动机最高转速）$i=1:2.57$ （传动带比率）
高压电池单元	−汽车专属壳罩 −高压模块组件	154 x 26.5 Ah 锂离子电池 11个电池模块，每个含14个电池
燃油箱	−PHEV 专用加压油箱	35 L
电机 EMP156.162	−电气后轮驱动	70kW 165 N·m 14000 r/min（发动机最高转速）
电机电子装置（EME）LEB452D	−集成式DC/DC变换器 −电机变换器−高压起动机/发电机变换器	电机变换器，450A； 高压起动机/发电机变换器，200A
减速装置 GE1F49GK	−1速自动变速器−超出130km/h 的解耦组件	$i=12.5:1$（传动比）
便捷充电电子装置 KLE SLE35	−集成式高压配电器 −集成式充电界面模块（LIM）	充电 3.5kW

4.5.1 高压电池（锂离子）

高压电池单元由布置在同一层的11个电池模块构成。每个模块由14个锂离子电池及其他部件构成，锂离子电池额定电压为3.6 V，最小电容量为26.5 A·h。I01、I12或F15 PHEV 的高压电池中的锂离子电池以串联的形式布置，而F49 PHEV 的一个模块中的14个锂离子电池按照2P7S的形式布置。这就意味着每两块电池以并联的形式形成一组，7组电池在模块中以串联的形式布置。因此可以提供277.2 V 的合计额定电压，额定容量为53A·h。

高压电池可以存储的能量为14.7 kW·h，仅有70%可用，因此可以输出的能量为10.7 kW·h。高压电池单元内部结构见图4-44。

图4-44 高压电池内部结构

4.5.2 高压电缆

高压电缆连接高压组件，并且采用橘色电缆套标识。高压电缆分布见图4-45。

图4-45 高压电缆连接部件

4.5.3 驱动电机

F49 PHEV 电机型号为：IA1P16A。

电机的主要组件：

- 转子和定子
- 连接件
- 转子位置传感器
- 冷却部件

F49 PHEV 中的混动系统被称为平行混动系统。发动机及电机通过链轮进行机械耦合。行驶过程中，两种驱动系统可以单独使用或同时使用。电机结构见图4-46。

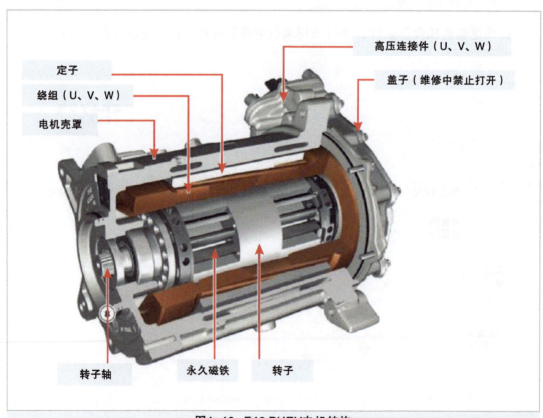

图4-46　F49 PHEV电机结构

4.5.4 电机电子装置

电机电子装置(EME)作为电机和高压起动机/发电机的电子控制装置,见图4-47、图4-48。该装置负责将高压电池单元(最高约为340 V)的直流电压转换成三相AC电

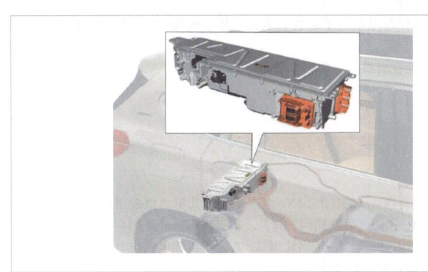

图4-47 电机电子装置

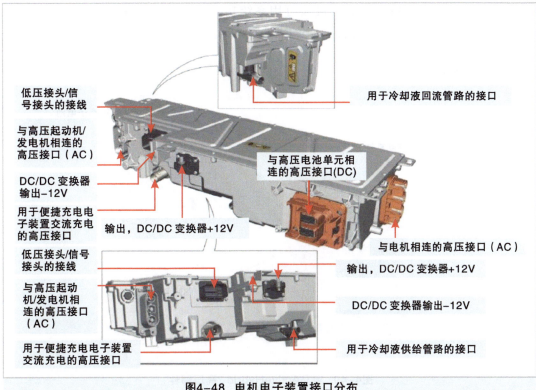

图4-48 电机电子装置接口分布

压，用于驱动电机和高压起动机/发电机。在此过程中，电机和高压起动机/发电机作为电动机。相反，当电机和高压起动机/发电机作为发电机工作时，电机电子装置将三相交流电压转换成直流电压，并为高压电池单元充电。比如，在制动能量再生（能量回收）过程中即为此类操作。为了进行这两种模式的操作，有必要配备DC/AC双向变换器，该装置可以作为换流器和整流器进行工作。

DC/DC变换器同样与电机电子装置合成为一体，确保12V汽车电气系统的电压供给。

电机电子装置安装在后桥下方的汽车底部。

4.6 ActiveHybrid 7/F04 HEV

2010年春季，宝马继ActiveHybrid X6之后，推出其第二款采用混合动力技术的批量生产车型ActiveHybrid 7（研发代码F04），车上高压部件见图4-49。这种轻混合动力方案采用了宝马TwinPower Turbo涡轮增压V8发动机和电机组合，该电机仅用于为发动机提供支持或减轻发动机负荷。

宝马ActiveHybrid 7的驱动系统由N63发动机[330 kW（5500~6000r/min）]和电机[15 kW（900~4500r/min）]组成。最大可用系统功率为342 kW（5500~6000r/min），最大总转矩达700 N·m。其百公里加速时间为4.9 s。

图4-49　宝马ActiveHybrid 7高压部件

4.6.1 高压电池（锂离子）

高压电池重量仅为28 kg左右。由于这种高压电池结构紧凑，因此可占用后部空调系统的安装空间并集成到车内。锂离子电池的容量为0.9 kW·h，特别适于轻混合动力车辆使用，因为根据车辆设计要求，不需要电容量更大的高压电池。

宝马ActiveHybrid 7和奔驰S 400 Hybrid是全世界最先采用这种高效高压电池技术的混合动力车辆。高压电池剖视图见图4-50。

高压电池是车辆高压系统的实际蓄能器，通过串联总共35个电解槽（额定电压3.6 V）得到126 V额定电压。

图4-50 高压电池剖视图

电解槽采用圆柱形结构，见图4-51。每个电解槽上都有用于测量电解槽电压的分接头。电解槽之间装有防撞和抗振元件，用于防止电解槽受到机械损坏。电解槽采用了锂离子电池技术。

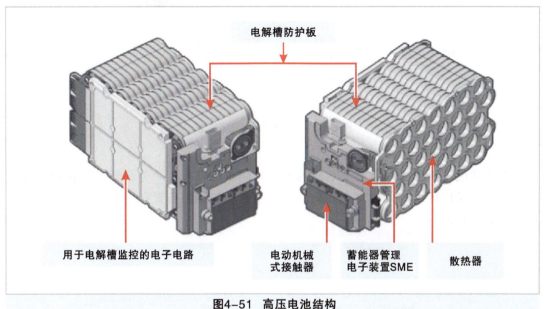

图4-51 高压电池结构

4.6.2 驱动电机

驱动电机的制造商是 ZF Sachs AG。发动机由电机负责起动。因此 F04 不再使用传统起动机。F04 还取消了传统 14 V 发电机。电机与一个 DC/DC 变换器一起执行发电机的任务。电机的转子与发动机的曲轴和自动变速器的液力变矩器连接。因此动力传动系统的组件布置方式与并联式混合动力装置相同。发动机和电机两个驱动装置的转矩可以同时施加到变速器输入轴上，见图4-52。

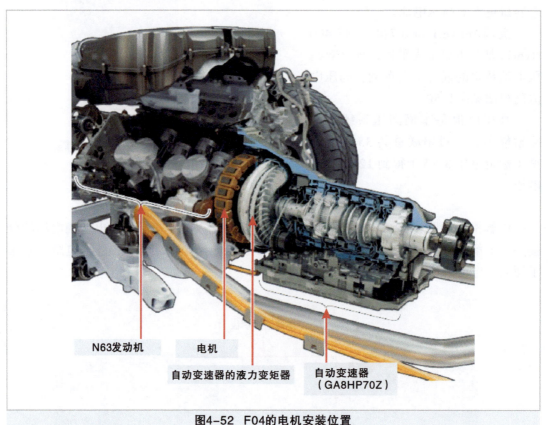

图4-52　F04的电机安装位置

在 F04 的电机使用外部转子结构的永磁式同步电动机。"外部转子"表示带有永久磁铁的转子以环形方式布置在外侧。可产生磁场的绕组布置在内侧，构成定子。电机结构见图4-53。

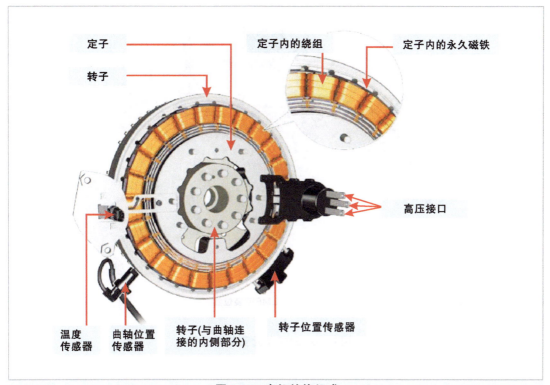

图4-53 电机结构组成

4.6.3 电机电子装置

F04供电电子装置同时作为电机电子装置（EME）用于持续控制动力传动系内的同步电机。在此该装置将高压电池的直流电压（120 V DC）变换为用于控制三相交流电机的电压（120 V Ac），也可以反向变换。为此需要一个双向变换器。通过DC/DC变换器来确保14 V车载网络供电。F04的整个供电电子装置位于一个铝合金壳体内。在这个壳体内装有控制单元、DC/DC变换器和AC/DC变换器。各组件无法更换；每次都要更换整个单元。整个单元简称为EME。

F04的EME系统供货商是Continental AG公司。该系统是宝马AG与戴姆勒AG联合开发的产品。电机电子装置（EME）位于发动机上左侧，与油底壳等高，用四个螺栓固定，见图4-54。整个单元的重量约为12 kg。单元外部接口见图4-55。

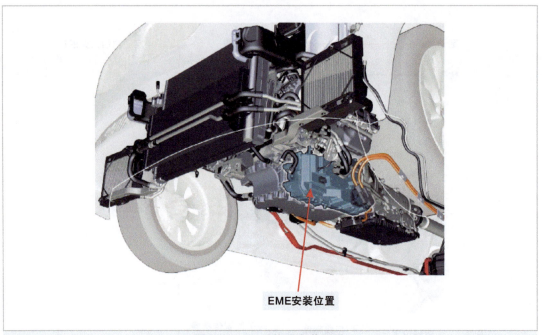

图4-54 EME单元安装位置

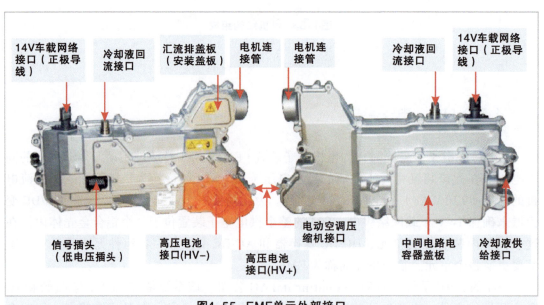

图4-55 EME单元外部接口

EME内部由三个逻辑单元组成：逆变器、为14V车载网络供电的DC/DC变换器，以及带混合动力主控功能的电子控制装置。逆变器和DC/DC变换器同样由电子控制装置控制。EME单元电气连接如图4-56所示。

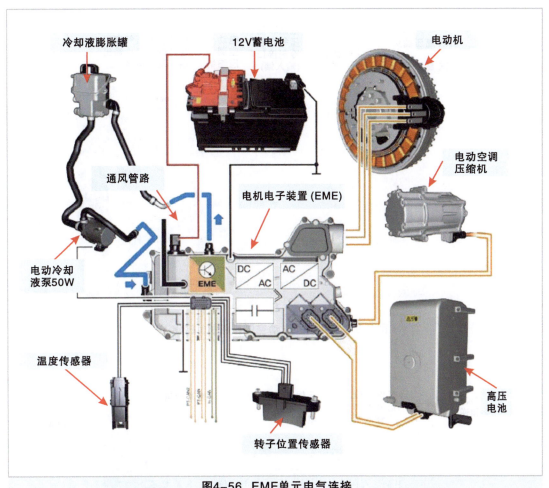

图4-56 EME单元电气连接

4.6.4 电动空调压缩机

F04使用一个电动空调压缩机（EKK），见图4-57。由于该压缩机带有一个电动驱动装置，因此可以不通过发动机驱动空调系统。无论是在纯电动行驶期间还是静止状态下，空调系统都可以为客户提供相同的制冷效果。

图4-58展示了电动空调压缩机的结构。这种电动空调压缩机由Visteon公司制造。

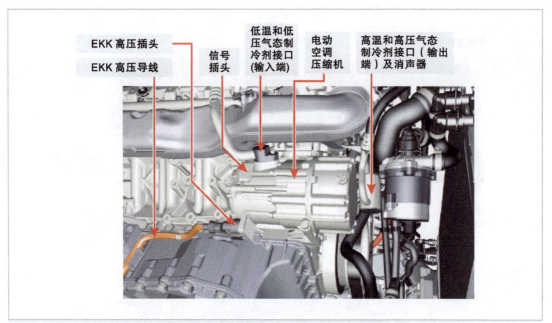

图4-57 F04中的电动空调压缩机(EKK)

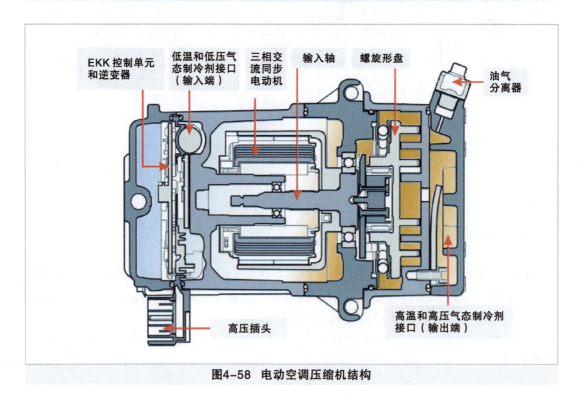

图4-58 电动空调压缩机结构

4.7 ActiveHybrid X6/E72 HEV

ActiveHybrid X6 是一款所谓的全混合动力车辆，车辆中安装了通过 60 V 以上的直流电压或 25 V 以上的交流电压驱动的组件。在这些车辆中部分组件需要较大的电功率。混合动力车辆中的高压车载网络以最高 650 V 的直流电压工作，且必须提供较大的电能。除了驱动装置外，混合动力车辆还包括以下主要组件（图4-59）：

图4-59　宝马ActiveHybrid X6高压系统部件

- 高压蓄能器
- 高压导线
- 大功率电子系统和电子控制系统
- 电机

4.7.1　高压电池（镍氢）

宝马ActiveHybrid X6采用的 288 V 高压电池，重 83 kg，容量为 2.4 kW·h，见图4-60。高压电池通过冷却液散热，必要时还可通过空调系统冷却。因此该高压电池的冷却效率比 Lexus RX 450h 等车辆采用的传统风冷系统高得多。

图4-60 镍氢高压电池模块

4.7.2 供电电控箱

供电电控箱（PEB）控制所有运行状态下的高压车载网、电机双向能量流动、两个电机的转速和转矩，以及电动混合动力机油泵控制系统（电动泵换流器）。PEB是在混合动力合作框架下与GM公司、DaimlerChrysler公司共同研发的成果。

PEB是由四个微控制器（控制单元）构成的中央双向高压混合动力控制单元。这四个控制单元分别是HCP、MCPA、MCPB和EMPI。除这四个控制单元外，PEB还包括用于控制两个电机的两个脉冲变换器（AC/DC变换器）的供电电子装置、用于电动控制混合动力机油泵的一个脉冲变换器（AC/DC变换器）、作为中间电压电路的一个电容器（1mF）和用于所有四个控制单元的外部硬件。PEB部件结构见图4-61。

4.7.3 供电配电盒

供电配电盒（PDB）也是一个高压组件，用于由PEB向辅助电源模块（APM）以及电动空调压缩机（EKK）分配电压。PDB的接口连接线束见图4-62。

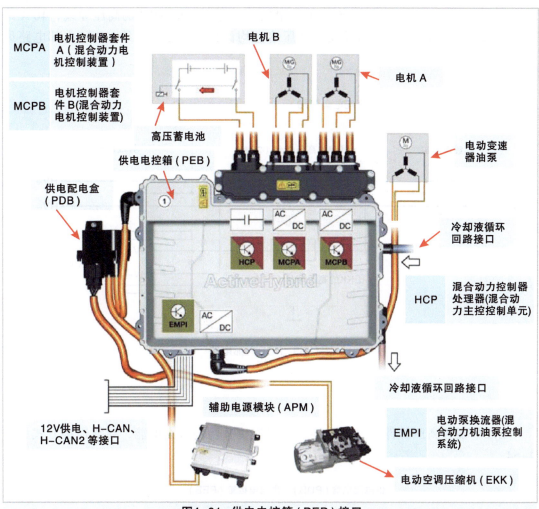

图4-61 供电电控箱（PEB）接口

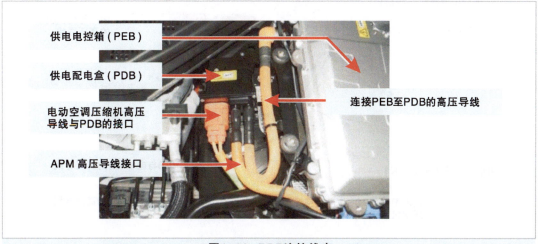

图4-62 PDB连接线束

在PDB内装有两个高压熔丝。20 A 熔丝用于保护连接APM的高压导线，40 A 熔丝用于保护连接EKK的高压导线。高压熔丝均保护高压正极导线。PDB内部电路见图4-63。

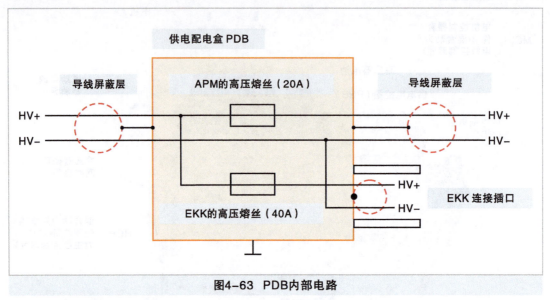

图4-63　PDB内部电路

4.7.4　高压导线

E72车型各高压部件通过高压导线进行连接并传输所需电能，导线连接方式见图4-64。

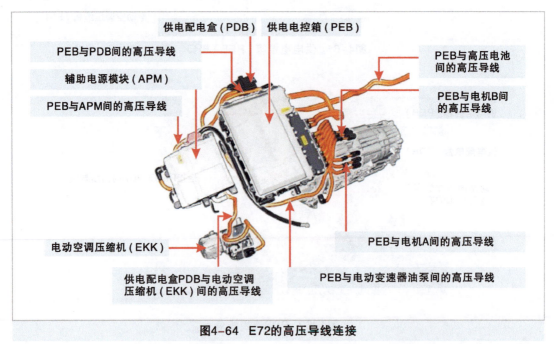

图4-64　E72的高压导线连接

4.7.5 辅助电源模块

辅助电源模块（APM）是一个DC/DC变换器，负责实现混合动力车辆两个电压层面间的能量转换。一个电压层面是约300 V的高压车载网络，另一个是大家熟悉的14 V车载网络。在此，DC/DC变换器取代了以前为14V车载网络供应能量的发电机。因此在行驶状态下14 V车载网络的电能供应不再取决于发动机的转速。APM安装位置见图4-65。APM控制单元仅用在E72上。它采用双向变换器设计，即APM在高压车载网络和14 V车载网络间对电能进行双向传输。APM是在混合动力合作框架下与GM公司、DaimlerChrysler公司共同研发的成果。APM单元电路连接见图4-66。

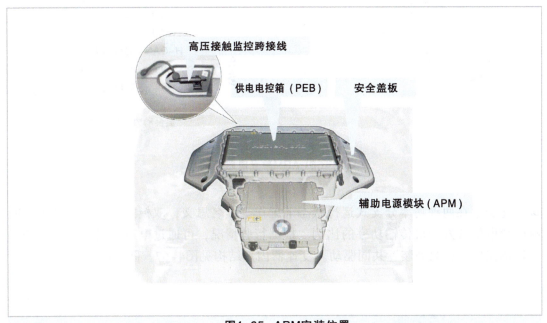

图4-65 APM安装位置

4.7.6 变速器与电机

两个大功率电机（67 kW和63 kW）和"双模式主动变速器"集成在一个与传统自动变速器大小相仿的壳体内。

通过将两个电机集成在BMW ActiveHybrid X6双模式主动变速器内，可实现两种驱动方式。双模式主动变速器以无级ECVT变速器（电动连续可变变速器）为基础，

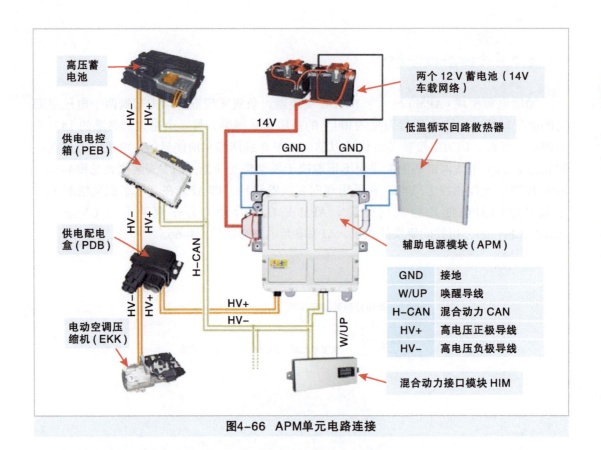

图4-66 APM单元电路连接

该变速器可在两种功率分支式运行状态下工作。顾名思义，双模式主动变速器可以明显改变电机和发动机传输功率的比例。根据行驶情况，可通过电机、发动机以可变功率比例使用两种驱动装置共同驱动。变速器内部结构见图4-67、图4-68。

图4-67 双模式主动变速器

主动变速器包括以下部件：

- 两个电机
- 三个行星齿轮组
- 四个片式离合器

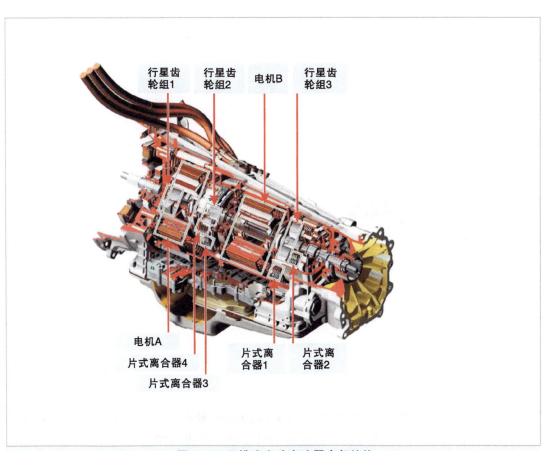

图4-68 双模式主动变速器内部结构

电机A和B共同构成了E72混合动力驱动装置的电气部分。它们都集成在主动变速器内，图4-69显示了电机剖视图。

两个电动机均为永磁式同步电机，既可以作为电动机又可以作为发电机运行。

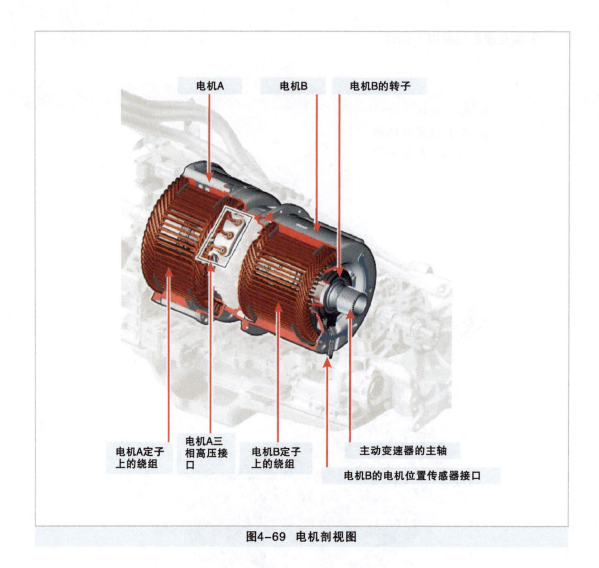

图4-69 电机剖视图

4.7.7 电动空调压缩机

E72是首款采用电动空调压缩机（EKK）的BMW量产车型。由于该压缩机带有一个电动传动装置，空调系统可以不通过发动机驱动，见图4-70。

图4-71展示了电动空调压缩机的结构。这种电动空调压缩机由Denso Automotive公司制造。

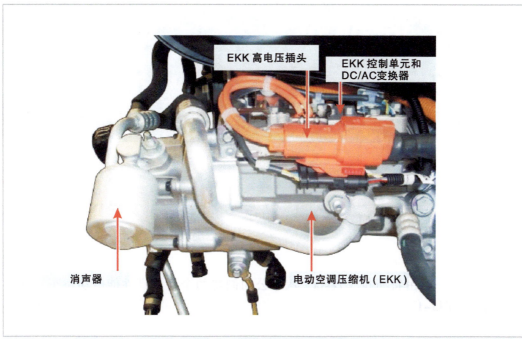

图4-70 E72的电动空调压缩机

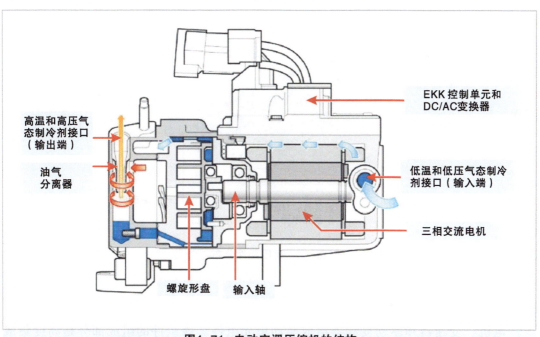

图4-71 电动空调压缩机的结构

第5章 特斯拉

5.1 Model S

Model S是一款由特斯拉（Tesla）汽车公司制造的全尺寸高性能电动轿车，其高压部件分布见图5-1。

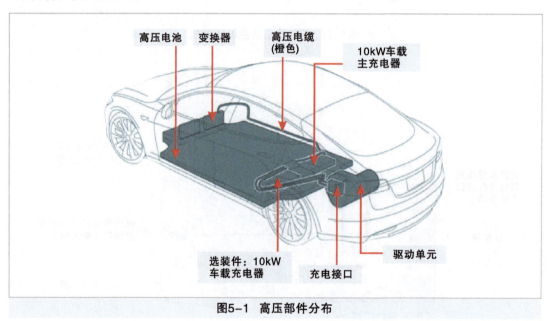

图5-1 高压部件分布

5.1.1 驱动电机

电机、变速器和驱动变频器组成驱动单元组件。该组件的组成部分是高度集成的，利用共享接口和互连来降低系统复杂性并提高可靠性。三个组成部分不能随意拆解，只能使用适当的工具和测试设备在干净的环境中分解。驱动电机安装位置及内部结构见图5-2、图5-3、图5-4。

维修警示：如果驱动单元作业属于车辆维修作业的一部分，请遵守所有高压安全要求。驱动单元包含1.2mF的内部电容，如果内部放电功能工作不正常，则足以引发致命事故。请使用万用表来确认变频器的直流输入插接器上不存在危险电压再进行维修操作。

驱动单元组件通过集成到变速器壳体中的前后齿轮箱安装件连接到后部子框架上，并且经第三安装件用螺栓连接到电机壳体上。

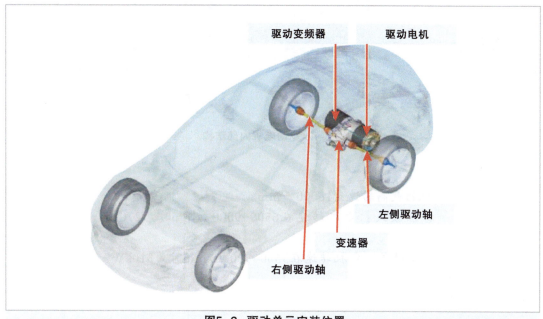

图5-2 驱动单元安装位置

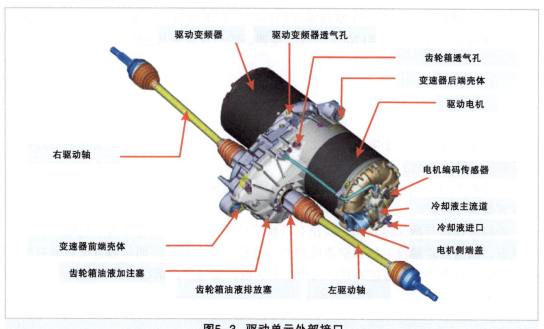

图5-3 驱动单元外部接口

图5-4 驱动电机内部结构

电机的最高转速为16000 r/min。
- 标准模式：电机转速在6500~9000 r/min时为270kW，转矩415N·m。
- 性能模式：电机转速在5500~9000 r/min时为310kW，转矩为590N·m。

驱动变频器标准模式下在驱动单元组件中为驱动电机提供900A电流，在性能模式下在驱动单元组件中提供1200A电流。变速器的单速减速比为9.73：1。

5.1.2 变速器

驱动单元设计有位于电机和驱动变频器之间的单速减速齿轮箱。变速器通过两个等长的传动轴连接到后轮。

变速器采用三轴副轴结构，配备两级齿轮减速装置。铸铝变速器壳体具有变速器和变频器通气装置，以及加油孔和排油塞。

档位选择器与减速齿轮箱之间没有机械联动装置。减速齿轮箱齿轮组处于恒定啮合状态。减速齿轮箱没有机械空档或倒档，也没有驻车棘爪，而是通过反转电机的极性实现反向驱动。空档通过断开电机传动来实现，变速器内部结构见图5-5。

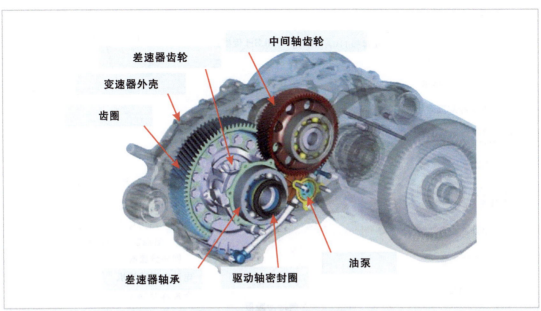

图5-5 变速器内部齿轮结构

5.1.3 高压热管理系统

高压热管理系统具有以下三个功能：

- 车内空气的流量，温度和湿度管理
- 电池温度管理
- 动力系统和高压电子系统的温度调节

这三个功能是通过依靠以下三个子系统来实现的：

- 乘客舱加热、通风和空调（HVAC）系统
- 空调（A/C）系统
- 动力总成加热和冷却系统

这三个系统是相互连接的，共享众多关键组件。每个组件可以独立运行或一起运行，具体取决于散热要求。

乘客舱HVAC系统的控制通过车辆的触摸屏操作。电池和动力总成系统的控制状态是自主的，只能使用Toolbox编码更新。

热管理系统的组成部件见图5-6，其系统控制流程见图5-7。

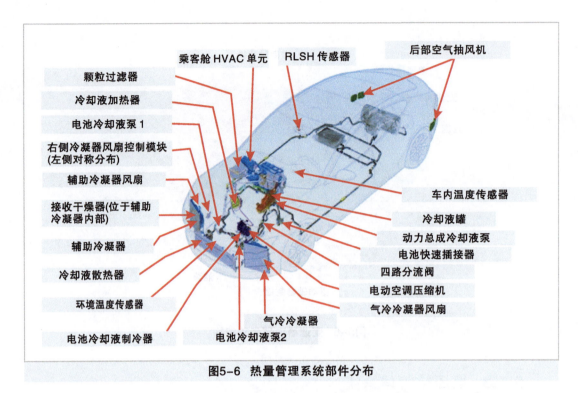

图5-6 热量管理系统部件分布

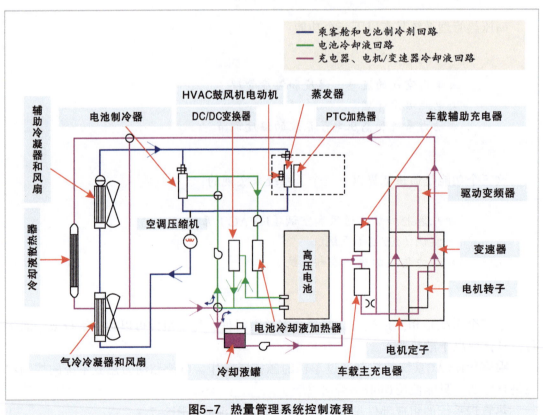

图5-7 热量管理系统控制流程

5.2　Model X

Model X 是一款高性能、安全、智能的全尺寸 SUV。标配全轮驱动，最高续航里程可达 552 km（100 kW·h 电池，国标工况法）。Model X 拥有宽敞的驾乘空间和储物空间，足以容纳 7 位成人及其随行装备。开启 Ludicrous 运动模式后，零到百公里加速仅需 3.1 s。该车高压系统部件分布如图5-8所示。

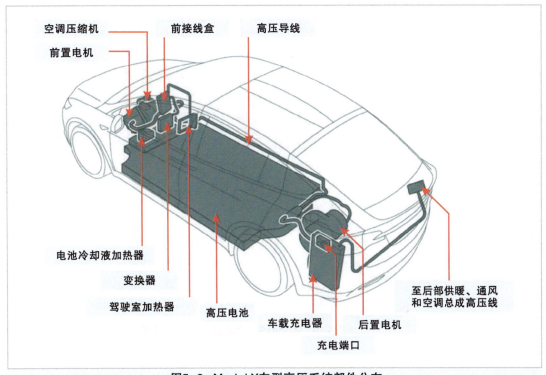

图5-8　Model X车型高压系统部件分布

5.3　Model 3

特斯拉Model 3定位低于MODEL S，全车长/宽/高分别为4694mm/1849mm/1443mm，轴距为2875mm。动力方面，特斯拉Model 3分标准版和长续航版两种。标准版车型配备55kW·h容量的电池，续航里程约为354km。长续航版车型则配备75kW·h容量的电池，续航里程约为499km，两个版本的0-96km/h加速时间都在5s左右。此外，特斯拉

Model 3还分单电机后轮驱动和双电机四轮驱动的形式。四驱版车型采用两台电机,包括位于车辆前方的新型交流感应电机,与为后轮提供动力的永磁电机。此外,四轮驱动版与性能版车型的0-96km/h加速时间分别为4.5s与3.5s,最大续航里程均为499km。

Model 3车型高压系统部件分布如图5-9所示。

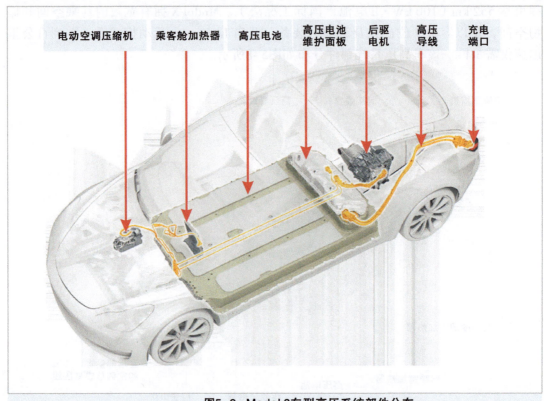

图5-9 Model 3车型高压系统部件分布

第6章 别克

6.1 君越 HEV

2009款君越HEV为微混合动力车型，其混合动力技术为通用BAS（Belt Alternator Starter）混合动力系统，系统部件组成如图6-1所示。

该系统主要由以下部件组成：起动机/发电机总成MGU（Motor Generator Unit）；传动带及双向张紧器总成；起动机/发电机控制模块SGCM（Starter/Generator Control Module）；36V镍氢电池组（NiMH）；混合动力电池组分离控制模块（Generator Battery Pack Disconnected Control Module），也叫能量存储控制模块（ESCM）；12V电池。

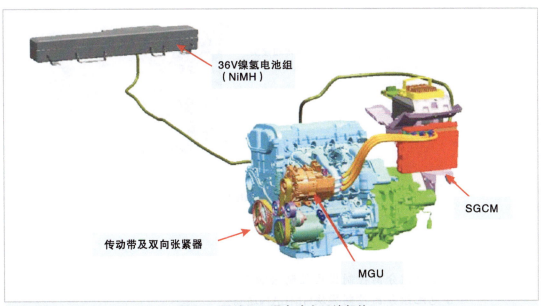

图6-1　君越HEV混合动力系统部件

6.1.1 高压电池（镍氢）

HEV混合动力车的36V NiMH电池组由三块12V电池串联而成。36V正极输出线路上有一个接触开关，电池组内部结构见图6-2、图6-3。

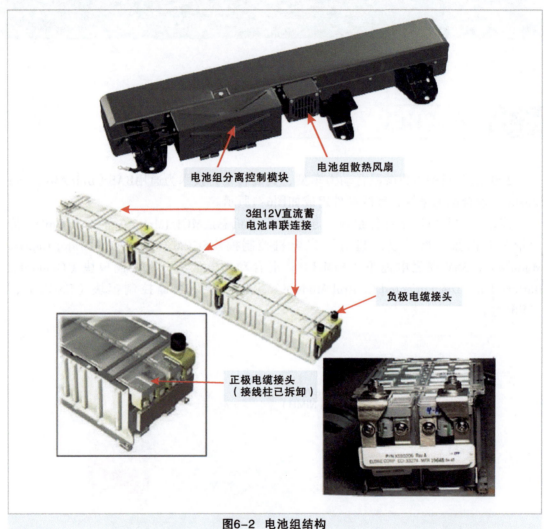

图6-2 电池组结构

- 电池组分离控制模块控制接触开关
- 电池组分离控制模块GMLAN通信

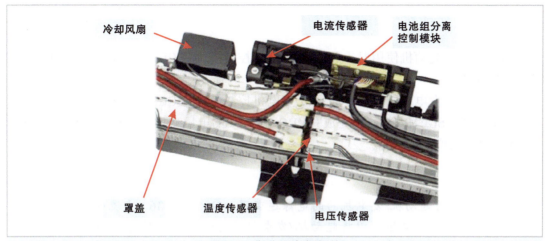

图6-3 电池组内部部件

6.1.2 起动机/发电机总成

起动机/发电机 [有时也称为电动机/发电机单元(MGU)] 总成,是一个可维修的16极永久磁铁增强Lundell交流电机械装置。此装置不仅作为一个36V发电机使用,也用于提供发动机备用电源,并在混合动力自动停止后起动发动机。起动机/发电机总成和起动机/发电机控制模块之间的36V交流电源流过一个三相电缆连接。

作为一个发电机,起动机/发电机向起动机/发电机控制模块电源变换器提供3kW的交流电源。励磁电流由起动机/发电机控制模块通过一个7针插接器提供,起动机/发电机转速反馈由同一个插接器发送回控制器。起动机/发电机温度数据通过单独的3针插接器提供至起动机/发电机控制模块。

作为一个电机,该装置最多为辅助电源和发动机起动系统提供65N·m的转矩。电机接收来自起动机/发电机控制模块内部的电源逆变器的三相交流电源。MGU单元内部结构见图6-4。

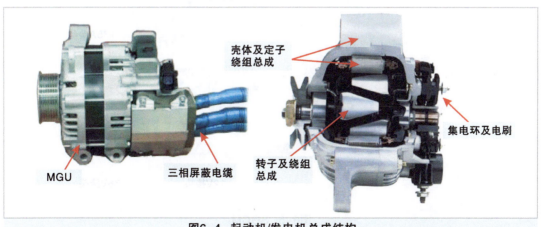

图6-4 起动机/发电机总成结构

6.1.3 起动机/发电机控制模块

当MGU作为起动机使用时，起动机/发电机控制模块（SGCM）将36V DC电源变换成36V AC电源。

当MGU作为发电机使用时，起动机/发电机控制模块（SGCM）将36V AC电源变换成36V Dc电源。SGCM内部还可完成36VDC-12V DC的电压变换。SGCM接口见图6-5。

SGCM的三项主要功能：

● 作为起动机/发电机的的电源逆变器，SGCM将36V直流电源转变为三相交流电源，以将起动机/发电机作为一个电机驱动。电源逆变器也将起动机/发电机的36V交流输出电源调整为36V直流电源，以用于给36V蓄电池充电。

● 包含在SGCM内的辅助电源模块将36V直流电源转变为12V直流电源，用于12V车辆负载和给发动机舱盖下12V蓄电池充电。可维修的175A熔丝（GM零件号15305191）位于SGCM直流电缆端子盒盖下方，保护车辆的12V电气系统，以免电流过大。

● SGCM包含Renesas M32处理器，它直接控制起动机/发电机、变速器辅助油泵、坡上驻车电磁阀、辅助冷却液泵和SGCM冷却液泵。各种泵和电磁阀由12V脉宽调制（PWM）电源通过车辆线束驱动。

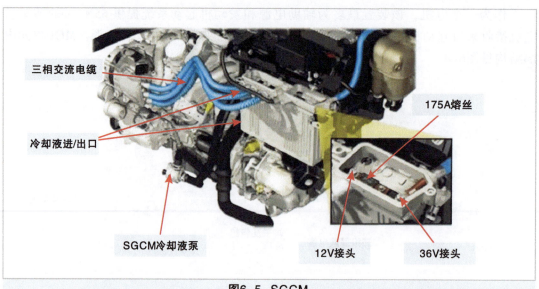

图6-5 SGCM

6.2　Velite 5 PHEV

6.2.1　高压电池（锂离子）

高压电池包括192个独立的锂离子单格电池。两个单格并联焊接在一起并被称为一个电池组。高压电池总成中一共有96个电池组。这些电池组串联连接。每个电池组的额定电压为直流3.7 V，系统额定电压为直流355 V。高压电池的电池组形成了3个不同的单元。前24个电池组组成电池单元1。此单元与前围板相邻，包括电池组73至96。接下来的28个高压电池电池组组成电池单元2。该单元位于单元1的后面，包含电池组45至72。横向电池单元是3号单元，该单元包含电池组1至44。每个电池单元还包括两个温度传感器，分别位于电池单元的两端（共六个温度传感器）。

高压电池位于车辆下方。高压电池能量控制模块、电流传感器和高压插接器位于高压电池总成内。混合动力控制模块位于仪表板后面。高压电池的结构和连接见图6-6~图6-12。

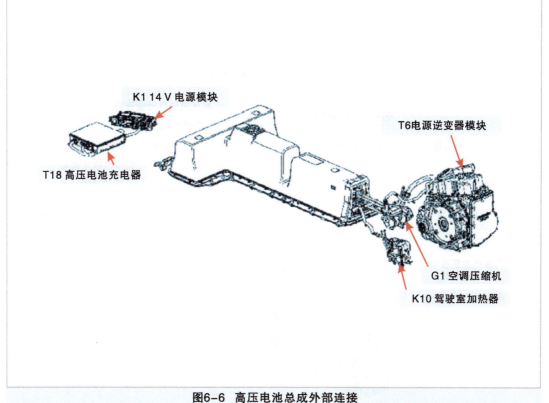

图6-6　高压电池总成外部连接

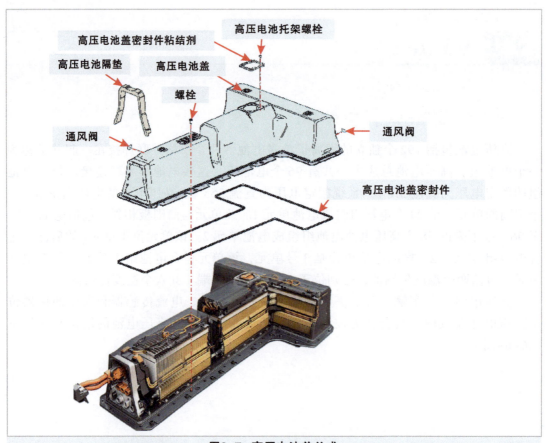

图6-7 高压电池盖总成

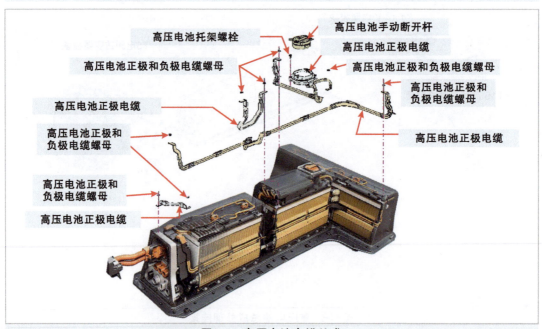

图6-8 高压电池电缆总成

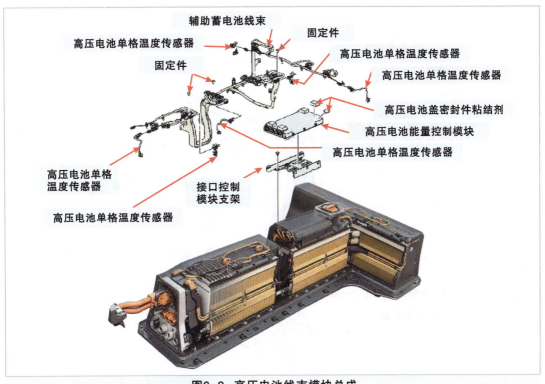

图6-9 高压电池线束模块总成

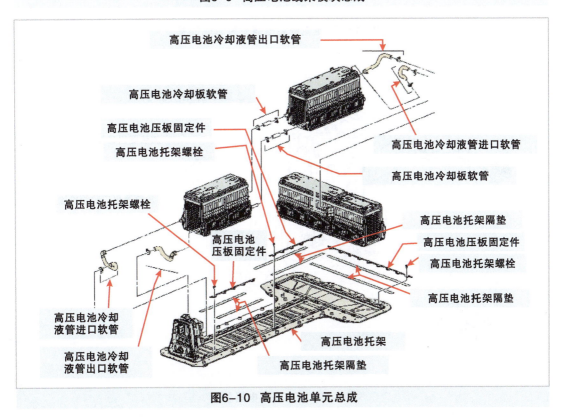

图6-10 高压电池单元总成

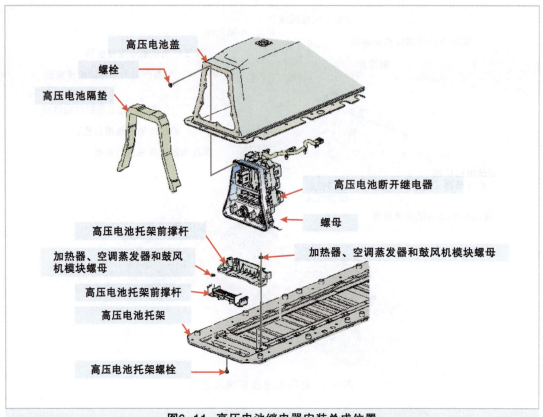

图6-11 高压电池继电器安装总成位置

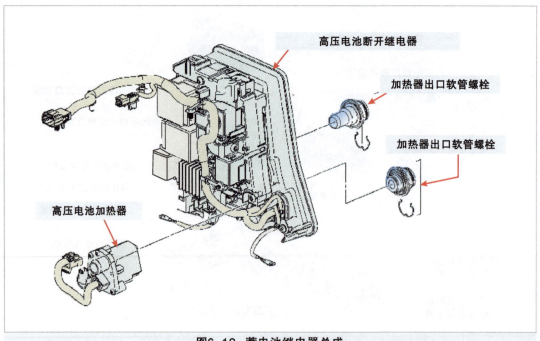

图6-12 蓄电池继电器总成

6.2.2 驱动电机

驱动电机1是永磁式电机，能够产生55 kW峰值功率和138N·m的转矩。该电机结构分解见图6-13。

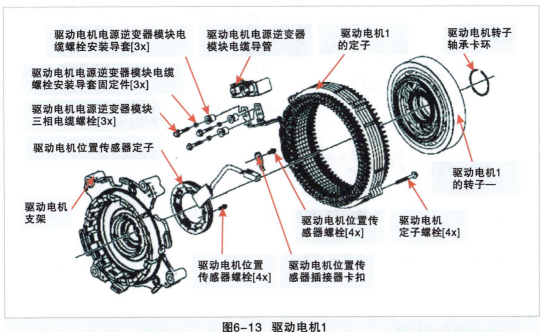

图6-13 驱动电机1

驱动电机2同样为永磁式电机，能够产生76 kW峰值电能和178N·m。该电机结构分解见图6-14。

这两个电机均通过变速器油进行冷却。驱动电机1用作起动机/发电机，并向高压电池充电。驱动电机2用于驱动车辆。电机速度由变压器型位置传感器控制和监控。驱动电机位置传感器由电机控制模块监控。电机控制模块根据位置传感器的信号，监测驱动电机转子的角位置、速度和方向。位置传感器包含1个主动线圈、2个从动线圈和1个不规则形状的金属转子。金属转子以机械方式固定在驱动电机的轴上。点火开关置于"ON（打开）"位置时，电机控制模块向主动线圈输出一个10 kHz的交流励磁信号。主动线圈励磁信号生成一个环绕2个从动线圈和不规则形状转子的磁场。然后，电机控制模块监测2个从动线圈电路，以获得反馈信号。不规则形状金属转子的位置引起从动线圈的磁感应反馈信号发生大小和波形方面的变化。通过比较从动线圈信号，电机控制模块能确定驱动电机的确切角位置、速度和方向。

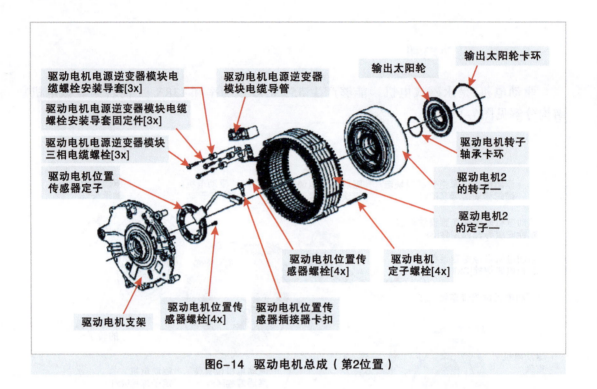

图6-14 驱动电机总成（第2位置）

驱动电机安装在变速器内部，可执行以下功能：

- 车辆驱动转矩
- 发动机起动
- 高压电池充电
- 再生制动
- 提供变速器油压力

6.2.3 混合动力热管理系统

1. 高压电子装置冷却系统

高压电子装置冷却回路的主要用途是冷却驱动电机电源逆变器模块、高压电池充电器和14V附件电源模块。电子装置冷却系统使用散热器、发动机控制模块输入信号、两个12V脉宽调制（PWM）散热器风扇和一个12V冷却液泵，在整个系统内循环冷却液。动力总成控制模块激活冷却液泵，并监测散热器中的温度传感器。在车辆起动和充电期间，冷却液泵将激活。高压电子装置冷却系统组成见图6-15。

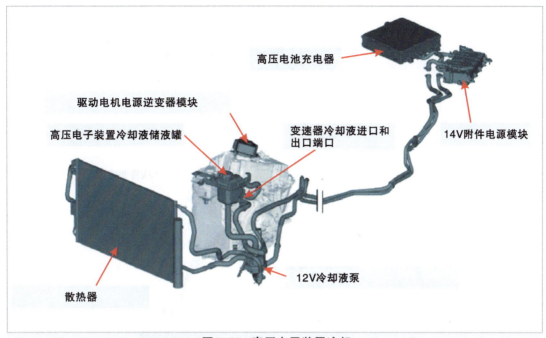

图6-15 高压电子装置冷却

2. 高压电池冷却系统

高压电池冷却系统使用12 V冷却液泵、制冷剂/冷却液热交换器（深冷机）和电动空调压缩机电机控制模块总成来冷却高压电池。高压电池内有一个高压电池加热器，可在需要时加热进入高压电池的冷却液。动力总成控制模块监测高压电池冷却液温度、高压电池单元温度、制冷剂温度、制冷剂压力和冷却液液位传感器。动力总成控制模块确定高压电池所需的制冷或加热程度，并打开高压电池组冷却液泵。根据要求，它将操作散热器风扇，并请求空调压缩机模块打开电动空调压缩机，或打开高压电池组加热器。当车辆正在运行、充电过程中，或当车辆熄火但需保持高压电池组温度时，高压电池组冷却系统可能被激活。高压电池冷却系统部件见图6-16。

3. 乘客舱加热系统

乘客舱加热系统使用发动机散热器、一个12 V辅助加热器冷却液泵、一个乘客舱加热器冷却液控制阀、一个高压冷却液加热器控制模块和一个加热器芯来工作。

乘客舱加热器冷却液控制阀具有两个位置。当发动机熄火且被指令处于旁通模式时，乘客舱加热器冷却液控制阀分开发动机冷却液回路和高压冷却液加热器控制模块冷却液回路，以防止高压冷却液加热器产生的热量传递到发动机冷却液回路中。发动机起动且达到足够温度后，乘客舱加热器冷却液控制阀被指令至正常模式，将两个冷却液回路连接到一起。此连接可使过多的发动机热量帮助高压冷却液加热器控制模块加热乘客舱。乘客舱加热器控制阀包括一个内部位置传感器，由混合动力控制模块监

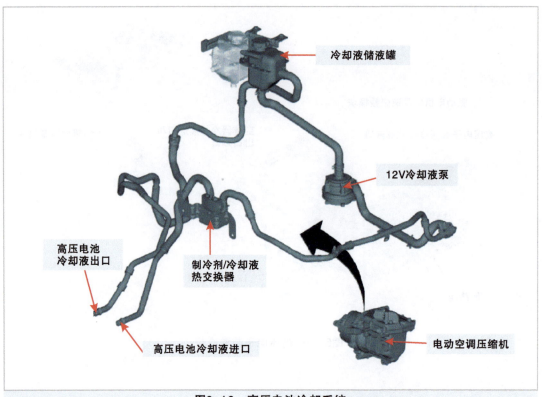

图6-16　高压电池冷却系统

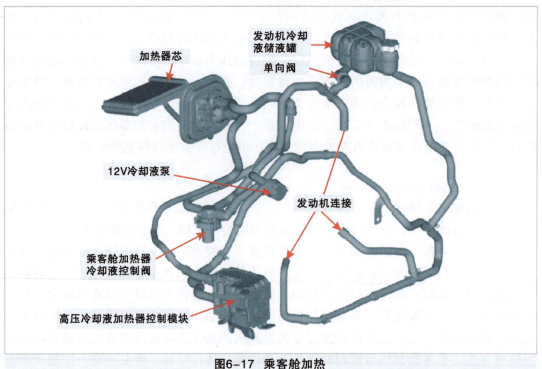

图6-17　乘客舱加热

测。当发动机冷却液温度升高时，将执行阀门位置读入程序。

HVAC控制模块打开辅助加热器冷却液泵，并检测乘客舱和冷却液回路中的温度传感器，以确定是否需要高压冷却液加热器控制模块的操作。乘客舱加热通过空气流经加热器芯来实现。当在寒冷天气下操作车辆时，发动机可能运行很短时间以帮助最大限度地提高乘客舱的加热效率，具体取决于车外温度和车辆驾驶人请求的乘客舱加热量。乘客舱内加热系统部件见图6-17。

6.2.4　5ET50变速器

5ET50是一个全自动前轮驱动变速器，包含一个电子控制型连续可变电动变速器。它包含输入轴凸缘、带旋转式摩擦离合器的扭转减振器总成、静止机械式（单向）离合器、一个静止式和一个旋转式摩擦离合器总成、一个液压增压和控制系统、一个电源逆变器（和控制）模块、一个电动油泵、两个行星齿轮组和两个驱动电机。驱动电机1为55kW，驱动电机2为76kW。变速器的轴承、垫圈及密封件位置如图6-18、图6-19、图6-20所示。

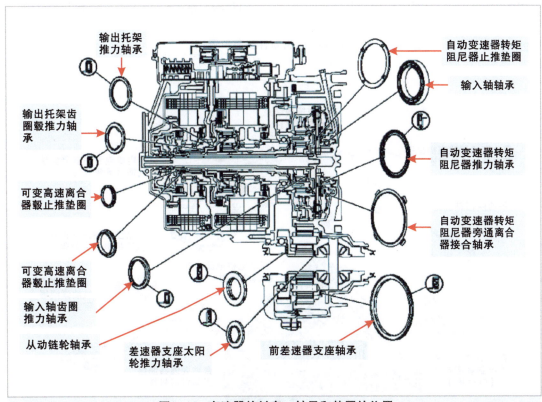

图6-18　变速器的衬套、轴承和垫圈的位置

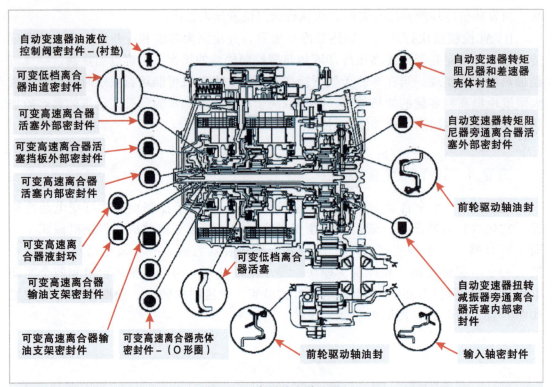

图6-19 密封件安装位置1

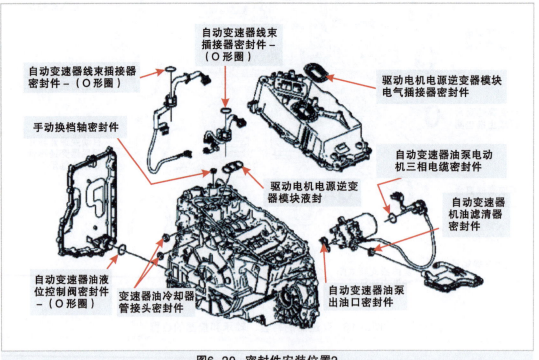

图6-20 密封件安装位置2

第7章 雪佛兰

新能源汽车
关键部件结构图解手册

7.1 沃蓝达 PHEV

该车是增程型电动车。它始终使用一个电力驱动系统来驱动车辆。电力是车辆的主能量源，而发动机是第二能量源。

该车具有两种运行模式 – 电动模式和增程模式。在两种模式下，车辆均由变速器内的电机驱动。电能转换为机械能，用以驱动车轮和车辆。

电动模式是该车的主运行模式。电动模式下，车辆由存储在高压电池中的电能提供动力。车辆能在该模式下运行 40~80 km，直到电池处于一个低电量状态。混合动力系统组成部件如图7-1所示。

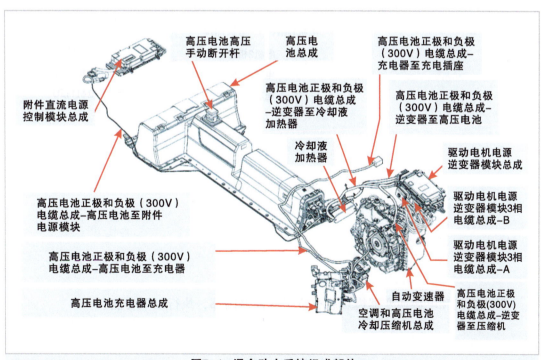

图7-1 混合动力系统组成部件

7.1.1 高压线缆

驱动电机电源逆变器模块总成连接到高压电池的正负极。高压电池的正负两极都通过一个规定的电阻值与车辆底盘隔离。各高压直流电缆通过高压电池总成中的一个高电压、高电流接触器继电器进行开关。所有高压直流负极和直流正极电缆都分别屏蔽，颜色为橙色。空调压缩机高压直流电缆从外部连接到电源逆变器模块总成。

三相交流电（AC）三根电缆将驱动电机的每个相连接至电源逆变器模块。每个分别屏蔽的电缆为橙色。一根电缆将变速器辅助油泵连接至电源逆变器模块。该电缆包含三根连接至变速器辅助油泵三个相的电线。该电缆为橙色。高压连接见图7-2。

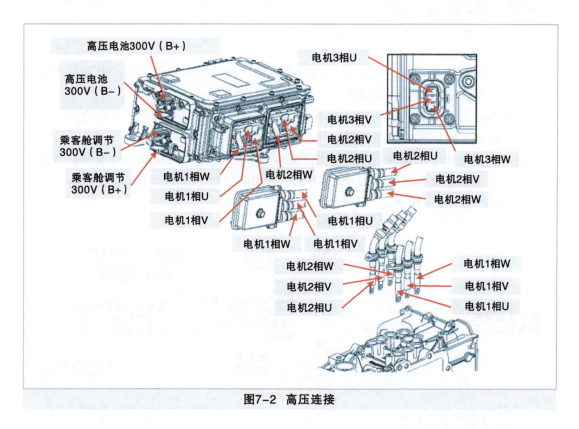

图7-2 高压连接

7.1.2 驱动电机

驱动电机和电源逆变器模块总成位于变速器内部，执行以下功能：

- 车辆驱动
- 发动机起动
- 蓄电池充电
- 再生制动
- 发动机关闭期间维持变速器油压力

驱动电机A由永磁转子和集中绕组定子组成，可产生58kW峰值功率，在电压为300V时可产生185N·m的转矩。

驱动电机B可以产生116kW的峰值功率，在电压为300V时可产生370N·m的转矩。驱动电机见图7-3。

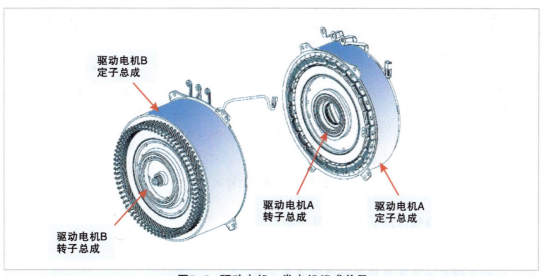

图7-3 驱动电机、发电机组成单元

7.1.3 4ET50变速器

4ET50是一个全自动、前轮驱动的电子控制变速器。它主要包括：一个转矩阻尼器总成、一个一体式主油泵和辅助油泵、一个行星齿轮组件、两个摩擦式离合器总成和一个机械式（静止）离合器总成、一个液压增压和控制系统，以及两个内部电机。驱动电机A功率58kW，驱动电机B功率116kW。变速器剖视图见图7-4。

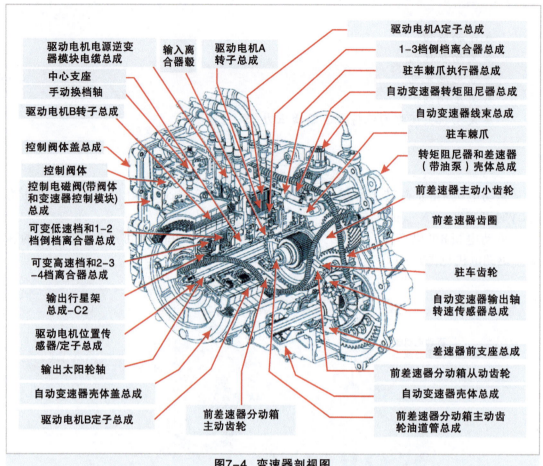

图7-4 变速器剖视图

4ET50变速器包含以下电气部件（图7-5）：

- 自动变速器手动换档轴位置开关总成
- 自动变速器输出轴转速传感器总成
- 控制电磁阀总成
- 驱动电机A
- 驱动电机B
- 电动辅助泵电动机总成

变速器可以4种电可变变速器模式运行。高压三相电缆连接2个驱动电机和电动辅助泵电动机总成至驱动电机控制模块。高压电动辅助泵驱动装置在发动机关闭期间提供变速器油压力。

第7章 雪佛兰

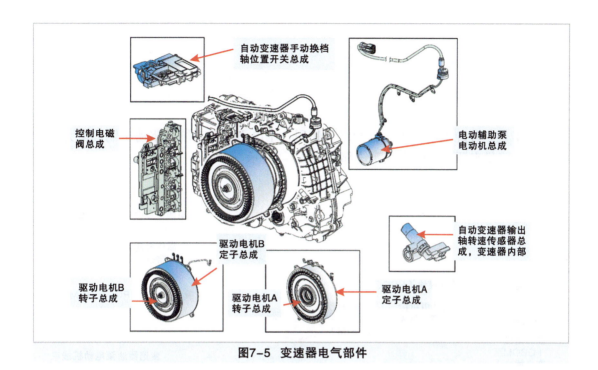

图7-5 变速器电气部件

7.1.4 电动辅助泵电动机

电动辅助泵电动机总成由 300 V 交流电驱动,并由驱动电机电源逆变器模块总成控制。辅助油泵电动机的目的是当发动机关闭,且变速器主油泵不工作时,为变速器提供机油压力,用于润滑、冷却以及车辆驱动期间的离合器应用。当车辆行驶发动机关闭时,辅助泵电动机通电工作。电动辅助泵结构见图7-6。

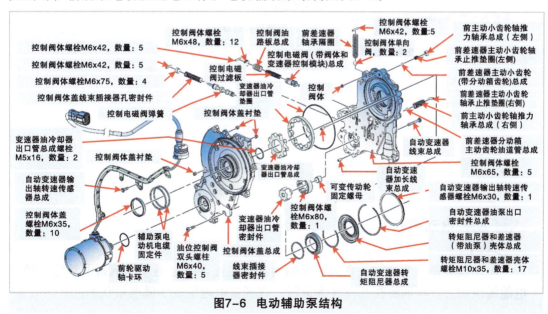

图7-6 电动辅助泵结构

7.2 赛欧 EV

7.2.1 高压系统

该车是一种纯电动汽车。它始终仅使用一个电力驱动系统来驱动车辆。电力是车辆唯一的能量来源。它的高压系统部件如图7-7所示。

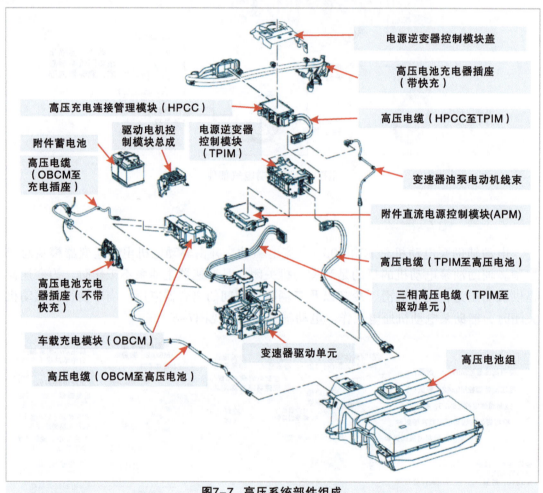

图7-7 高压系统部件组成

电动模式

电动模式是该车的唯一模式。车辆由存储在混合动力/电动车辆蓄电池组中的电能提供动力。车辆将在此模式下运行,直到蓄电池组处于低电量状态。

第7章 雪佛兰

 维修模式

维修模式可用于维修和诊断，以及用于确认故障指示灯的正确操作，并可能会用于排放检查目的。车辆熄火，制动踏板踩下，按住POWER（电源）按钮5s以上，可将车辆设置为维修模式。此时仪表和音频系统的工作方式与点火开关置于ON位置时相同，但车辆将无法行驶。驱动系统在维修模式下不会起动。

 再生制动

当车辆滑行或制动时，驱动电机/电源逆变器模块能以发电模式运行驱动电机，把它作为一台发电机。作为发电机运行时，驱动电机施加动力传动负载，帮助降低车辆速度。驱动电机产生的电能由驱动电机/电源逆变器模块输送到高压电池组。驱动电机/电源逆变器模块和电子制动控制模块之间的持续通信使得可以混合利用再生制动力和常规制动力。

7.2.2 动力驱动单元

雪佛兰赛欧EV动力驱动单元接口分布如图7-8所示。

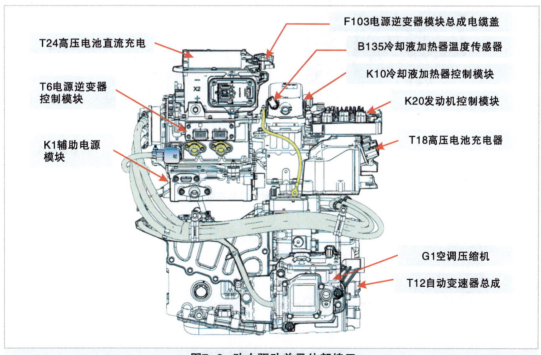

图7-8 动力驱动单元外部接口

125

7.3 迈锐宝XL HEV

该车的EVT电控智能双电机无级变速器采用双电机驱动技术，集成式控制模块（TPIM）。车载永磁同步电机为第二代Voltec系统电机，最大功率分别为60kW、54kW，最大转矩分别为275N·m、140N·m。该车的混动系统部件结构如图7-9所示。

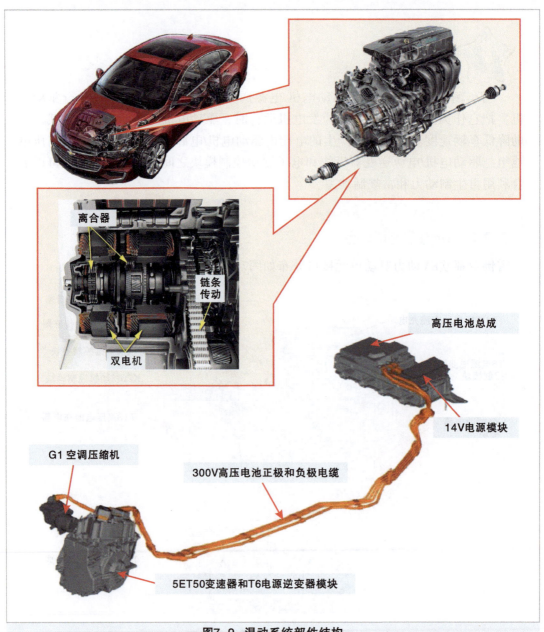

图7-9 混动系统部件结构

7.3.1 高压电池（锂离子）

高压锂离子电池组(电容量1.5kW·h)位于车辆尾部，由80组电池组成，在纯电行驶时最高速度可达88km/h。高压电池安装位置及内部结构见图7-10。

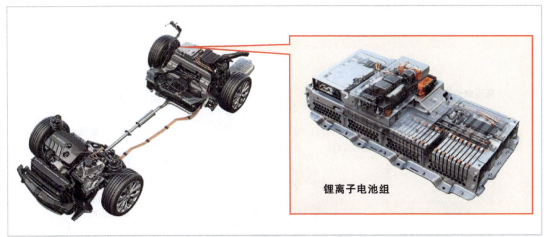

图7-10 高压电池安装位置

高压电池单元包含以串联形式连接的单格锂离子电池，组成了288V直流电池。高压电池结构分解见图7-11、图7-12、图7-13。

每个电池单元包含10个串联连接的电池组。各电池单元利用高压电缆和/或汇流条串联连接。高压电池总成内有八个电池单元。80个电池组的额定电压均为3.6V，系统额定电压为直流288V。

电池单元均由空气冷却。空气通过高压电池外壳吸入，对内部各电池组进行冷却。各电池单元连接有通风管。在高压电池损坏的情况下，一切放出的气体将排放到车辆外部。

在各电池单元内，电压传感电路被连接到单格电池。此外，还有两个热敏电阻用于监测各电池单元的温度。所有这些电路均端接于各电池单元顶面上的高压电池接口控制模块。这些接口控制模块相互连接，并通过串行数据连接到汽车动力总成控制模块。

高压电池总成含有以下可维修部件：

- 高压电池单元1-8
- 汽车动力总成控制模块
- 高压电池接口控制模块1-8
- 高压电池断路继电器总成包含：
  ★ 主接触器

★ 预充电接触器
★ 混合动力/电动汽车蓄电池预充电电阻器
★ 高压电池电流传感器
★ 高压手动断开杆
★ 高电压互锁开关

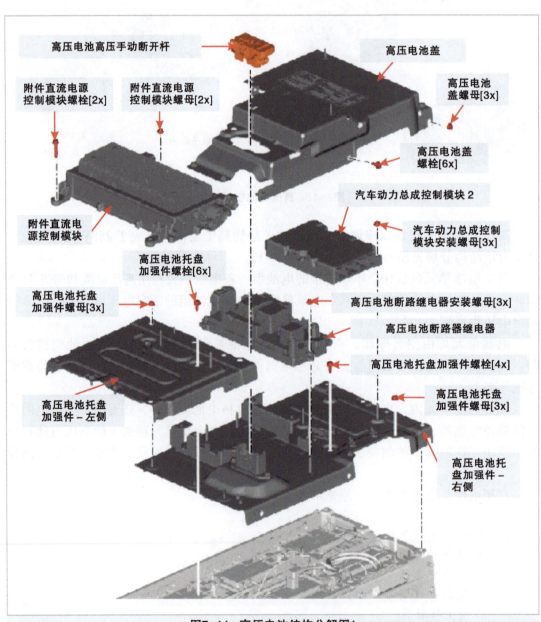

图7-11 高压电池结构分解图1

第7章 雪佛兰

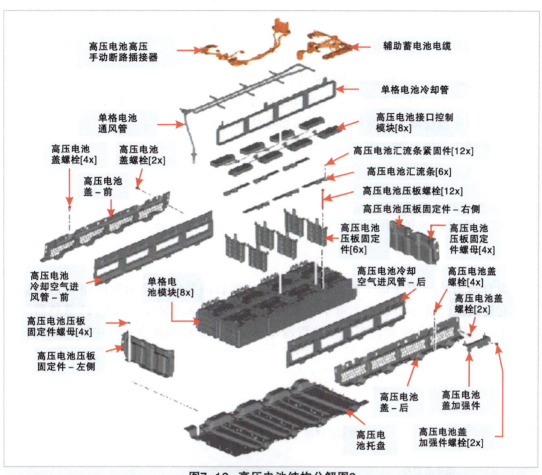

图7-12 高压电池结构分解图2

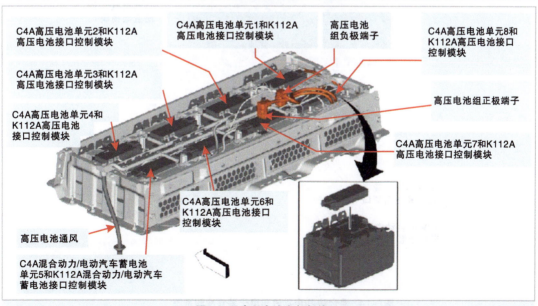

图7-13 高压电池内部部件

7.3.2 混合动力热管理系统

此车配备三个完全独立的冷却系统。
1）混合动力/电动汽车电子装置冷却系统专用于冷却驱动电机/电源逆变器模块。
2）高压电池冷却系统专用于冷却高压电池和14V电源模块。
3）发动机冷却系统专用于以下目的：

- 冷却发动机
- 向乘客舱供热

混合动力/电动汽车电子装置冷却系统的主要目的是冷却驱动电机/电源逆变器模块。它使用混合动力/电动汽车电子装置散热器、控制模块输入、两个12V散热器风扇和一个12V混合动力/电动汽车电子装置冷却液泵，来使冷却液在系统中循环流动。汽

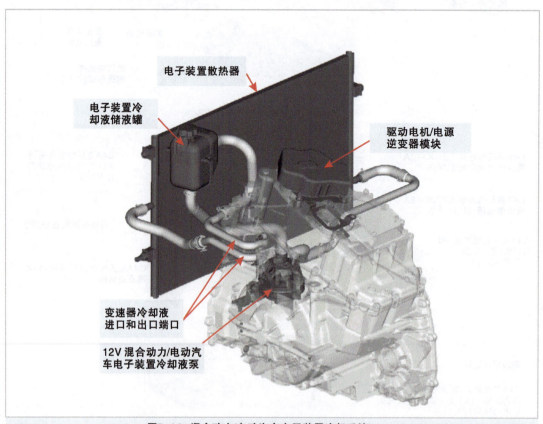

图7-14 混合动力/电动汽车电子装置冷却系统

车动力总成控制模块激活混合动力/电动汽车电子装置冷却液泵，并监测混合动力/电动汽车电子装置散热器中的温度传感器。只要车辆起动，混合动力/电动汽车电子装置冷却液泵就会起动。该回路部件见图7-14。

高压电池冷却系统使用12V高压电池冷却风扇使空气循环通过高压电池和14V电源模块。混合动力/电动汽车动力总成控制模块监测高压电池单格温度传感器。混合动力/电动汽车动力总成控制模块确定所需的高压电池冷却量，并打开高压电池冷却风扇。当车辆熄火后，高压电池冷却系统仍可能被激活，以维持高压电池温度。高压电池冷却系统见图7-15。

高压电池冷却风扇从位于后排座椅下方的通风管中抽取乘客舱的空气。空气通过高压电池的前部导入，并在流经所有电池单格后从后部排出。另一系列管道引导高压电池中的空气流过14V电源模块，通过冷却风扇流出到车辆的行李箱内。进气管和排气管必须保持没有障碍物，以防高压电池过热。

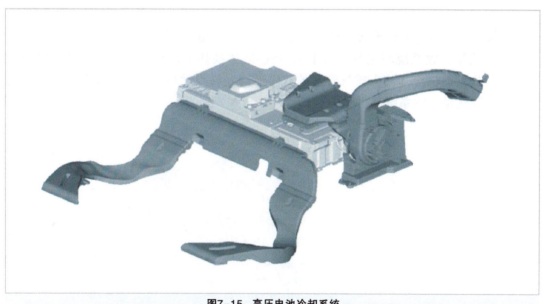

图7-15 高压电池冷却系统

乘客舱加热器系统使用发动机散热器、12V辅助加热器冷却液泵、排气热量回收系统和加热器芯工作。相关部件见图7-16。

当发动机熄火，但仍需要给乘客舱加热时，发动机控制模块打开辅助加热器冷却液泵。乘客舱热量由流经加热器芯的空气提供。

废气热交换器总成包含一个内部冷却液热交换器、一个双蝶形阀，以及一个由LIN总线控制的阀执行器。发动机控制模块向混合动力/电动汽车动力总成控制模块提供串行数据禁用状态，以及发动机冷却液温度。然后，根据发动机冷却液温度(ECT)和车外空气温度(OAT)，混合动力/电动汽车动力总成控制模块将通过LIN总线向阀执

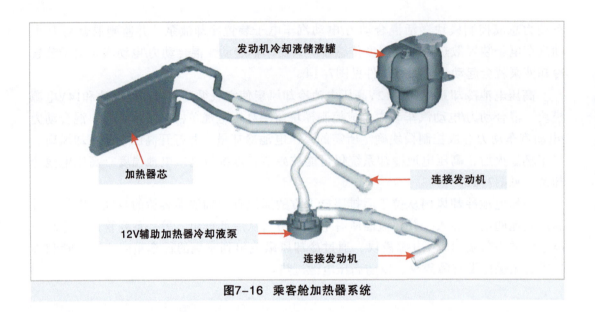

图7-16 乘客舱加热器系统

行器传输信息,以将双蝶形阀定位至"加热"或"旁通"位置。

排气热量回收系统利用排气管上的空气-液体换热器从排气中吸收热量,以帮助更快地加热发动机冷却液。排气管上的双蝶形阀允许发动机废气流过换热器或绕过换热器。排气热量回收系统部件见图7-17。

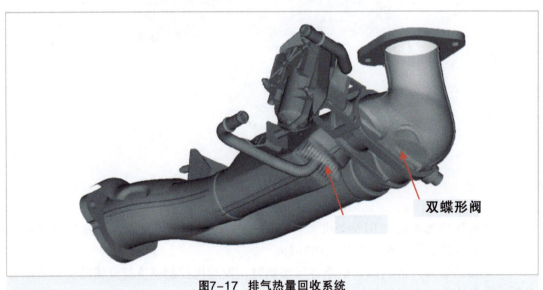

图7-17 排气热量回收系统

第8章 凯迪拉克

新能源汽车
关键部件结构图解手册

8.1 凯雷德 HEV

本车不使用12V起动机起动发动机,而是使用一个位于变速器内的更强劲的300V驱动电机起动发动机。300V驱动电机能够在几百毫秒内使发动机以800r/min的速度旋转。一旦发动机起动后,在行驶周期内,发动机运行将在自动停机(发动机关闭)和自动起动(发动机运行)之间循环切换。该车混合动力系统部件如图8-1所示。

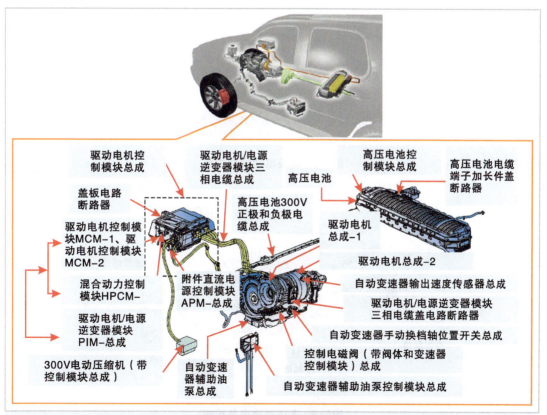

图8-1 混合动力系统部件

双模式混合动力型车辆不需要发动机一直运行。发动机成功起动后，在当前车辆状况不需要时，混合动力控制模块可能关闭发动机（自动停机）。在自动停机模式时，发动机将保持关闭，直至车辆状况需要发动机运行。发动机从自动停机模式立刻起动，被称为"自动起动"。

变速器总成包含两个300V驱动电机总成。这些强劲的60kW驱动电机能够在发动机处于自动停机模式时驱动车辆，或辅助已经运行的发动机。根据加速踏板位置，在需要发动机辅助前，驱动电机能以超过41km/h的速度驱动车辆。当行驶条件需要发动机辅助时，发动机将自动起动。发动机运行时，驱动电机提供的转矩得到发动机转矩输出的补充。

8.1.1 高压电池

高压总共由40个电池组组成，每个电池组的电压为7.2V。总电压为288V，行驶5.3km需要消耗的电能为1kW·h。

高压电池位于第二排座椅下，见图8-2。此处地板进行了特殊的设计以便于布置电缆。高压电池内部结构如图8-3所示。

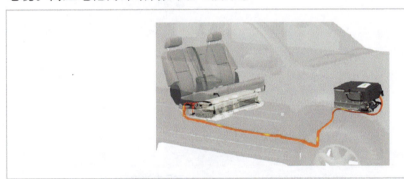

图8-2 高压电池安装位置

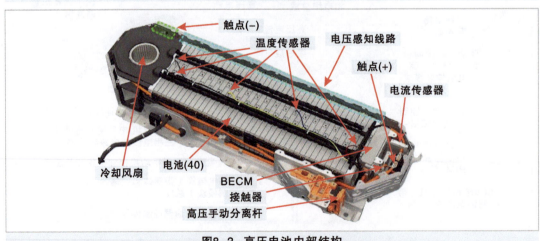

图8-3 高压电池内部结构

8.1.2 高压电缆

驱动电机控制模块总成连接到高压电池的各极。高压电池的正负两极都通过一个规定的电阻值与车辆底盘隔离。各高压直流电缆通过高压电池总成中的一个高电压、高电流接触器继电器进行开关操作。所有高压直流负极和直流正极电缆均单独屏蔽，并采用橙色，以警告技术人员可能存在高电压。空调压缩机模块高压直流电缆从外部连接到驱动电机控制模块总成。附件直流电源控制模块和电源逆变器模块共用一个内部接连，该连接向附件直流电源控制模块提供高压直流电。

三相交流电（AC）由三根电缆将每个电机连接至电源逆变器模块。各分别屏蔽的电缆为橙色，以警告技术人员可能存在高电压。高压系统连接如图8-4所示。

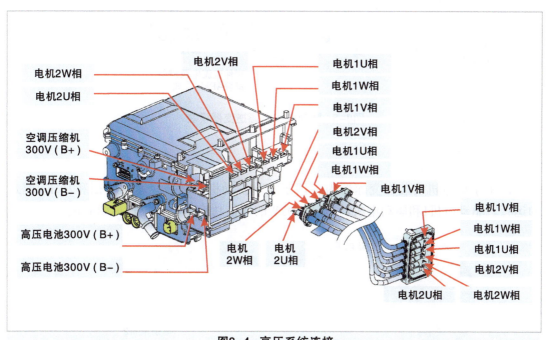

图8-4 高压系统连接

8.1.3 驱动电机电源逆变器模块

驱动电机电源逆变器模块总成将高压直流电(DC)转换为三相交流电(AC)。附件直流电源控制模块将高压直流电转换为低电压（14V）和中电压（42V）直流电，以便为车辆附件蓄电池充电，并为42V动力转向系统供电。附件直流电源控制模块和电源逆变器模块组装在一起，被称为驱动电机控制模块总成。驱动电机电源逆变器模块如图8-5所示。

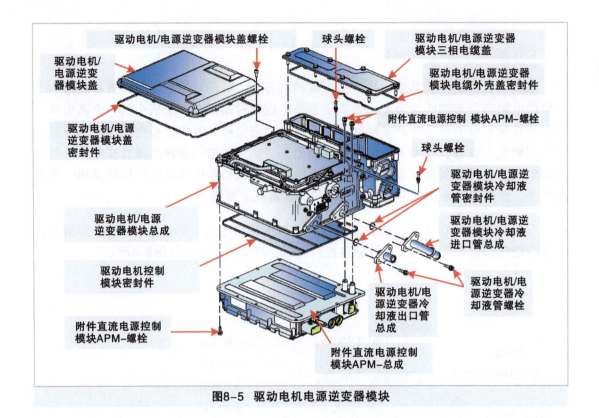

图8-5 驱动电机电源逆变器模块

8.1.4 驱动电机

两个永磁电机安装在变速器内，用于实现发动机起动、变速器倒档和2个EV模式的运行。驱动电机1和驱动电机2均提供60kW的峰值功率。电机位置见图8-6。

图8-6 驱动电机安装位置

8.1.5 2ML70变速器

"混合动力双模式2ML70变速器"是一种全自动、无级变速、后轮驱动、电子控制变速器。它主要包括：1个扭振减振器总成、1个一体式油泵和外部辅助油泵、3个行星齿轮组、2个摩擦式离合器总成和2个机械式离合器总成，1套液压加压和控制系统，以及2个内置永磁电机(60kW)。

扭振减振器包括4个内部扭力弹簧和变速器油。扭转减振器的作用类似于弹簧耦合器，将发动机功率平稳地传递到变速器。扭振减振器起着发动机至变速器的机械直接驱动耦合器的作用。

行星齿轮组提供4个固定传动比、2个电控的可变传动比变速器前进模式，以及1个倒档。传动比的改变是全自动的，利用位于变速器内的变速器控制模块(TCM)和位于发动机舱盖下的混合动力控制模块(HPCM)来实现。变速器控制模块和混合动力控制模块接收并监测不同电子传感器的输入信号，并使用这些信息确保变速器在最佳时刻换档。

变速器控制模块控制换档电磁阀和可变排气压力控制电磁阀，以控制换档正时和换档感觉。所有电磁阀，包括变速器控制模块，组装成一个独立的控制阀体总成。

主液压系统主要包括1个叶片泵、2个控制阀体总成、变矩器外壳和壳体。液压泵保持离合器活塞操作所需的工作压力，以接合或分离摩擦部件。这些摩擦部件在接合或分离时保证了变速器的自动换档质量。变速器内部结构如图8-7。

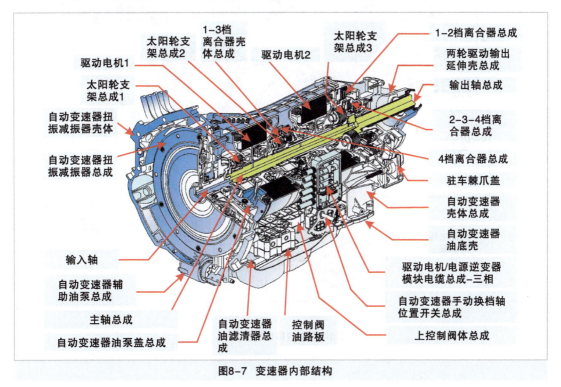

图8-7 变速器内部结构

液压系统还利用一个辅助系统，该系统包括一个固定在变速器底部的辅助油泵。这是1个内齿轮油泵，包括1个三相12V电动机、电气线束和控制模块。该泵在发动机关闭时维持变速器油的工作压力。

该变速器使用的摩擦部件包括4个多片式离合器。4个多片式离合器与3个行星齿轮组和2个驱动电机一起提供不同的前进档和1个倒档。然后，齿轮组通过输出轴传递转矩。

混合动力变速器既能在2个电子无级变速器(EV)模式下工作，也可在4个固定传动比中的一个传动比下工作。两个永磁电机组装在变速器内，变速器纵向安装在车辆内。连接至2个电机的3条高压交流电缆固定在变速器壳体上，经过变速器周围的刚性导管，然后连接到驱动电机控制模块固定处的挠性电缆上。变速器油用于液压控制和变速器部件及电机的冷却。辅助油泵装在变速器外部，它在发动机关闭时为变速器提供油压。变速器电气部件如图8-8所示。

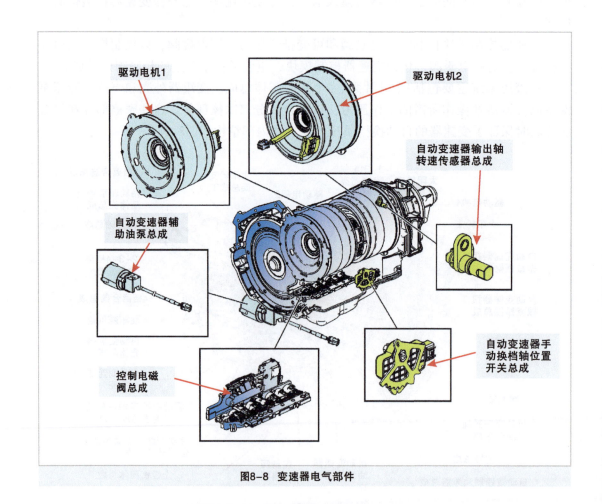

图8-8 变速器电气部件

8.2　XT5 HEV

此车搭载了一套混动（轻混）系统。该混动（轻混）系统由2.0T涡轮增压直喷发动机+电机组成，高压电池被安装在后轴上方，混动系统使用90V电压，匹配的是9速手自一体变速器。该车驱动电机的输出规格为6.6kW、49N·m，综合油耗为7.9L/100km。车辆高压系统见图8-9。

图8-9　凯迪拉克XT5 HEV车型高压系统

8.2.1　高压电池（锂离子）

C4A高压电池单元1和C4B高压电池单元2是一对以串联形式连接的锂离子电池，组成了86V直流（DC）蓄电池。它们也称为单格蓄电池模块。

各高压电池单元均包含12个使用内部汇流条串联连接的单格蓄电池。两个蓄电池单元均利用高压电缆串联连接。对于额定电压为86V直流（DC）的系统，24个电池组的额定电压均为3.6V。高压电池与用电总成的连接如图8-10所示。

高压电池总成含有以下可维修部件：

- 高压电池单元1
- 高压电池单元2
- K114B混合动力/电动汽车动力总成控制模块
- 高压电池接口控制模块
- 高压电池断开继电器总成-包含：
  * 主接触器
  * 预充电接触器
  * 高压电池预充电电阻器
  * 高压电池电流传感器
  * 高压电池高压手动断开杆

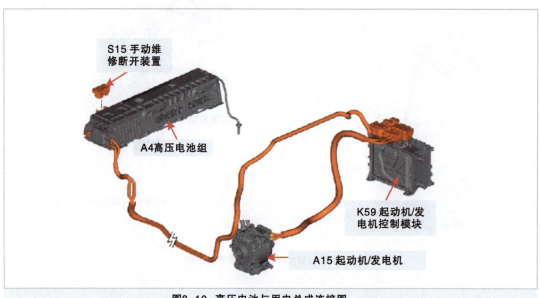

图8-10 高压电池与用电总成连接图

8.2.2 起动机/发电机

起动机/发电机（也称为驱动电机）位于发动机舱内，见图8-11。驱动电机安装在发动机的前部，代替交流发电机。驱动电机利用专用蛇形带和传动带张紧器与曲轴带轮相连接。

图8-11 起动机/发电机

功能介绍

驱动电机是一个三相交流感应电机。此设备不仅充当86 V交流(AC)发电机,而且还用于提供发动机电源辅助,以及在自动熄火模式下起动发动机。86 V交流(AC)电流通过三相电缆总成在驱动电机和驱动电机控制模块(起动机/发电机控制模块)之间流动。

作为发电机时,驱动电机作为驱动电机控制模块交流(AC)电源。

作为电机时,驱动电机提供高达10 kW的电力驱动功率,帮助发动机起动。

驱动电机带有驱动电机位置传感器。

驱动电机带轮与曲轴带轮的传动比为3.0∶1。驱动电机控制模块通过接收发动机控制模块(ECM)利用串行数据发送的发动机转速信号,并将该信号与驱动电机位置传感器发送的驱动电机转速信号进行比较,从而能够检查驱动电机传动皮带的完好性。

8.2.3 混合动力热管理系统

本车配备三个独立的冷却系统。

1) 起动机/发电机冷却系统专用于冷却起动机/发电机和起动机/发电机控制模块。

2) 高压电池总成冷却系统专用于冷却高压电池总成。

3) 发动机冷却系统的作用如下:

- 冷却发动机
- 向乘客舱供热

混合动力/电动汽车电子装置冷却系统的主要用途是冷却K59起动机/发电机控制模块和A15起动机/发电机总成。混合动力/电动汽车电子装置冷却系统利用辅助散热器、混合动力/电动汽车电子装置冷却液传感器输入、散热器风扇和G43起动机/发电机冷却液泵来让冷却液在系统中循环流动。K114混合动力/电动汽车动力总成控制模块激活G43起动机/发电机冷却液泵,并监测辅助散热器中的B235起动机/发电机冷却液温度传感器。只要将点火开关置于"ON(打开)"位置,G43起动机/发电机冷却液泵就会启用。该冷却系统部件见图8-12。

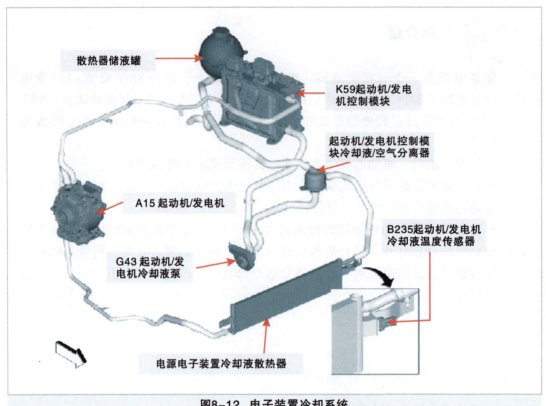

图8-12 电子装置冷却系统

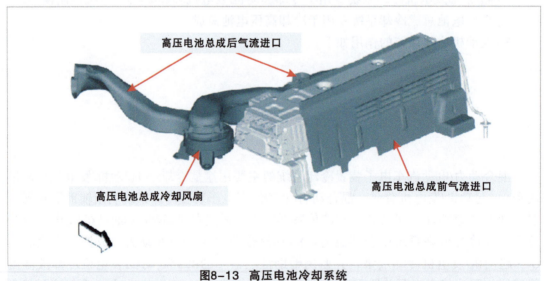

图8-13 高压电池冷却系统

高压电池冷却系统利用一个外部12V冷却风扇来冷却高压电池总成。K114B混合动力/电动汽车动力总成控制模块2监测高压电池进气温度和高压电池单格温度。K114B混合动力/电动汽车动力总成控制模块2确定所需的冷却量,并控制高压电池总成冷却风扇。

高压电池冷却风扇从位于后排座椅后面的通风口抽取乘客舱内的空气。空气通过高压电池的前部导入，并在流经电池单格后从后部排出。另一系列管道引导从高压电池流出的空气流过冷却风扇，然后流入到车辆的行李箱内。进气管和排气管必须保持没有障碍物，以防高压电池过热。该冷却系统部件见图8-13。

8.3　CT6 PHEV

与迈锐宝XL和君越混动车型采用前置前驱的布置形式不同，CT6 PHEV使用前置后驱的布局。CT6 PHEV也将迈锐宝XL和君越车型上的1.8L自然吸气发动机换成了更强劲的2.0T涡轮增压直喷发动机，综合输出功率250kW，最大转矩586N·m。CT6混合动力系统见图8-14。

图8-14　凯迪拉克CT6混合动力系统部件

8.3.1　高压电池（锂离子）

高压电池包括192个独立的锂离子电池单格。两个电池单格并联焊接在一起并被称为一个电池组。高压电池总成中一共有96个电池组。这些电池组以电气连接方式串联连接。每个电池组的额定电压为3.7V，系统额定直流电压为355V。高压电池电池组形成了3个不同的单元。前32个高压电池电池组组成C4A高压电池单元1。此单元是最靠前的单元，包括高压电池电池组65至96。接下来的32个高压电池电池组组成C4B高压电池单元2。此单元位于单元3顶部，包括高压电池电池组33至64。

位于高压电池单元2下方的是C4C高压电池单元3，该单元包括剩余的32个高压电池电池组（1至32）。每个高压电池单元还包括两个温度传感器，分别位于每个高压电池电池组单元的两端（共六个温度传感器）。整个高压电池包括192个电池单格，总容量18.4kW·h，拥有120kW输出功率，在纯电模式下可以续航80km。高压电池剖视图见图8-15。

高压电池包括4个高压接触器和1个固态继电器（晶体管）。4个高压接触器包括一个主正极高压接触器、一个主负极高压接触器、一个充电正极高压接触器和一个预充电负极高压接触器。继电器控制高压电池加热器高压负极电路。高压接触器和继电器位于A28高压电池接触器总成内。高压电池连接系统见图8-16。

图8-15 高压电池剖视图

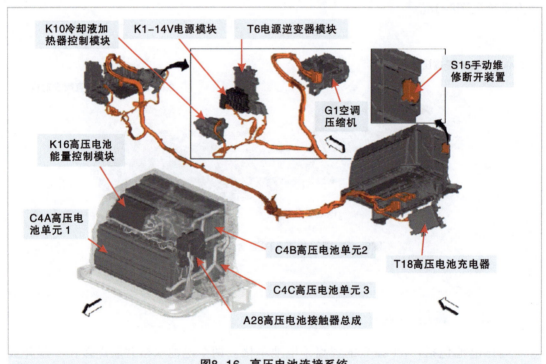

图8-16 高压电池连接系统

8.3.2 驱动电机与变速器

电力驱动系统由2个驱动电机、三排行星齿轮组、五组离合器组成，在电力驱动控制系统下可以提供四种输出模式（纯电行驶、发动机驱动行驶、混合动力行驶和制动能量回收）。电力驱动系统部件分解如图8-17所示。

图8-17 电力驱动与变速系统

8.3.3 混合动力冷却系统部件

1. 电子装置冷却系统

混合动力/电动汽车电子装置冷却系统的主要用途是冷却 T6 电源逆变器模块、T18 高压电池充电器和 K1 14V 电源模块。混合动力/电动汽车电子装置冷却系统使用辅助散热器、发动机控制模块输入、散热器风扇和 12 V G35 混合动力/电动汽车电子装置冷却液泵来使冷却液在系统中循环流动。K114B 混合动力/电动汽车动力总成控制模块 2 激活冷却液泵,并监测辅助散热器中的 B202 混合动力/电动汽车电子装置冷却液温度传感器。在车辆起动和充电期间,冷却液泵将激活。该系统连接部件见图8-18。

2. 高压电池冷却系统

高压电池冷却系统使用 12 V G37 高压电池组冷却液泵、制冷剂/冷却液热交换器(深冷机)和高压 G1 空调压缩机来冷却 A4 高压电池组。高压电池内还有一个 E54 高压电池冷却液加热器,可在需要时加热进入高压电池总成的冷却液。K114B 混合动力/电动汽车动力总成控制模块 2 监测 B204A 高压电池冷却液温度传感器 1、高压电池温度传感器、制冷剂温度传感器、制冷剂压力传感器和 B258 高压电池冷却液液位开关。K114B 混合动力/电动汽车动力总成控制模块 2 确定高压电池所需的冷却或加热程度,并打开 G37 高压电池冷却液泵。根据要求,它将操作散热器风扇,并请求空调压

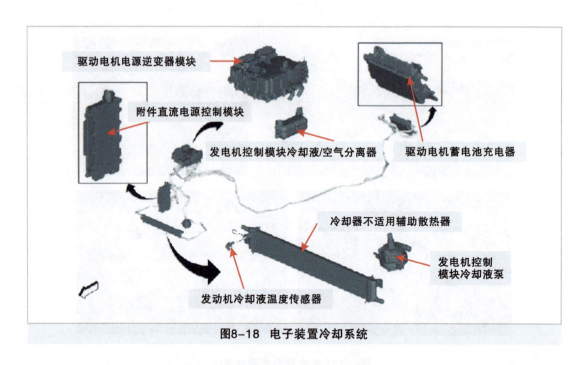

图8-18 电子装置冷却系统

缩机控制模块打开空调压缩机,或打开 E54 高压电池冷却液加热器。当车辆正在运行、充电过程中,或当车辆熄火但需要保持高压电池温度时,高压电池冷却系统可能被激活。高压电池系统见图8-19。

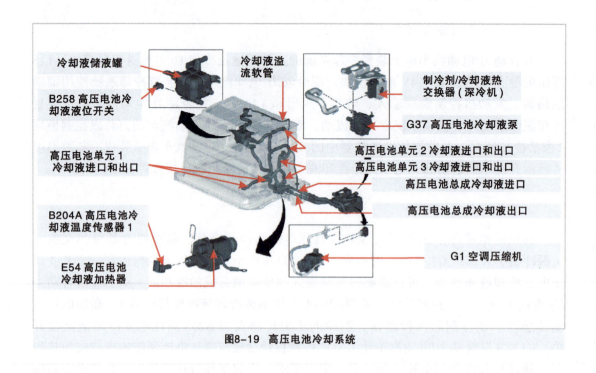

图8-19 高压电池冷却系统

3. 乘客舱加热器系统

乘客舱加热器系统使用发动机散热器、12 V G36 辅助加热器冷却液泵、Q66 乘客舱加热器冷却液控制阀、K10 冷却液加热器控制模块和加热器芯来提供乘客舱暖风。

Q66 乘客舱加热器冷却液控制阀有两个位置。当发动机熄火且被指令处于旁通模式时，Q66 乘客舱加热器冷却液控制阀分开发动机冷却液回路和加热器冷却液回路，以防止 K10 冷却液加热器控制模块产生的热量传递到发动机冷却液回路中。发动机起动且达到足够温度后，Q66 乘客舱加热器冷却液控制阀被指令至正常模式，且将两个冷却液回路连接到一起。此连接可使发动机热量帮助 K10 冷却液加热器控制模块加热乘客舱。Q66 乘客舱加热器控制阀包括一个内部位置传感器，由 K114B 混合动力总成控制模块 2 监测。当发动机冷却液温度升高时，将执行阀门位置读入程序。

K33 暖风、通风与空调系统 (HVAC) 控制模块打开 G36 辅助加热器冷却液泵，并监测乘客舱和冷却液回路中的温度传感器，以确定是否需要运行 K10 冷却液加热器控制模块。乘客舱热量由流经加热器芯的空气提供。当在寒冷天气下操作车辆时，发动机可能运行很短时间，以帮助最大限度地提高乘客舱的加热效率，具体取决于车外温度和车辆驾驶人请求的乘客舱加热量。该系统见图8-20。

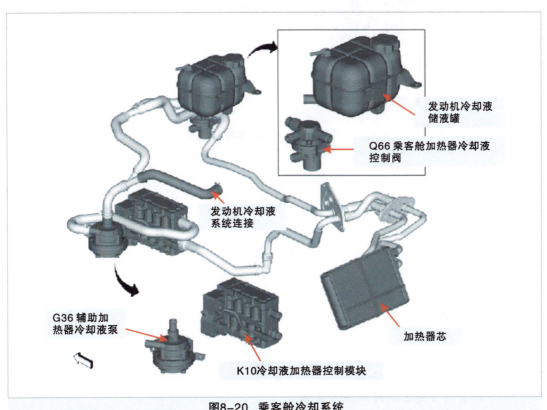

图8-20 乘客舱冷却系统

8.3.4 4EL70变速器

1. 内部结构

4EL70是一个全自动后轮驱动变速器,是电子控制型连续可变电动变速器。它包括一个输入轴、三个静止式和两个旋转式摩擦离合器总成、一个液压增压和控制系统、一个电动油泵、三个行星齿轮组和两个驱动电机。变速器剖视图见图8-21。

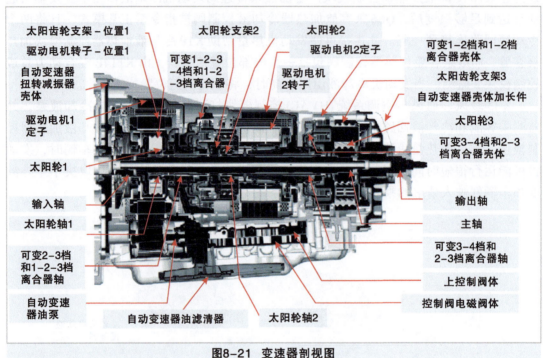

图8-21 变速器剖视图

2. 部件分解图

4EL70变速器的机械部件如下:

- 控制阀总成
- 传动轴法兰
- 自动变速器壳体(图8-22)
- 输出轴
- 输入轴总成
- 太阳轮架
- 太阳轮和太阳轮轴
- 自动变速器扭转减振器壳体

第8章 凯迪拉克

- 驱动电机1
- 可变1-2-3-4档和1-2-3档离合器
- 驱动电机2
- 可变1-2档和1-2档离合器壳体
- 可变3-4档和2-3档离合器壳体

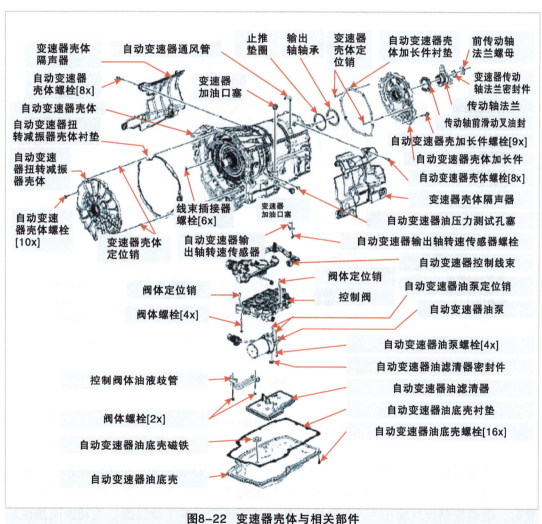

图8-22 变速器壳体与相关部件

驱动电机1是峰值功率为93.6kW的感应电机,安装在变速器内。驱动电机2是峰值功率为61kW的永磁电机,也安装在变速器内。两个驱动电机用于发动机起动、变速器倒档和两种电动汽车模式的运行。两个电机均由变速器油进行有效地冷却,它们封装在钢制壳体中,以方便变速器的组装。驱动电机1用来起动发动机,并响应来自驱动电机2的转矩。在发动机起动期间,驱动电机1将在0.5s内让发动机转速从0超过1400r/min。在全电力模式下,驱动电机2在发动机关闭时或在倒档下驱动车辆。电机转速由电机壳体内部的位置传感器控制和监测。驱动电机位置传感器由电机控制模块监测。电机控制模块根据位置传感器的信号,监测驱动电机角位置、速度和方向。驱动电机1位置传感器包含安装在驱动电机1转子上的一个调谐环和安装在驱动电机1定子壳体上的一个霍尔传感器总成。定子的转速和方向可通过两个霍尔传感器进行确定。驱动电机1分解见图8-23。

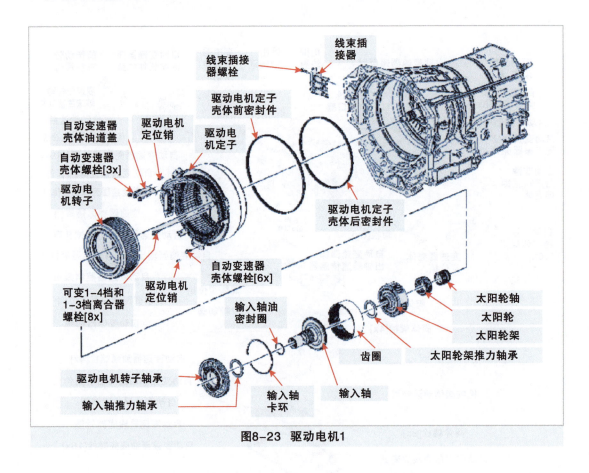

图8-23 驱动电机1

驱动电机2位置传感器包含一个主动线圈、两个从动线圈和一个不规则形状的金属转子。金属转子以机械方式固定在驱动电机2的轴上。点火开关置于"ON(打开)"位置时,电机控制模块输出一个7V 10kHz的交流励磁信号至主动线圈。主动线圈励磁信号生成一个环绕两个从动线圈和不规则形状转子的磁场。然后,电机控制模块监测两个从动线圈电路,以获得一个反馈信号。不规则形状金属转子的位置引起从动线圈的磁感应反馈信号发生大小和波形方面的变化。通过比较两个从动线圈信号,电机控制模块能确定驱动电机2的确切角位置、转速和方向。驱动电机2分解见图8-24。

第8章 凯迪拉克

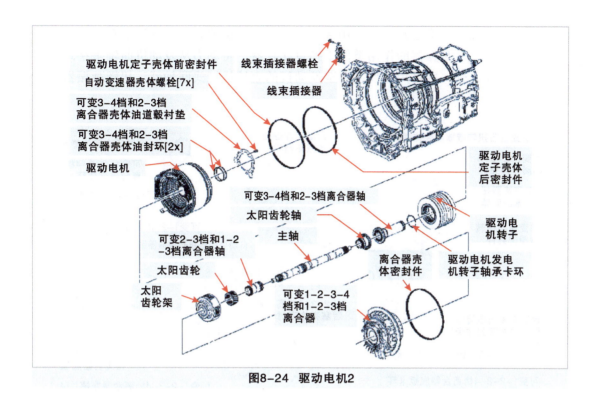

图8-24 驱动电机2

变速器离合器与太阳轮组件见图8-25。

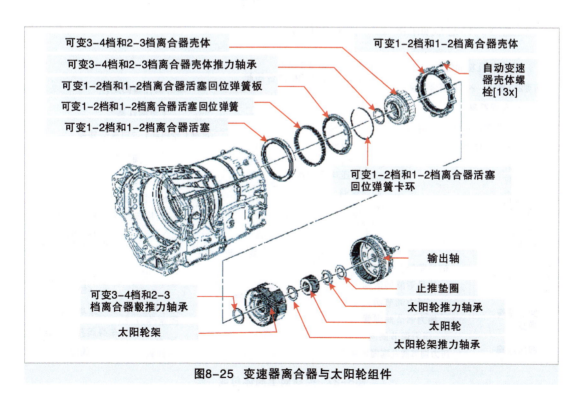

图8-25 变速器离合器与太阳轮组件

扭转减振器位于变速器外部，用螺栓固定至发动机曲轴上，并通过花键连接至变速器输入轴。扭转减振器的作用类似于弹簧联轴器，将动力从发动机曲轴平稳地传递至变速器的输入轴，并可用作变速器至发动机的直接机械式联轴器。扭转减振器见图8-26。

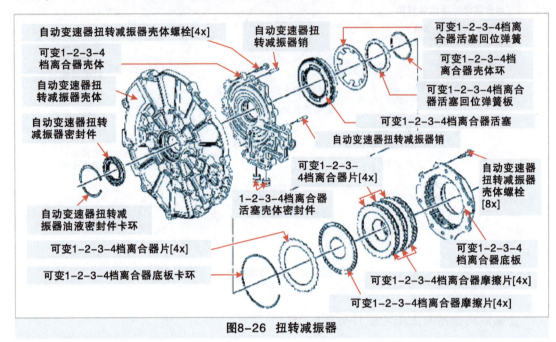

图8-26 扭转减振器

变速器阀体总成如图8-27、图8-28所示。

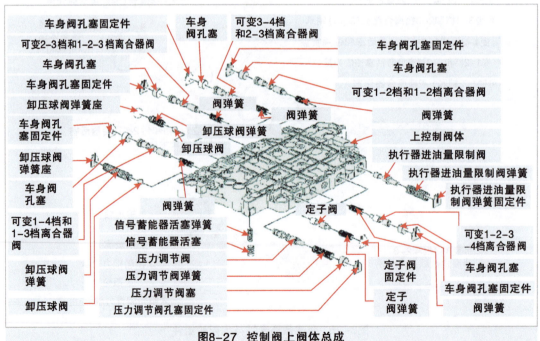

图8-27 控制阀上阀体总成

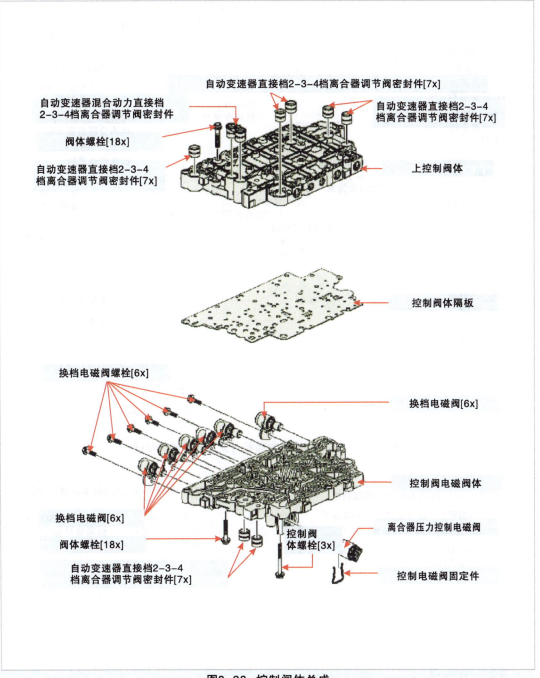

图8-28 控制阀体总成

变速器各档位离合器如图8-29、图8-30、图8-31所示。

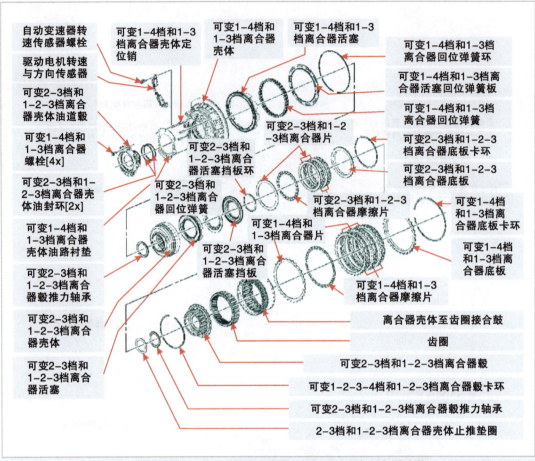

图8-29 可变1-2-3-4档离合器和可变1-2-3档离合器壳体

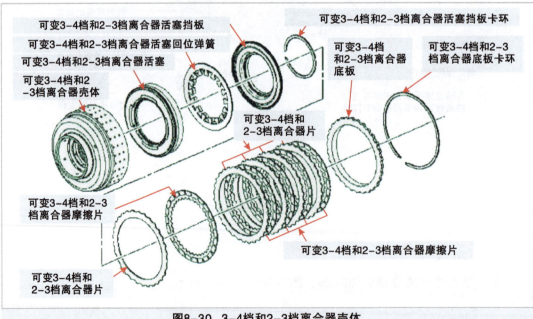

图8-30 3-4档和2-3档离合器壳体

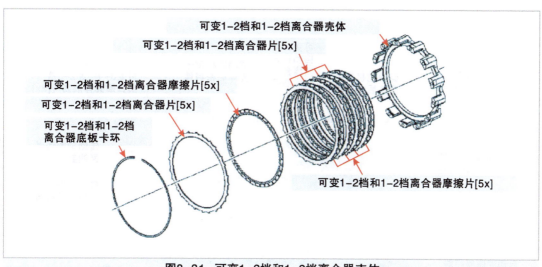

图8-31 可变1-2档和1-2档离合器壳体

变速器驻车系统部件如图8-32所示。

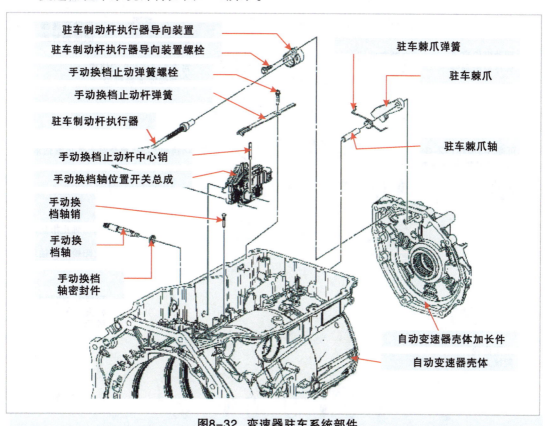

图8-32 变速器驻车系统部件

3.密封件的安装位置

变速器密封件、衬套、垫圈与轴承安装位置如图8-33、图8-34所示。

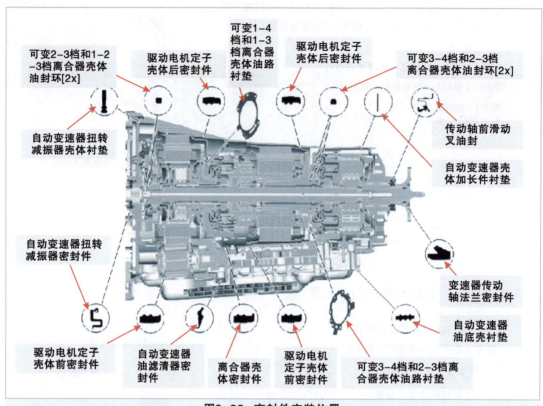

图8-33 密封件安装位置

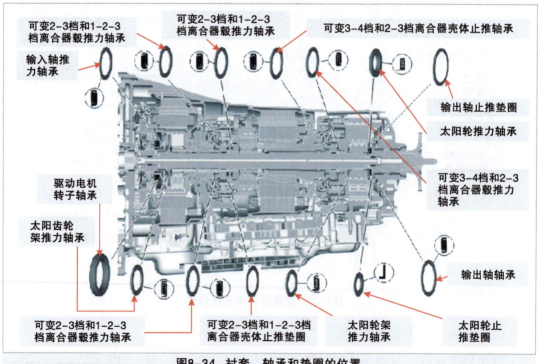

图8-34 衬套、轴承和垫圈的位置

第9章 丰田

9.1 卡罗拉-雷凌双擎混合动力 HEV

该车的混合动力系统采用丰田二代混合动力系统(THS-II)，THS-II 主要由发动机、混合动力车辆传动桥总成、变换器总成和 HV 蓄电池组成，采用混联式混合动力系统。该系统对 8ZR-FXE 发动机、P410 混合动力车辆传动桥总成内的 1 号电动机/发电机(Mg1) 和 2 号电动机/发电机(MG2) 执行最佳的协同控制。系统部件位置如图9-1、图9-2所示。

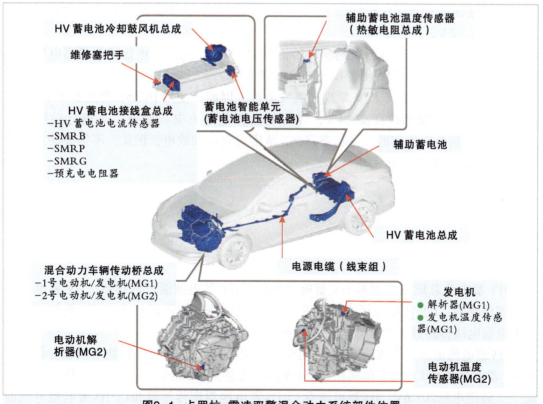

图9-1 卡罗拉-雷凌双擎混合动力系统部件位置

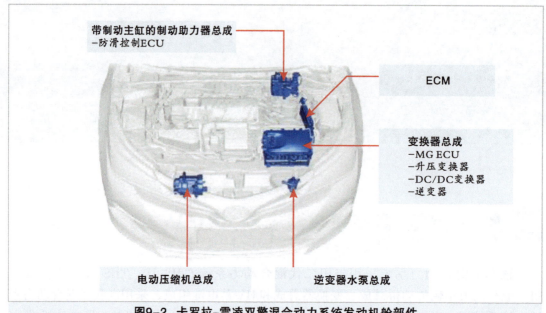

图9-2　卡罗拉-雷凌双擎混合动力系统发动机舱部件

系统有2个蓄电池,分别用于不同用途。一个是存储电能以驱动车辆的HV蓄电池(额定电压为直流201.6 V),另一个是为汽车电气部件供电的辅助蓄电池(额定电压为直流12 V)。

此外,采用了可变电压系统,包括将MG1和MG2的工作电压增至最高电压直流650 V的升压变换器和将直流变换为交流的逆变器。

由于混合动力车辆未配备常规交流发电机,因此,使用DC/DC变换器将来自HV蓄电池的高电压降至约直流14 V,以对辅助蓄电池充电。此外,车辆行驶期间,HV蓄电池定期地在恒定的充电状态(SOC)范围内充电和放电,因此,不需要使用外部电源对车辆进行再次充电。

9.1.1　HV蓄电池(镍氢)

HV蓄电池总成主要包括HV蓄电池模块、HV蓄电池温度传感器、HV蓄电池进气温度传感器、HV蓄电池接线盒总成、HV蓄电池冷却鼓风机总成、蓄电池智能单元(蓄电池电压传感器)和维修塞把手,部件位置见图9-3。

HV蓄电池由28个单独的HV蓄电池模块组成。其通过2个母线模块串联在一起。每个HV蓄电池模块均由6个单格组成。HV蓄电池总共有168个单格(6个单格×28个模块),额定电压201.6V。HV蓄电池有3个HV蓄电池温度传感器和1个HV蓄电池进气温

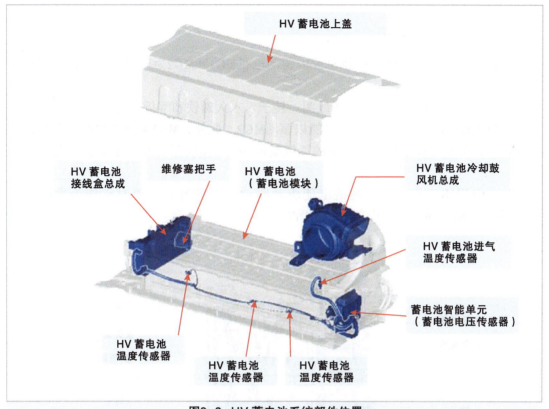

图9-3　HV蓄电池系统部件位置

度传感器，见图9-4。

混合动力车辆ECU通过蓄电池智能单元（蓄电池电压传感器）接收的温度信息，对HV蓄电池冷却系统进行优化控制，从而使HV蓄电池温度处于规定范围内。

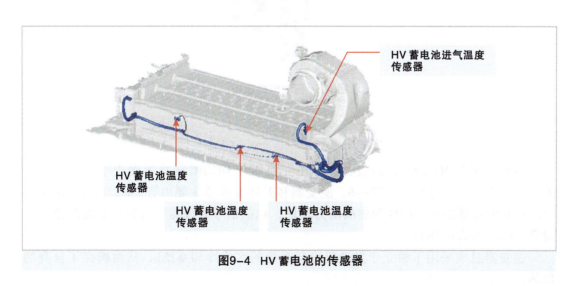

图9-4　HV蓄电池的传感器

9.1.2 驱动电机

内置于混合动力车辆传动桥总成的驱动电机MG1和MG2为紧凑、轻量化、高效的永磁交流电机。

MG1和MG2分别由定子、定子线圈、转子、永久磁铁和解析器组成。

MG1为HV蓄电池充电并提供电能以驱动MG2。此外，MG1调节产生的电量以改变MG2转速，从而有效地控制传动桥的无级变速功能。MG1还可作为起动机以起动发动机。

MG2使用MG1或HV蓄电池的电能驱动驱动轮。此外，减速时它作为发电机为HV蓄电池充电。驱动电机内部结构见图9-5。

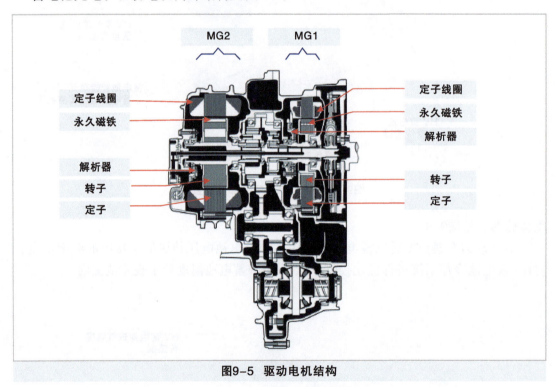

图9-5 驱动电机结构

9.1.3 逆变器

本车采用与MG ECU、逆变器、升压变换器和DC/DC变换器集成于一体的，紧凑、轻量化的逆变器总成见图9-6。逆变器和升压变换器主要由智能动力模块(IPM)、电阻器和电容器组成。IPM为集成动力模块，包括信号处理器、保护功能处理器和绝缘栅双极晶体管(IGBT)。

逆变器总成采用了独立于发动机冷却系统的水冷冷却系统b，从而确保了自身的散热。

本车配备了互锁开关作为安全防护措施（由于使用高压电），在拆下逆变器端子盖或插接器盖总成，或断开 HV 蓄电池电源电缆插接器时，此开关通过混合动力车辆 ECU 断开系统主继电器。

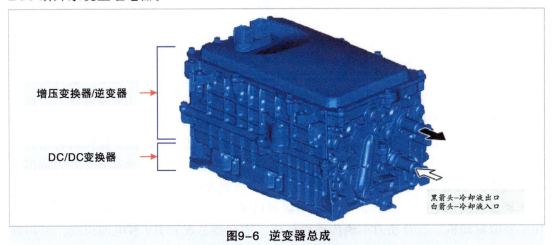

图9-6　逆变器总成

逆变器采用IPM执行切换控制。电机MG1的IPM和电机MG2的IPM各有一个包含IGBT的桥接电路。电机MG1的IPM采用6个IGBT，每个臂使用一个，电机MG2则采用6对IGBT，每个臂使用平行的一对。

升压变换器采用执行切换控制的升压IPM，起感应器作用的电抗器，以及积累、存储电量的电容器完成变换。增压IPM采用IGBT2升压，采用IGBT1降压。它的工作原理如图9-7所示。图9-7中的MG2采用单个IGBT表示成对的IGBT。

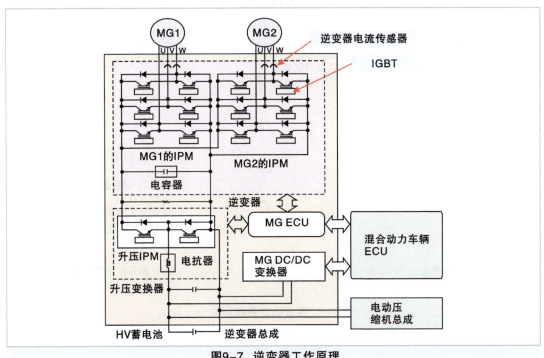

图9-7　逆变器工作原理

9.2 凯美瑞双擎混合动力 HEV

该车的混合动力系统采用丰田二代混合动力系统 (THS-II)，体现了"混合动力协同驱动"的理念。混合动力车辆组合使用 2 种动力源（发动机和 HV 蓄电池），以利用各动力源提供的优势，并弥补各自的劣势，从而实现高效运行。与现有的纯电动车辆不同，混合动力车辆无需使用外部设备对其蓄电池充电。因此，使用混合动力车辆无需专门的基础设施。动力装置（如发动机或燃料电池）的技术发展在各领域都在不断进步。混合动力系统是一种使用高效动力装置和驱动电机的灵活系统。混合动力车辆具有高压电路，研发混合动力车辆时已考虑到防止驾驶人和技师触电。THS-II 主要由发动机、混合动力车辆传动桥总成、逆变器总成和 HV 蓄电池组成，采用混联式混合动力系统。混合动力部件见图9-8、图9-9。

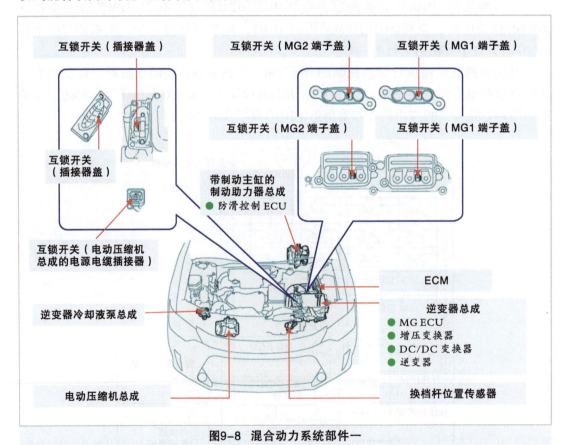

图9-8 混合动力系统部件一

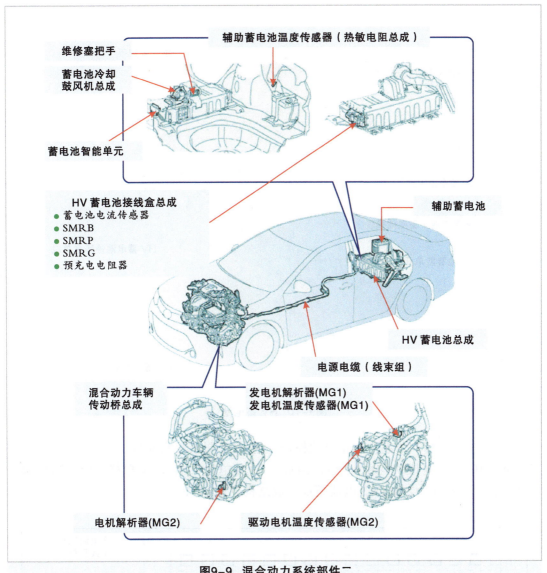

图9-9 混合动力系统部件二

9.2.1 HV蓄电池（镍氢）

HV蓄电池总成主要包括HV蓄电池模块、HV蓄电池温度传感器、HV蓄电池进气温度传感器、HV蓄电池接线盒总成、HV蓄电池冷却鼓风机总成、蓄电池智能单元（蓄电池电压传感器）和维修塞把手，见图9-10。HV蓄电池采用塑料容器型单格。因此，实现了大功率密度、轻量化结构和长使用寿命。采用HV蓄电池冷却鼓风机总成作为专用冷却系统，确保了HV蓄电池的正常工作，从而不受其在反复充电和放电循环过程中产生的大量热量的影响。

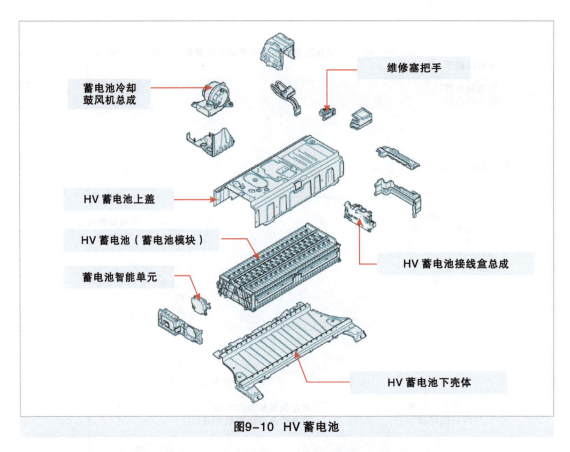

图9-10 HV蓄电池

HV蓄电池包括34个独立的蓄电池模块，通过2个母线模块串联。

每个HV蓄电池模块均由6个单格组成。HV蓄电池共有204个单格（6个单格×34个模块），额定电压为244.8V。电池模块组成结构见图9-11。

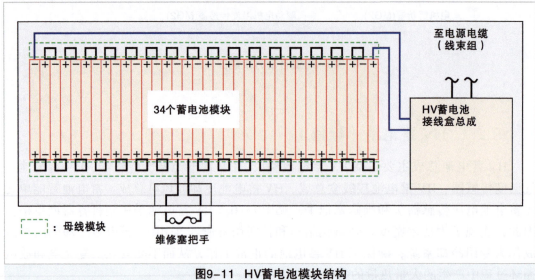

图9-11 HV蓄电池模块结构

第9章 丰田

HV蓄电池温度传感器和HV蓄电池进气温度传感器

1）共有3个HV蓄电池温度传感器和1个HV蓄电池进气温度传感器；其中前者安装在蓄电池模块上，后者安装在进气管上，见图9-12。

2）混合动力管理ECU通过蓄电池智能单元接收的温度信息，对HV蓄电池冷却系统进行优化控制，从而使HV蓄电池温度处于规定范围内。

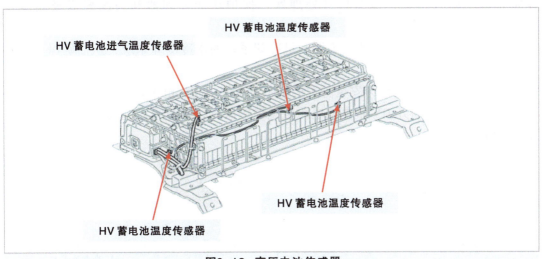

图9-12 高压电池传感器

9.2.2 驱动电机

驱动电机1（MG1）和驱动电机2（MG2）内置于混合动力车辆传动桥总成内，为紧凑、轻量化、高效的永磁交流电机。MG1和MG2分别由定子、定子线圈、转子、永久磁铁和解析器组成，见图9-13。MG1为HV蓄电池充电，并提供电能以驱动MG2。此外，MG1调节产生的电量以改变MG2转速，从而有效地控制传动桥的无级变速功能。同时，MG1还可作为起动机来起动发动机。MG2使用MG1或HV蓄电池的电能驱动驱动轮。此外，减速时MG2作为发电机为HV蓄电池充电。

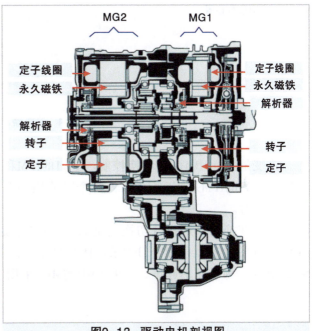

图9-13 驱动电机剖视图

165

9.2.3 逆变器

本车采用MG ECU、逆变器、升压变换器和DC/DC变换器集成于一体的紧凑、轻量化的逆变器总成,如图9-14所示。

1)逆变器和升压变换器主要由智能动力模块(IPM)、电抗器和电容器组成。IPM为集成动力模块,包括信号处理器、保护功能处理器和绝缘栅双极晶体管(IGBT)。

2)逆变器总成采用了独立于发动机冷却系统的水冷冷却系统,从而确保了自身的散热。

3)配备了互锁开关作为安全防护措施(由于使用高压电),在拆下插接器盖或逆变器端子盖,或者断开HV蓄电池电源电缆插接器时,此开关通过混合动力管理ECU断开系统主继电器。

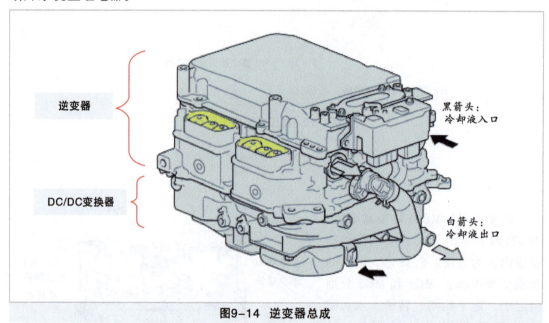

图9-14 逆变器总成

逆变器采用IPM执行切换控制。MG1的IPM和MG2的IPM各有一个包含IGBT的桥接电路。MG1的IPM采用6个IGBT,每个臂使用一个。MG2则采用6对IGBT,每个臂使用平行的一对。

升压变换器采用执行切换控制的升压IPM、起感应器作用的电抗器,以及积累、存储电量的电容器。增压IPM采用IGBT2升压,采用IGBT1降压。它的工作原理如图9-15所示。为了简单起见,图9-15中的MG2采用了单个的IGBT表示成对的IGBT。

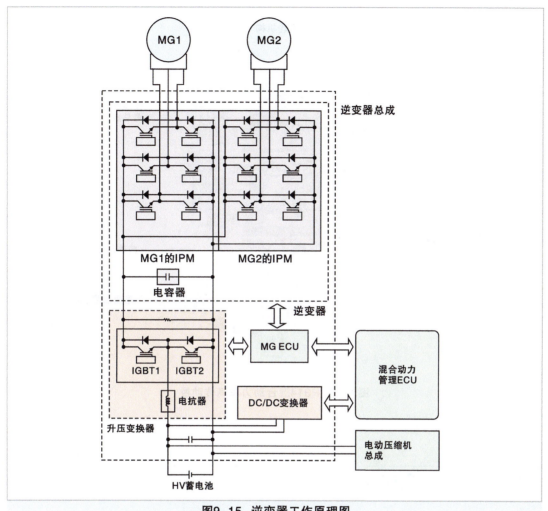

图9-15 逆变器工作原理图

9.2.4 混合动力车辆传动桥

P314混合动力车辆传动桥如图9-16所示总成。

此传动桥包括驱动电机2（MG2，用于驱动车辆）和驱动电机1（MG1，用于发电），采用带复合齿轮机构的无级变速器装置，实现了平稳、低噪声的操作。

混合动力车辆传动桥总成主要包括MG1、MG2、复合齿轮机构、变速器输入减振器总成、中间轴齿轮、减速齿轮、差速器齿轮机构和油泵。

混合动力车辆传动桥总成具有3轴结构。复合齿轮机构、变速器输入减振器总成、油泵、MG1和MG2安装在输入轴上。中间轴从动齿轮和减速主动齿轮安装在第二轴上。减速从动齿轮和差速器齿轮机构安装在第三轴上。

发动机、MG1和MG2通过复合齿轮机构机械连接。

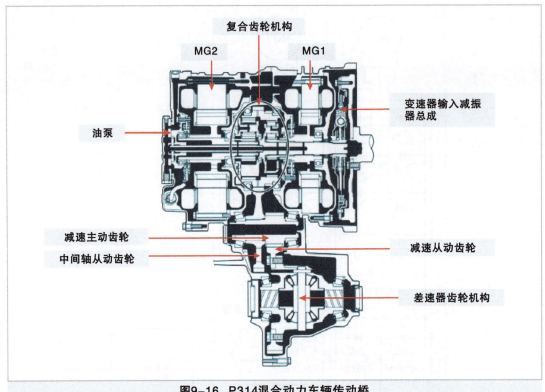

图9-16 P314混合动力车辆传动桥

9.3 普锐斯HEV

代号为ZVW30的第三代普锐斯HEV于2009年正式上市。第三代普锐斯HEV风阻系数达到了0.25,并在2009年到2011年间销售了100万辆,一跃成为了世界范围内最畅销的混合动力车型。第三代普锐斯HEV见图9-17。

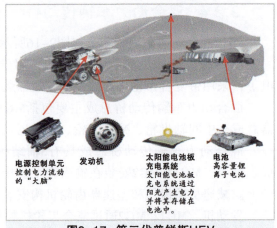

图9-17 第三代普锐斯HEV

第10章　本田

10.1　思域HEV

思域HEV的IMA系统(一体化电机辅助系统)为并联型混合动力系统，由主电源装置(汽油发动机)与辅助系统(IMA电机)构成，见图10-1。

发动机为四缸直列1.4L汽油机。为减少耗油量，发动机具备i-DSI稀薄燃烧控制功能，并配备一阀中止系统，这样在减速过程中就能减少发动机的泵送损失，并增加电能的再生。

IMA电机直接与发动机曲轴相连接，在减速过程中具备发电功能。发动机可以与IMA电机共同驱动车轮。

IMA系统由158V DC的IMA蓄电池（高压电池）、空调电动机、控制系统与相关附件构成。为安全起见，智能动力装置（IPU）位于后排座椅之下。

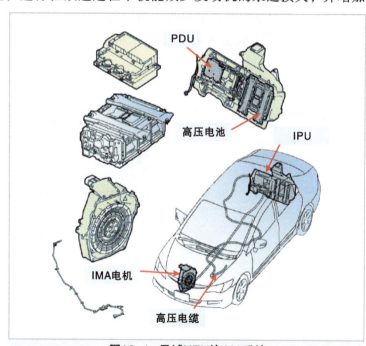

图10-1　思域HEV的IMA系统

10.1.1　高压电池（镍氢）

一个电池单元由6个1.2V电池构成，22个电池单元交错串联连接，总电压达到158V，见图10-2。

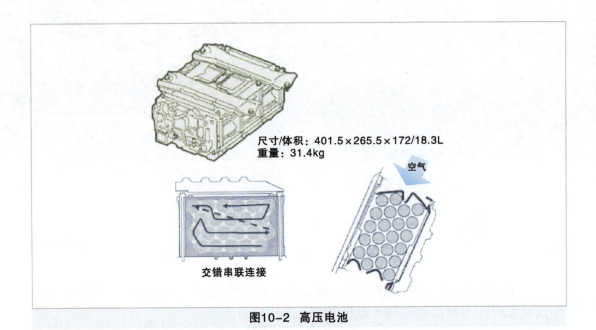

图10-2 高压电池

高压电池内部结构与以前的一样,只是能量收集元件的电阻减小了,采用了低电阻电解液,并且通过软化电极板表面提高了效率,见图10-3。助力电功率从11.5kW增加到14.6kW,再生电功率从10.6kW增加到了12.1kW。

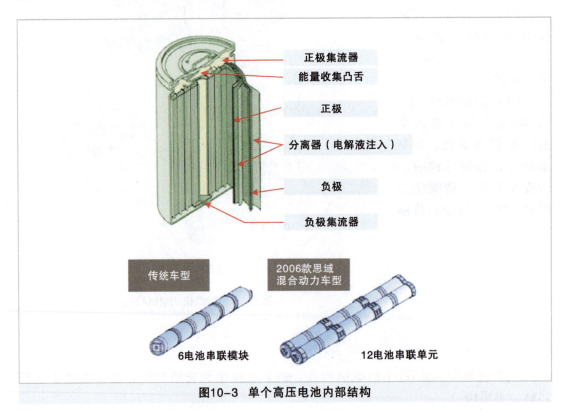

图10-3 单个高压电池内部结构

10.1.2 总线通信网络结构

混合动力车型采用了CAN总线技术。此串行数据总线通信系统首次应用于2003款雅阁车型中。

CAN总线提供ECU间的数据共享。采用数字信号通信总线，可减少车辆电气线束和电子零件的数量。

思域混合动力车型使用三种通信总线：B-CAN、F-CAN和IMA-CAN，见图10-4。B-CAN、F-CAN用于车辆巡航系统；IMA-CAN用于与IMA系统的通信。

IMA-CAN用于IPU中ECU之间的信息共享，以及IMA系统与ECM/PCM之间的继电器信息共享。

图10-5，图10-6，图10-7为混合动力系统及空调系统的内部连接图。

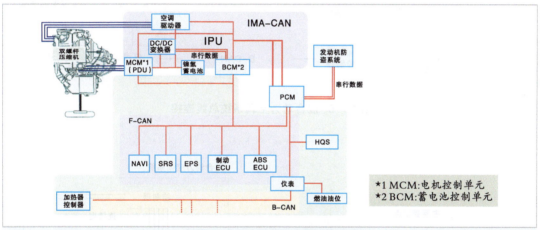

图10-4 IMA系统CAN总线结构

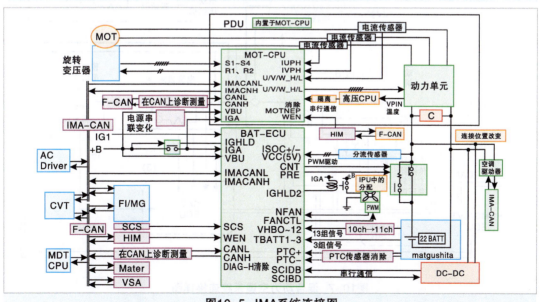

图10-5 IMA系统连接图

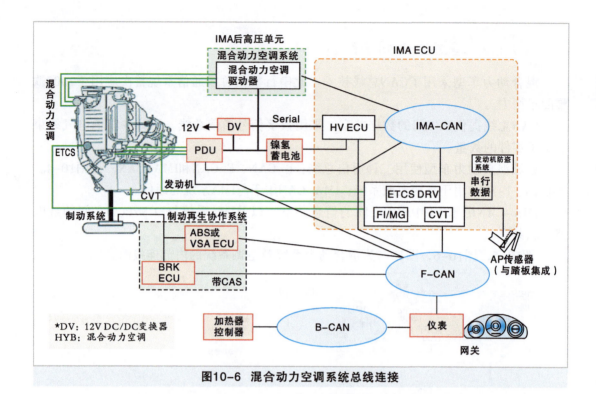

图10-6 混合动力空调系统总线连接

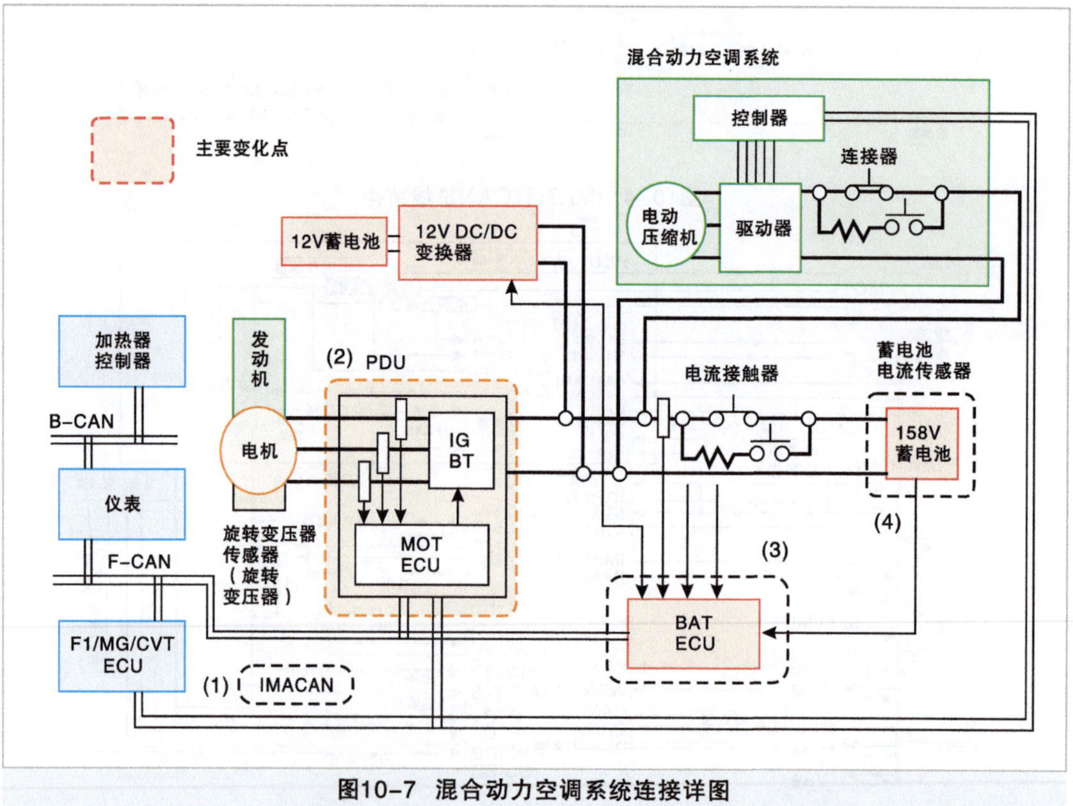

图10-7 混合动力空调系统连接详图

10.2 飞度/CR-Z HEV

飞度/CR-Z HEV的IMA混合动力系统由以下部件组成：IMA电机；包含IPU模块在内的IMA电池；控制IMA电机驱动与再生充电的电机变频器（MPI）；将IMA电池的100.8V电压转换为12V电压的DC/DC变换器；电机控制模块（MCM）；保护和开关高压电路的连接板；连接转换IPU和IMA电机间的高压电缆，见图10-8。

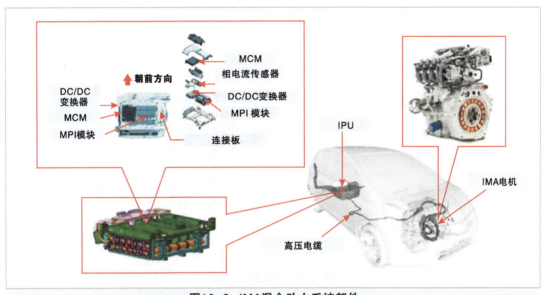

图10-8 IMA混合动力系统部件

10.2.1 高压电池（镍氢）

IMA电池（高压电池）是一组100.8V镍氢电池，每个电池单元的电压是1.2V。6个电池单元先串联成组，然后2个电池组再串联组成一个有12个电池单元的电池模块，每个模块电压为14.4V，整个IMA电池一共有7个模块串联，总电压为100.8V，IMA电池容量是5.75A·h。电池组内部配备3个用于监测温度的电池温度传感器，用于控制IPU模块风扇。IMA电池结构见图10-9。

10.2.2 驱动电机

IMA驱动电机直接连接在发动机输出端上，既用于驱动车轮，也作为电力的发电机，还作为起动发动机的起动机使用。IMA电机采用无刷式直流电机，电机外壳上装

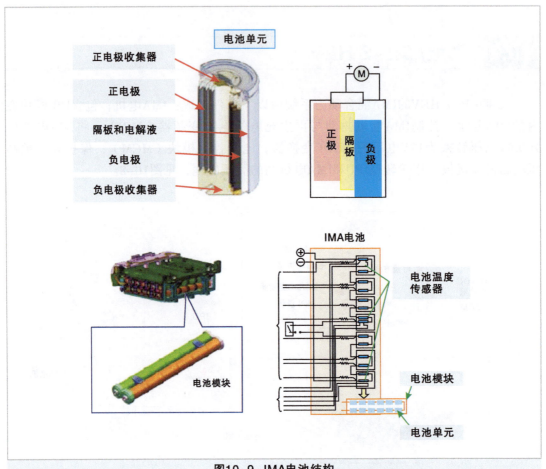

图10-9 IMA电池结构

有18个三相线圈,电机外壳固定在发动机箱上。IMA电机定子拥有12块永久磁铁,见图10-10。

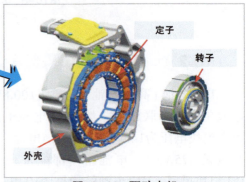

图10-10 驱动电机

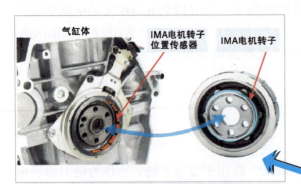

图10-11 电机转子位置传感器

电机利用固定在定子上的IMA电机转子位置传感器来检测电机的转子位置,如图10-11所示。

10.3 雅阁 HEV

本田公司将该车应用的混合动力系统命名为智能多模式驱动i-MMD（intelligent Multi-Mode Drive）系统。i-MMD系统与丰田公司的第二代混合动力THS-11（Toyota Hybrid System Gen.11）系统不同，i-MMD系统采用了超越离合器来实现发动机驱动发电机或者驱动车轮的自动切换，该混合动力系统为串联式基础上同时具备发动机直接驱动车轮（高速巡行时）的全新混动模式。

混合动力系统由一台2.0L阿特金森循环发动机和两台电机组成。双电机之一用于发电，另一台用于驱动车辆行驶。混合动力系统组成见图10-12。

图10-12 本田雅阁HEV混合动力系统组成

10.3.1 高压电池（锂离子）

高压电池作为动力电池见图10-13。本田第一代混合动力系统为IMA，采用的是镍氢电池。动力电池总成安装在车内后排座椅与行李箱之间的空间内，动力电池总成由高压电池、智能动力单元IPU及高压电池单元散热风扇等组成。智能动力单元IPU内集成了DC/DC变换器、连接板、接触器板、维修插接器、高压电池状态监视器单元和漏电传感器等。

高压电池的生产厂家为日本"蓝色能源有限公司",高压电池由9个电池单格串联组成一个电池单元,8个电池单元串联组成高压电池组。高压电池组的总电压为259.2 V,储存的总电能为1.3 kW·h。

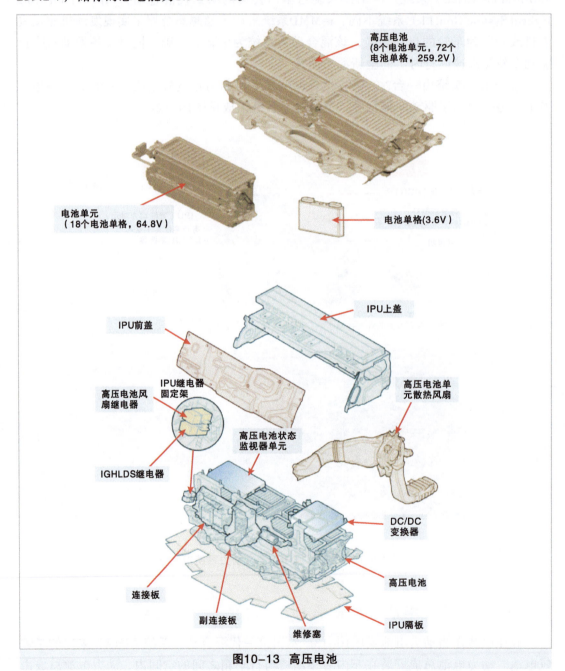

图10-13 高压电池

高压电池通过PCU内的逆变器由驱动电机产生的电能充电。高压电池配备有多个温度传感器,这些传感器将信号送给高压电池状态监视器。高压电池管理单元原理见图10-14。

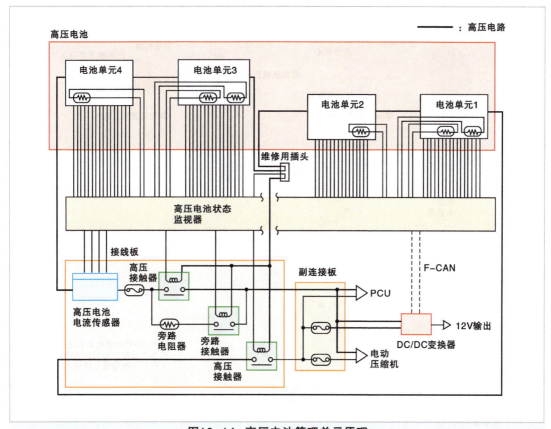

图10-14 高压电池管理单元原理

10.3.2 驱动电机

驱动电机为i-MMD系统的核心部件,两个驱动电机均采用了质量轻、体积小、效率高的三相永磁同步电机。驱动电机1的最大功率为135 kW、最大转矩为315 N·m,最高工作转速13 000 r/min,额定功率为67.5 kW、额定转矩为100 N·m,额定电压700 V,绝缘等级为200,防护等级为IP55。

两个驱动电机的结构相同,均由安装在壳体内的三相线圈定子、永磁转子及电机转子位置传感器等组成。定子线圈采用分布式绕组,以降低振动,并确保高速运行期间转矩平稳。为了实现对电机进行矢量控制,需精确测量电机转子的转速及磁极的位置(相位),为此安装了电机转子位置传感器。电机转子位置传感器采用旋转变压器的结构,由三个定子线圈和转子(随电机转子同步旋转)组成,见图10-15。

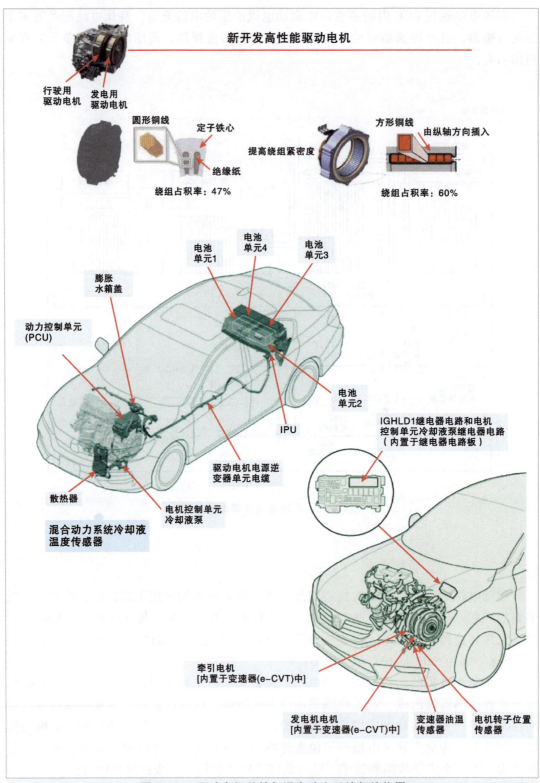

图10-15 驱动电机特性与混合动力系统部件位置

10.3.3 电控无级变速器

电控无级变速器(e-CVT)提供无级变速的前进档和倒档。e-CVT 允许车辆通过驱动电机、发动机或两者协同驱动车辆。两大能量源都通过变速器中的齿轮装置传送动力。

e-CVT 总成包括 4 根平行的轴、齿轮、超速离合器、牵引电机和发电机电机(即行驶用驱动电机和发电用驱动电机),见图10-16。输入轴连接至飞轮,再通过飞轮连接至发动机曲轴。输入轴也与超速离合器连接。当输入轴通过接合超速离合器与超速传动齿轮结合时,发动机动力通过输入轴传送到超速传动齿轮和副轴,然后传送至差速器的主减速器主动齿轮,以便提供驱动力矩。电机轴连接至牵引电机,牵引电机动力通过电机轴传送到电机轴齿轮和副轴,然后传送至差速器的主减速器主动齿轮以便提供驱动力矩。发电机轴连接至发电机电机。使用发电机电机为高压电池充电时,发动机动力通过输入轴和发电机轴进行传送。

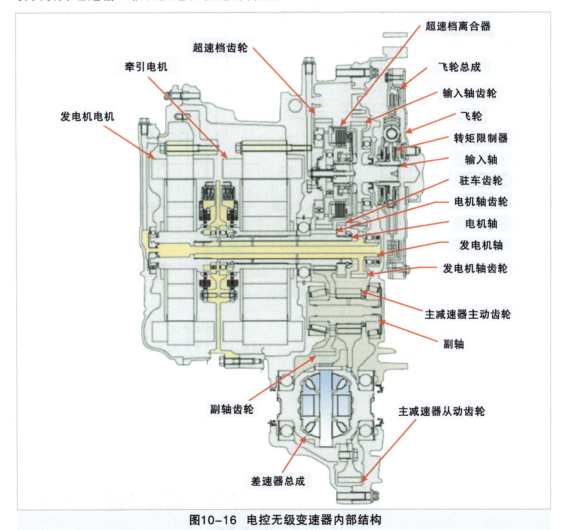

图10-16 电控无级变速器内部结构

变速器电子控制系统包括PCM、传感器、开关和换档电磁阀。PCM从传感器、开关和其他控制单元中接收输入信号，处理数据，并输出信号到发动机控制系统和换档控制系统，见图10-17。换档控制系统包括离合器压力控制。PCM根据各传感器和控制单元的信息决定驱动模式。PCM驱动换档电磁阀A和B以接合超速离合器。

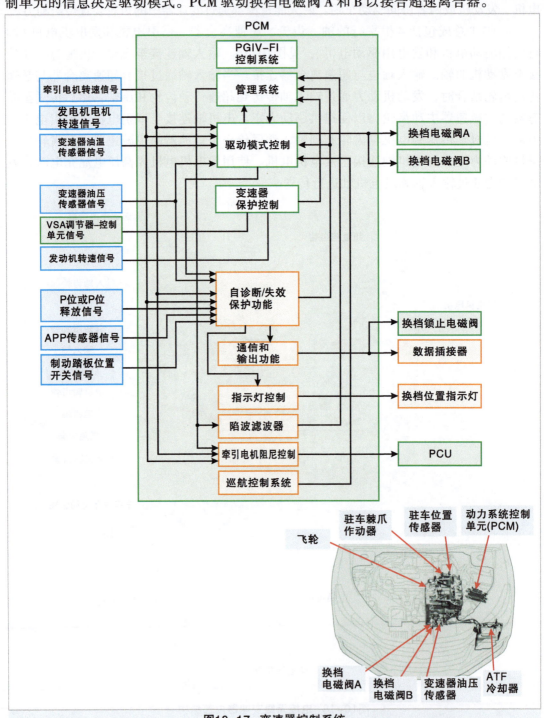

图10-17 变速器控制系统

10.4 CR-V HEV

10.4.1 高压电池（锂离子）

高压电池使用锂离子电池。锂离子电池重量轻，体积小，寿命长。高压电池组由4个模块（每个模块18个单元，共72个单元）串联连接。高压电池配有热敏电阻类型温度传感器和内置的单元电压传感器，用于监测电池状态并控制它们的SOC。高压电池模块结构如图10-18所示。

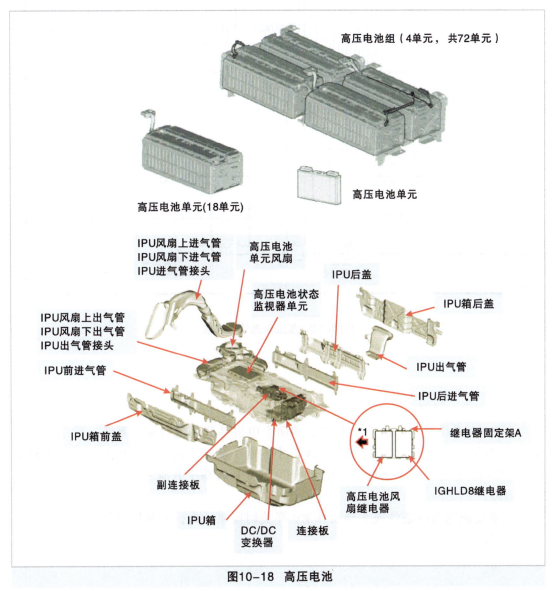

图10-18　高压电池

高压电池通过动力控制单元(PCU)内的逆变器,由发电机电机或牵引电机产生的电能充电。高压电池配备有多个温度传感器,这些传感器将信息发送给高压电池状态监视器单元。高压电池管理系统原理如图10-19所示。

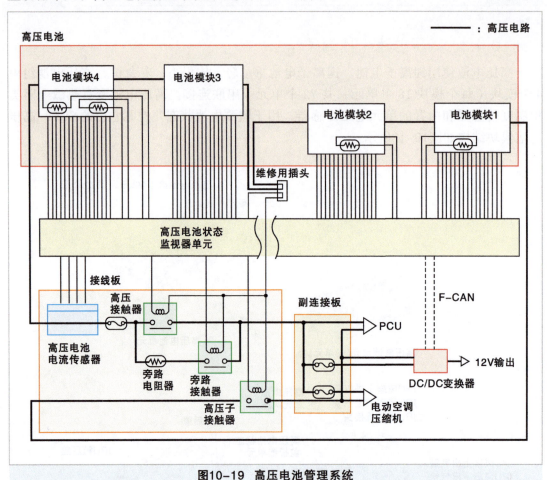

图10-19 高压电池管理系统

10.4.2 混合动力系统

i-MMD 系统是一个由汽油发动机和两个电机并联的混合动力系统。除了汽油发动机,它的主要组件是在变速器(e-CVT)中的两个驱动电机,发动机舱内的动力控制单元(PCU),在行李箱下部的高压电池,以及 PCU 和高压电池之间的高压电机电源变频器电缆。

该系统根据驾驶条件或手动操作 EV 开关切换驱动力,并利用最佳可用功率驱动(图10-20)。

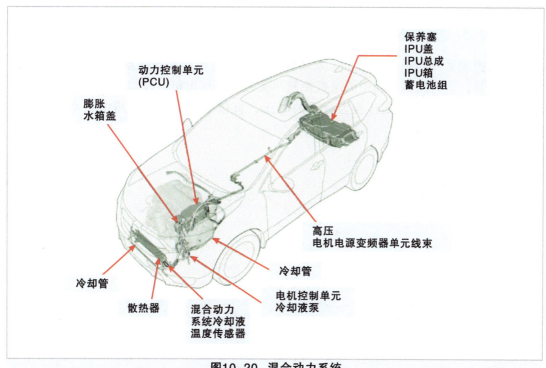

图10-20 混合动力系统

在EV驱动模式和混合动力驱动模式下，电动动力系统工作。

当选择EV驱动模式时，PCU将电源从高压电池传递到位于变速器（e-CVT）内的牵引电机，由牵引电机驱动车辆行驶。

发动机驱动发电机电机产生电能。根据当前行驶情况，将生成的电能供给至牵引电机和高压电池充电。通过电动动力系统行驶时，高压电池根据行驶情况而充电。充电时，逆变器将从变速器(e-CVT)中的高压电机中产生的电能传送给高压电池（图10-21）。

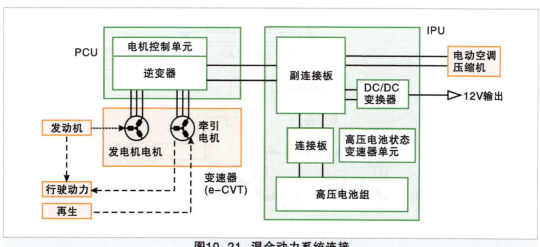

图10-21 混合动力系统连接

10.4.3 驱动电机及其控制系统

电机控制系统包括牵引电机、发动机电机、档位单元和变速器(e-CVT)中的电流相位传感器，动力控制单元中的电机控制单元控制高压电机，冷却PCU内部的冷却系统，变频器将电机的电压转换为合适的电压，直接插接器连接高压电机至PCU（图10-22）。

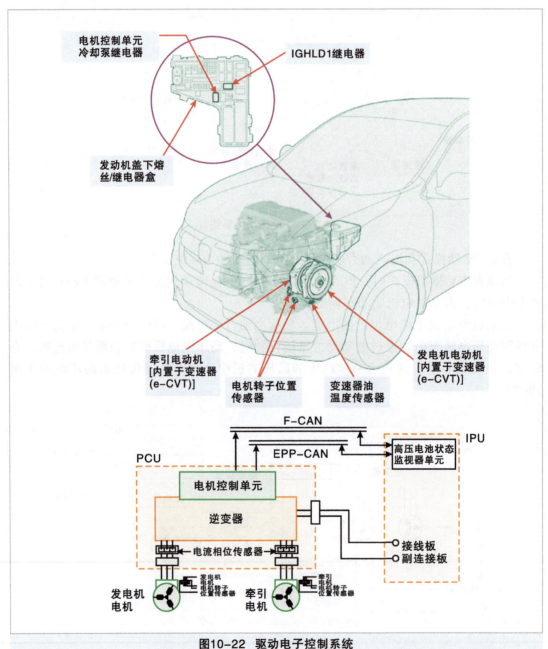

图10-22 驱动电子控制系统

10.5 思铂睿 HEV

10.5.1 高压电池（锂离子）

高压电池使用锂离子电池。锂离子电池重量轻、尺寸小、使用寿命长。

高压电池组由 4 个串联的模块组成（每个模块 18 单元，共 72 单元），总电压为 259.2 V。高压电池配备用于监控高压电池状态和用于控制其 SOC 的热敏电阻型温度传感器和内置电池单元电压传感器。（图 10-23）

高压电池通过 PCU 内的逆变器由发电机电机或牵引电机产生的电能充电。高压电池配备有多个温度传感器，这些传感器将信息发送给蓄电池状态监视器单元（图 10-24）。

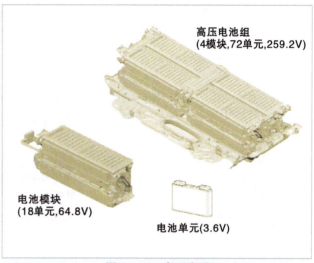

图 10-23 高压电池

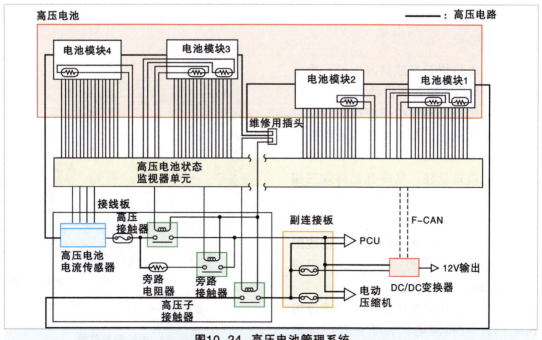

图 10-24 高压电池管理系统

可从高压电池中放出或输入高压电池的电量,因高压电池的温度和高压电池的状态等各种条件而异。如果放入或移出高压电池的电量超过高压电池可以安全处理的程度,高压电池寿命将缩短或处于不良状态,高压电池还可能严重损坏(溢热、漏液等)。为防止损坏并使高压电池在整个使用期间容量最大化,由高压电池状态监视器单元控制高压电池充电和放电。

高压电池状态监视器单元使用高压电池温度传感器、高压电池电流传感器,由高压电池状态监视器单元计算的充电状态(SOC)的输入,来控制输入和输出高压电池的电量。高压电池状态监视器单元使用以上信息,以及电量需求来确定高压电池的实时最佳电量(图10-25)。

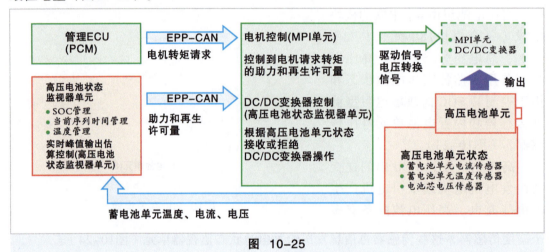

图 10-25

10.5.2 驱动电机

牵引电机位于变速器内。可产生驱动力并为高压蓄电池提供动力。

发电机电机同样位于变速器内。可为高压电池充电,并为发动机起动提供动力。

各电机重量轻、紧凑且是高效三相同步电机。与变速器的齿轮单元(e-CVT)定位在一起。

该电机由固定在壳体的有三相线圈的定子和外侧装有永久磁铁的转子组成(图10-26)。

电机转子位置传感器位于变速器内(e-CVT)。可检测电机转子位置以确定

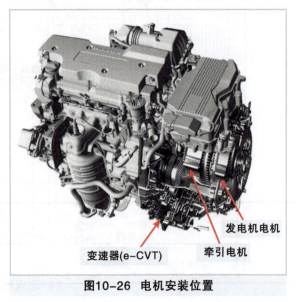

图10-26 电机安装位置

第10章 本田

转子的旋转相位。

定子线圈采用分布式绕组,以减少振动,并在高速运行时实现稳定的转矩。

牵引电机位于变速器内。它产生驱动力,并为高压电池发电。

发电机电机位于变速器内。它为高压电池充电,并为发动机起动发电。

电机控制单元从多个传感器接收各种信息,并控制牵引电机和发电机电机。

此外,电机控制单元还要进行变换,使来自牵引电机和发电机电机的电压符合高压电池的电压(图10-27)。

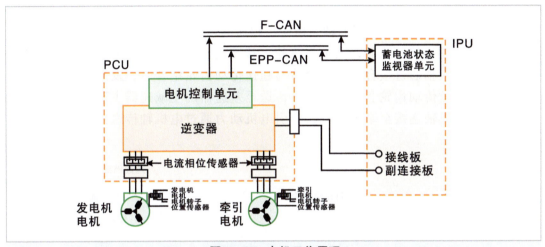

图10-27 电机工作原理

逆变器和电机控制单元位于动力控制单元(PCU)中。动力控制单元包括一个由专用散热器、电机控制单元冷却液泵和散热器组成的冷却系统。此冷却系统可以实现PCU内部的温度调节。

位于动力控制单元(PCU)内的电机控制单元可控制牵引电机和发电机电机,并与PCM通信以协调发动机和变速器操作。

电机控制单元包括一个可重写ROM,并使用升级工具确保程序获得最新的更新。

PCU冷却系统是一个由专用电机控制单元电动冷却液泵、散热器、储液罐、冷却软管和PCU水套组成的水冷系统(图10-28)。

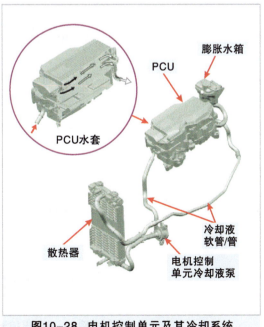

图10-28 电机控制单元及其冷却系统

187

冷却液从PCU内部水套吸收热量，流经散热器内部，并将热量散发到空气中。电机控制单元电动冷却液泵采用12 V直流无刷电动机。

10.5.3 电控无级变速器

电控无级变速器(e-CVT)提供无级变速前进档和倒档。e-CVT允许车辆通过电能、发动机能或两者协同驱动车辆。两大能量源都通过变速器中的齿轮装置传送动力。

1. 变速器（e-CVT）

e-CVT总成包括4根平行的轴、齿轮、超速离合器、牵引电机和发电机电机(图10-29)。输入轴连接至飞轮，再通过飞轮连接至发动机曲轴。输入轴也与超速离合器连接。当输入轴通过接合超速离合器与超速传动齿轮结合时，发动机动力通过输入轴传送到超速传动齿轮和副轴，然后传送至差速器的主减速器主动齿轮以便提供驱动力矩。电机轴连接至牵引电机，牵引电机动力通过电机轴传送到电机轴齿轮和

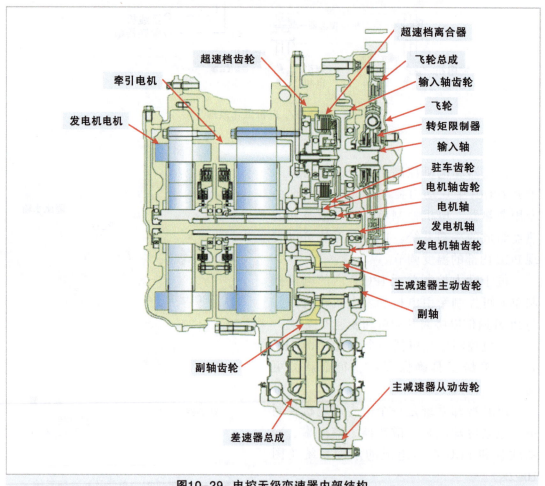

图10-29 电控无级变速器内部结构

副轴，然后传送至差速器的主减速器主动齿轮以便提供驱动力矩。发电机轴连接至发电机电机。要使用发电机电机为高压电池充电，发动机动力通过输入轴和发电机轴进行传送。

变速器电子控制系统包括动力系统控制单元(PCM)、传感器、换档电磁阀和开关。e-CVT变速器在三种驱动模式（EV驱动模式、混合动力驱动模式和发动机驱动模式）之间无缝转换。PCM根据各传感器和控制单元的信息决定驱动模式。

阀体总成包括调节器阀体和换档阀体。调节器阀体包括ATF泵A和ATF泵B。ATF泵A由发动机转动的ATF泵驱动轴A驱动。ATF泵驱动轴A连接到由发动机通过飞轮驱动的输入轴上。ATF泵A的油液流经主调节器阀，维持经过调节器阀体的规定压力，并将压力引到各轴、各电机和超速离合器。ATF泵B由差速器转动的ATF泵驱动轴B驱动。ATF泵驱动轴B连接到主减速器从动齿轮。ATF泵B的油液流经各轴和电机。换档电磁阀A和B安装在飞轮壳体的外部。变速器油压传感器安装在变速器壳体的外部，见图10-30、图10-31。

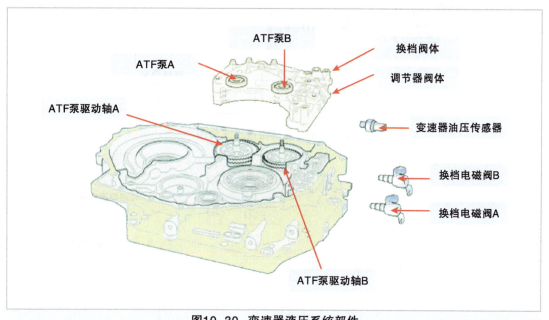

图10-30　变速器液压系统部件

2. P位和N位模式

牵引电机不转动；电机动力未传送到副轴。当高压电池单元SOC值较低时，发动机将工作。飞轮传送的发动机动力驱动输入轴和发电机轴，但液压未施加至超速离合器。发动机动力传送到发电机电机。在P位/模式，互锁电机轴上驻车齿轮的驻车制动器棘爪会锁止电机轴（图10-32）。

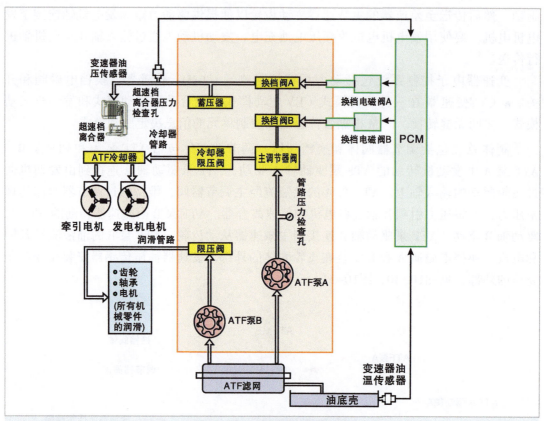

图10-31 变速器液压流向图

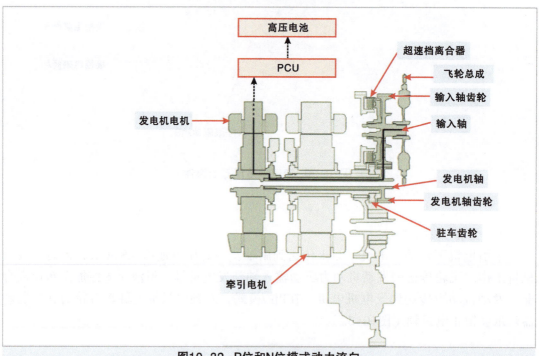

图10-32 P位和N位模式动力流向

3. D位模式

在D位模式，将根据不同的行驶条件从EV驱动模式、混合动力驱动模式和发动机驱动模式中自动选择最佳驱动模式（图10-33）。

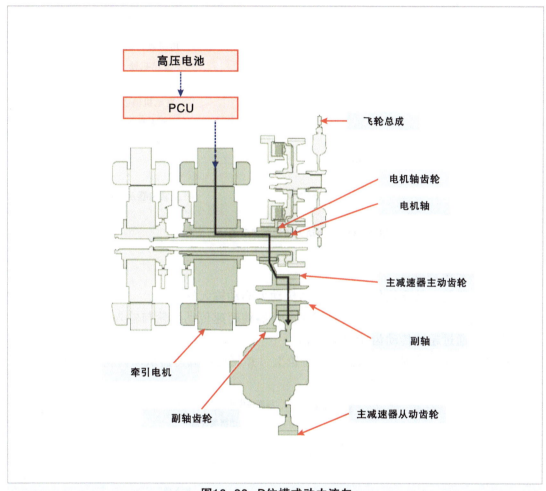

图10-33　D位模式动力流向

4. 混合动力驱动模式下

发动机运转；动力从飞轮传送出。

牵引电机转动；动力传送到电机轴。

飞轮传送的发动机动力驱动输入轴和发电机轴，但液压未施加至超速离合器。

发动机动力传送到发电机电机。

电机轴将电机动力传送到副轴和主减速器主动齿轮上，并驱动主减速器从动齿轮（图10-34）。

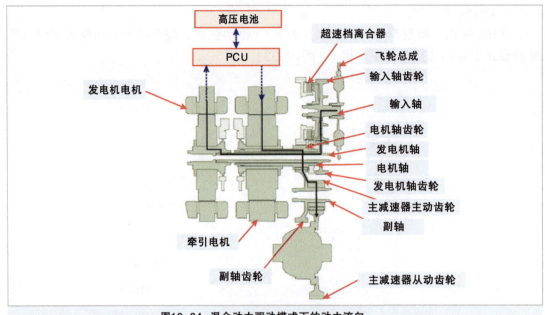

图10-34 混合动力驱动模式下的动力流向

5. 发动机驱动模式

发动机运转；从飞轮传送出的发动机动力驱动输入轴。

液压施加至超速离合器，然后超速离合器使超速传动齿轮与输入轴接合。

输入轴通过超速传动齿轮驱动副轴。

动力从副轴传送到主减速器主动齿轮上，并驱动主减速器从动齿轮（图10-35）。

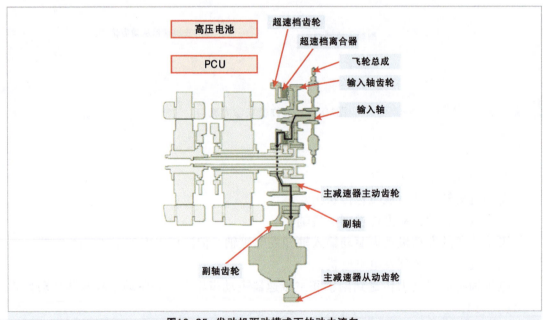

图10-35 发动机驱动模式下的动力流向

6. R位模式

在R位模式，车辆仅在牵引电机的驱动下行驶。倒档时变速器动力流与D位模式时相同。倒档操作通过使牵引电机反向转动实现。

7. EV驱动模式

发动机不运转；动力未从飞轮传送出。

在D位模式，牵引电机反向转动；动力传送至电机轴。

电机轴将电机动力传送到副轴和主减速器主动齿轮上，并驱动主减速器从动齿轮（图10-36）。

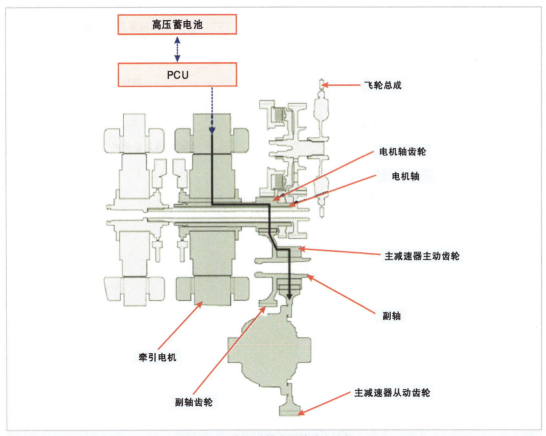

图10-36　EV驱动模式下的动力流向

8. 再生制动模式

当车辆减速时，前轮驱动主减速器从动齿轮。

主减速器从动齿轮驱动副轴和电机轴。

动力从前轮传送到牵引电机（图10-37）。

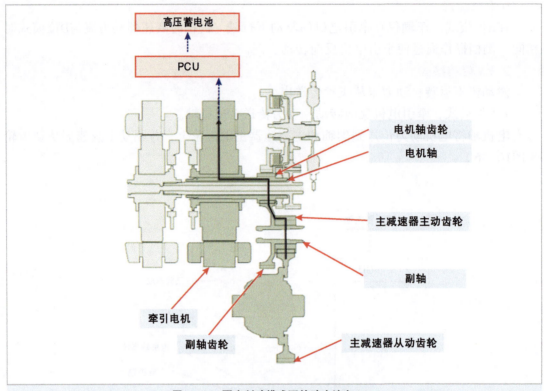

图10-37 再生制动模式下的动力流向

第11章 日产-英菲尼迪

新能源汽车
关键部件结构图解手册

11.1 楼兰 HEV

日产的混动技术已经发展到基本涵盖FR（前置后驱）、FF（前置前驱）和4WD（基于FF平台发展而来）多种布置形式，以及中级轿车（M35hl）、紧凑型SUV（奇骏混动版）和中大型SUV（楼兰以及QX60）等多种车型。楼兰与英菲尼迪QX60混动版同平台，两者都搭载2.5L机械增压发动机+15kW电机的动力总成，见图11-1。

日产混动平台的工作原理基本相同，都采用了双离合器的动力耦合方案，即在发动机与电机之间使用一套干式离合器，在电机和变速器之间加入一套湿式离合器。楼兰的混动系统仍然属于发动机能够单方面提供动力的并联混动系统。

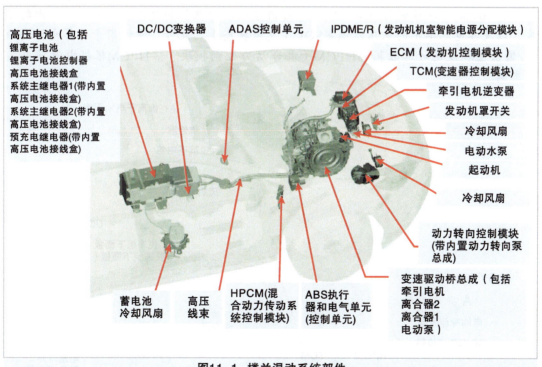

图11-1 楼兰混动系统部件

11.1.1　高压电池（锂离子）

锂离子电池
- 锂离子电池安装在中央控制台中。
- 电池控制器（LBC）和电池接线盒安装在锂离子电池内。

一个电池模块包含14或12个串联连接的电池单元，锂离子电池包含3个串联连接的电池模块。电池每个模块包含14或12连接在一起的圆柱形电池单元，见图11-2。

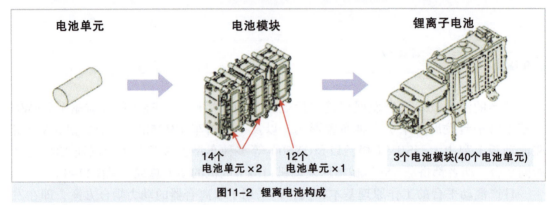

图11-2　锂离电池构成

电池控制器（LBC）
- LBC安装在锂离子电池包内，见图11-3。
- LBC是电池控制的核心。它检测锂离子电池的电压和电流、锂离子电池内的温度，以及各电池单元的电压以确定SOC（充电状态）。此外，它还用于计算允许的输入/输出值和发送计算数据到HPCM（混合动力控制模块）。HPCM根据电池状态控制车辆。

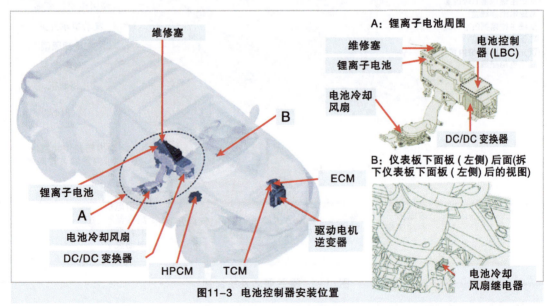

图11-3　电池控制器安装位置

11.1.2 驱动电机

驱动电机为永磁同步电机(IPMSM)。该电机具有紧凑、重量轻、高输出以及高效率的优点。驱动电机逆变器是将锂离子电池中的DC电源变换为AC电源以运转驱动电机的装置。电机安装位置与构造见图11-4。

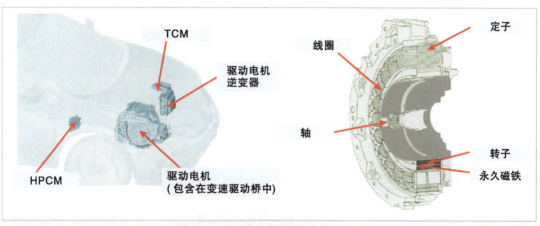

图11-4 驱动电机安装位置与结构

11.2 QX60 HEV

该车应用直接响应混合动力系统，如图11-5所示。QX60发动机为QR25DER，具有增压、可变气门正时、进气口燃油喷射、液冷式中间冷却器等功能。变速器为新一代Xtronic无级变速器（CVT）。高压电池为144 V锂离子电池，位于第三排座椅的下面。

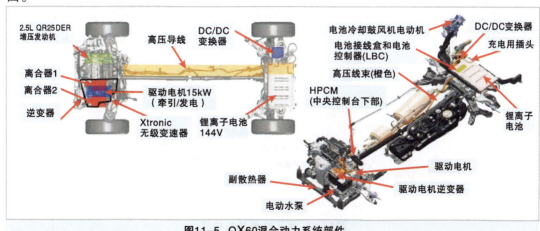

图11-5 QX60混合动力系统部件

11.2.1 高压电池（锂离子）

图11-6所示为高压电池总成。
- 冷却风扇和管道位于蓄电池总成的右后角处
- 充电用插头位于高压电池组的右侧上

图11-6 高压电池总成位置

QX60-高压电池结构如图11-7所示。高压电池总成具有以下特征：
- 40个高压电池单元（每个高压电池单元3.6 V）
- 3个模块
- 1个高压电池组（3个模块）
- 组合电压约为144 V
- 单个模块不可维修

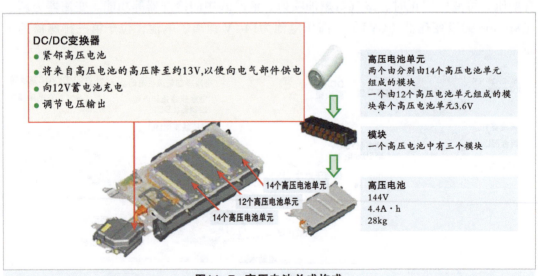

图11-7 高压电池总成构成

11.2.2 驱动电机

驱动电机可以以电力或汽油发动机和电力的组合模式来推进车辆,结构见图11-8。

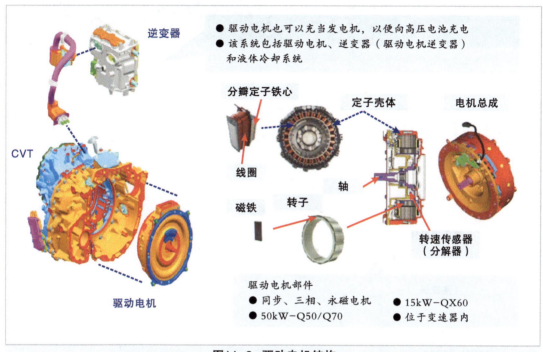

图11-8 驱动电机结构

转速传感器(分解器)位于驱动电机中,驱动电机逆变器和混合动力传动系控制模块(HPCM)利用该部件精确地监测电机转速和位置。它的安装位置见图11-9。

图11-9 转速传感器安装位置

第12章 比亚迪

新能源汽车
关键部件结构图解手册

12.1 唐 PHEV

12.1.1 高压电池（磷酸铁锂）

高压电池见图12-1。

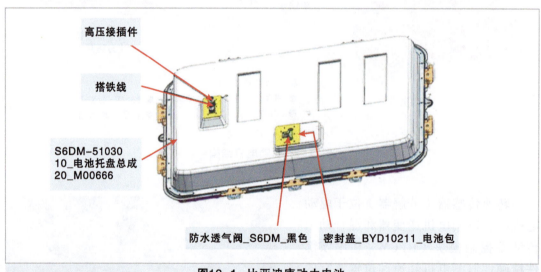

图12-1 比亚迪唐动力电池

高压电池每个单体电压3.3V，共有216个单体，8个模组，额定电压712.8V，1个漏电传感器，16个采集器，1条采样线，2个分压接触器，1个负极接触器。内部电池组连接形式见图12-2、图12-3、图12-4。

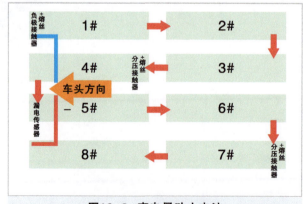

图12-2 高电量动力电池

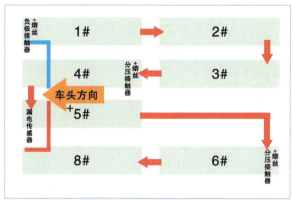

图12-3 低电量动力电池

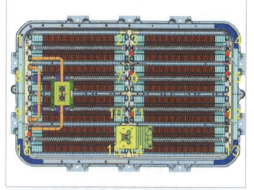

图12-4 16个电池信息采样线（BIC）的分布

12.1.2 高压配电箱

唐PHEV高压配电箱连接及内部结构见图12-5、图12-6、图12-7。

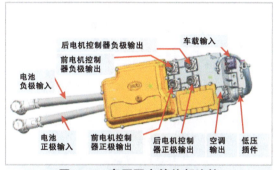

图12-5 高压配电箱外部连接

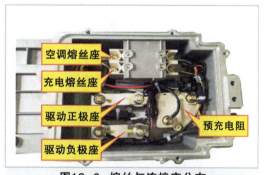

图12-6 熔丝与连接座分布

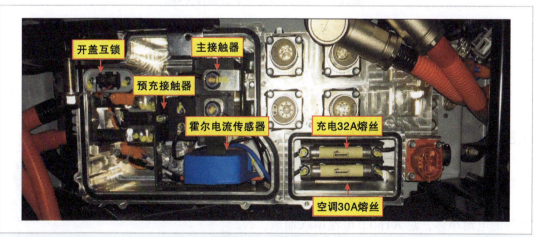

图12-7 内部结构

12.2 秦PHEV

秦PHEV高压系统包括以下部件（图12-8）：
- 高压电池
- 维修开关
- 高压配电箱
- 漏电传感器
- 分布式电池管理系统
- 驱动电机控制器与DC总成
- 充电系统
- 高压电缆

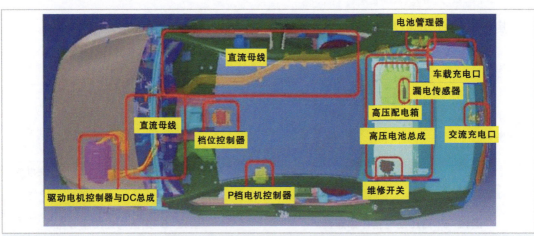

图12-8 秦PHEV混合动力部件分布

12.2.1 高压电池（磷酸铁锂）

本车的高压电池系统由10个高压电池模组（图12-9）、10个高压电池信息采集器、高压电池串联线、高压电池支架、高压电池包密封罩、高压电池采样线等组成。2015款相比2014款，高压电池模组内部的继电器、熔丝外挂，继电器由4个减少为1个，熔丝1个。10个高压电池模组中各有14~18节数量不等的电池单体，总共160节电池串联而成。额定总电压为528V，总电量为13kW·h。

图12-9 高压电池连接方式

分布式电池管理系统（Distributed Battery Management System，DBMS），由10个电池信息采集器（Battery Information Collector，BIC）和1个电池管理控制器（Battery Management Controller，BMC）组成。安装位置：10个BIC分别位于10个高压电池模组的前端，BMC位于行李箱车身右C柱内板后段。BIC安装位置见图12-10。

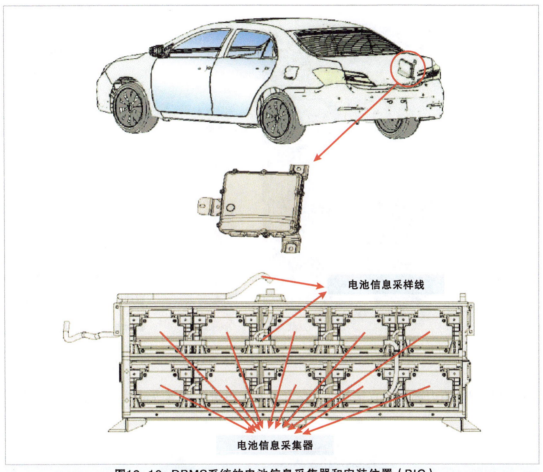

图12-10　DBMS系统的电池信息采集器和安装位置（BIC）

本车充电系统主要是通过家用插头和交流充电桩接入交流充电口，通过车载充电器将家用220V交流电转为528V直流高压电给高压电池进行充电。

充电系统主要组成部分：交流充电口、车载充电器、电池管理器、高压配电箱、高压电池。充电系统部件位置见图12-11。

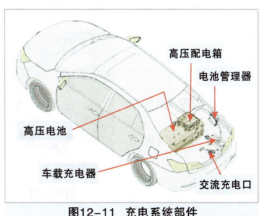

图12-11　充电系统部件

12.2.2 高压配电箱

高压配电箱（High Voltage Distribution Assy，HVDA），位于后行李箱高压电池支架右上方，见图12-12。

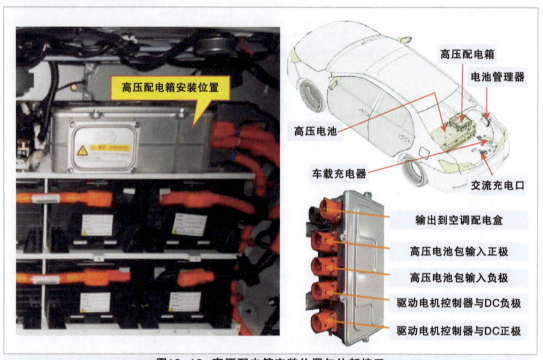

图12-12 高压配电箱安装位置与外部接口

高压配电箱内部内部有接触器、熔丝、霍尔电流传感器等部件，各部件位置见图12-13。

图12-13 高压配电箱内部结构

12.2.3 驱动电机

驱动电机由外圈的定子与内圈的转子组成,是汽车的动力源之一,向外输出驱动转矩,驱动汽车前进后退;同时也可以作为发电机发电(例如,在滑行、制动过程中,以及发动机输出的额外功率通过驱动电机转化为电能存储)。驱动电机部件分解见图12-14。

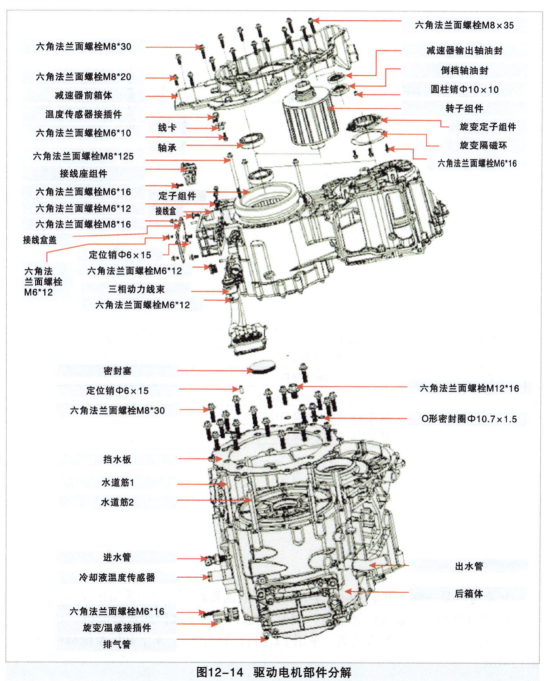

图12-14 驱动电机部件分解

12.2.4 高压电缆

高压电缆由驱动电机控制器直流母线与PTC小线总成，高压电池正负极线，车载充电器小线，空调配电盒总成等组成。高压电缆分布见图12-15。

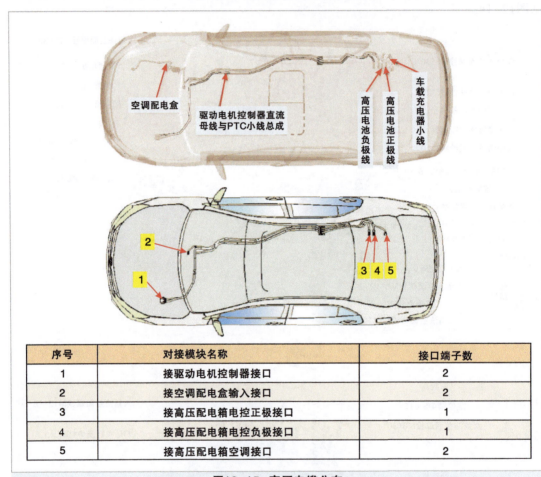

序号	对接模块名称	接口端子数
1	接驱动电机控制器接口	2
2	接空调配电盒输入接口	2
3	接高压配电箱电控正极接口	1
4	接高压配电箱电控负极接口	1
5	接高压配电箱空调接口	2

图12-15 高压电缆分布

12.3 E6 EV

比亚迪E6是一款纯电动四驱轿车，其高压电池和起动电池均采用比亚迪自主研发生产的ET-POWER磷酸铁钴锂电池，同时装配了终身免维护的永磁电机，功率达到75kW，相当于1.6L排量的汽油机，采用了CVT自动变速器。车上高压系统部件分布见图12-16。

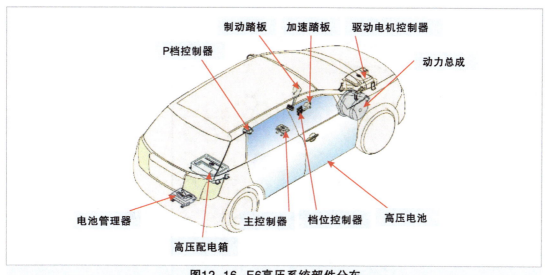

图12-16 E6高压系统部件分布

12.3.1 高压电池（磷酸铁钴锂）

高压电池是提供整车动力能源的设备。比亚迪E6采用了磷酸铁钴锂电池。磷酸铁钴锂动力电池是用磷酸铁钴锂材料作为电池正极的锂离子电池，高压电池安装位置与结构见图12-17、图12-18。

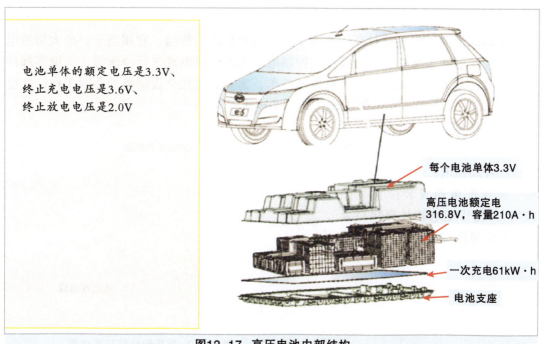

图12-17 高压电池内部结构

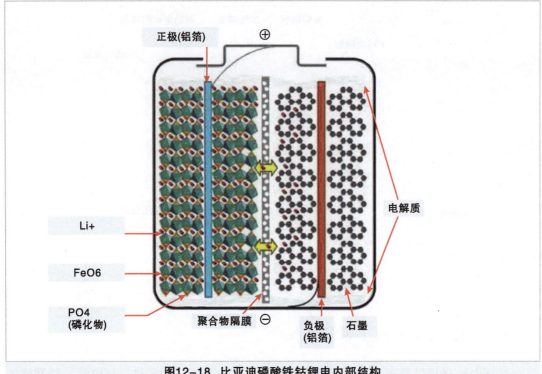

图12-18 比亚迪磷酸铁钴锂电内部结构

12.3.2 高压配电箱

车辆通过高压配电箱对高压电池中的巨大能量进行控制。它相当于一个大型的电闸,通过接触器(继电器)的吸合来控制电流通断,将电流进行分流等。关键零部件为接触器,为了控制如此大的电流通过整车,需要通过几个接触器的并联工作,这也为接触器工作一致性和可靠性提出了苛刻的要求。

车辆整车高压用电都是高压配电箱进行分配的。电池管理器内也存在高压电。

高压配电箱安装位置见图12-19。高压配电箱外部接口及内部结构见图12-20。

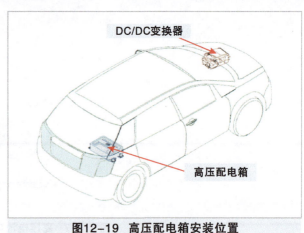

图12-19 高压配电箱安装位置

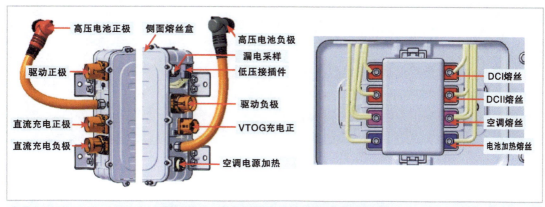

图12-20 高压配电箱外部接口与熔丝分布

12.3.3 驱动电机

动力总成由驱动电机和变速器组成。

驱动电机根据冷却形式分风冷和水冷,根据结构分为直流有刷电机和直流无刷电机以及交流电机。比亚迪电动车现在使用的电机为交流无刷永磁同步电机,通过采集电机旋变信号进行控制。当车辆要行驶时,电机通过旋转变压器检测到电机的位置,位置信号通过控制器的处理,发送相关信号给控制器,控制器输出近似正弦的交流电。驱动电机如图12-21所示。

电机最大输出转矩:450N·m
电机额定输出功率:75kW
电机最大输出功率:120kW电机峰值功率。驱动电机具有一定的过载能力,采用峰值功率进行描述,它表示电动汽车行驶的后备功率,与整车的加速、爬坡性能相关电机最大输出转速:7500r/min。
动力总成总重量:130kg
总传动比:6.417,主减速器传动比:3.85 前驱变速器油量:3.5L
变速器油类型:SAE80W 90
(冬季环境温度低于-15℃地区推荐换用SAE75W 90)
前驱电机油量:2L
电机用油型号:ATF220
后驱变速器油量:1.5L
后驱变速器油型号:ATF220

图12-21 驱动电机

第13章 北汽新能源

13.1 EC系列 EV

北汽EC180搭载了一台最大功率4130kW、峰值转矩140N·m的电机，电力来自于一套容量为20.3kW·h的高压电池。C180车型的最大续航里程为180km，NEDC工况下续航里程则为156km，最高时速超过100km/h。不过，新车仅支持慢充，充电过程最长需要7h。EC180发动机舱部件见图13-1。该车高压系统部件组成如图13-2所示。

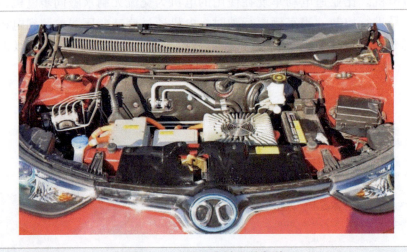

图13-1 EC180发动机舱部件

北汽EC200是在EC180的基础上进行升级而来，升级领域包括续航里程、配置、支持快充等方面。相比北汽EC180，北汽EC200在外观上几乎没有变化，主要是在细节方面由于配置上的升级所带来了变化。最大的亮点在于续航里程的升级，60km/h等速巡航工况下的最大续航里程超过了200km，NEDC测试工况下的综合续航里程为162km（北汽EC180为156km）。EC200发动机舱部件见图13-3。

支持快充也算是弥补了北汽EC180的一个短板，快充口位于车头车标后方，直接按压车标就可以解锁。官方公布的快充时间为"从30%充电至80%需要36min"。

第13章 北汽新能源

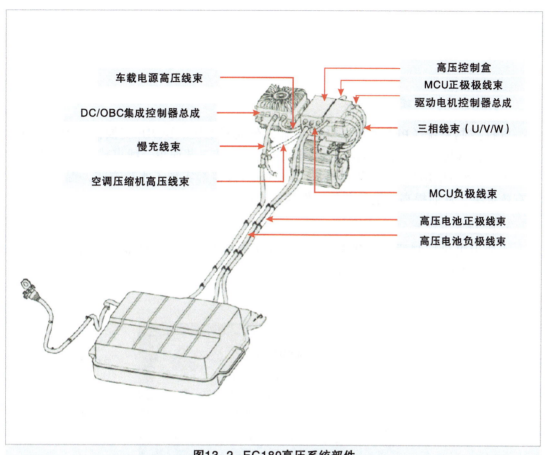

图13-2 EC180高压系统部件

图13-3 EC200发动机舱部件

13.2 EU系列 EV

13.2.1 电机控制系统

电机控制系统（PEU）将电机控制器、车载充电机、DC/DC变换器、PTC控制器和高压控制盒集成在一起，缩小了体积和重量，安装工艺简单，线束减少。

PEU系统的IGBT板、车载充电机、DC/DC变换器都实现了水冷方式，温度控制得到有效解决，从而提高了电子器件工作的稳定性。

1. PEU上端结构

主要由电机控制器、车载充电机、DC/DC变换器、PTC控制器、快充继电器、熔断器、互锁电路等组成，见图13-4。

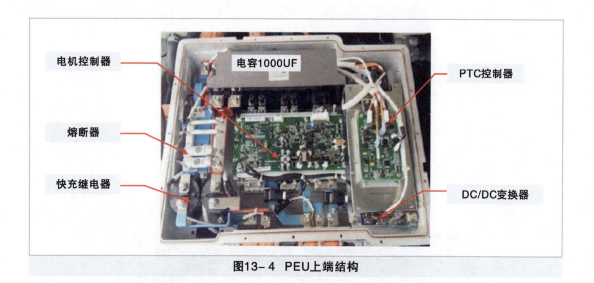

图13-4 PEU上端结构

2. PEU下端结构

两个3.3kW车载充电机安装在PEU下方，中间是冷却水套，见图13-5。

13.2.2 驱动电机

驱动电机系统由驱动电机（DM）、驱动电机控制器（MCU）构成，通过高低压线束、冷却管路，与车上其他系统进行电气和液路连接（图13-6）。

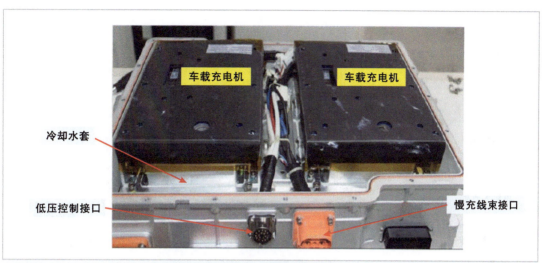

图13-5 PEU下端结构

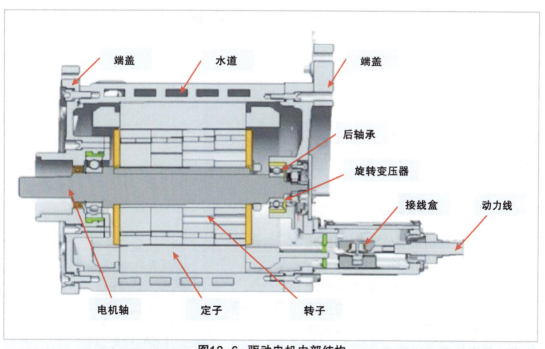

图13-6 驱动电机内部结构

13.2.3 冷却系统

高压系统的冷却系统如图13-7所示。

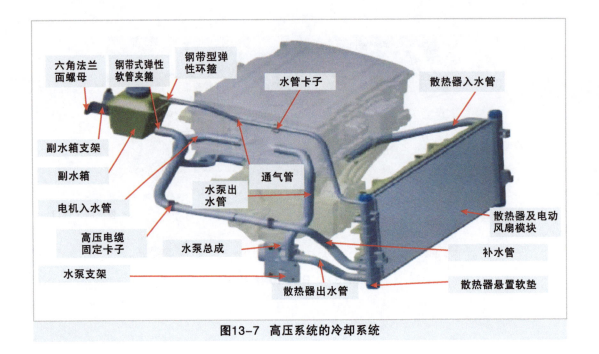

图13-7 高压系统的冷却系统

13.3 EV系列 EV

13.3.1 高压电池（锂离子）

高压电池模组放置在一个密封并且屏蔽的高压电池箱里面，见图13-8。高压电池系统使用可靠的高压接插件与高压控制盒相连，然后输出的直流电，由电机控制器转变为三相交流高压电，供电给驱动电机工作。系统内的BMS实时采集各单体电池的电压、各温度传感器的温度值、电池系统的总电压值和总电流值等数据，实时监控高压电池的工作状态，并通过CAN线与VCU或充电机之间进行通信，对高压电池系统的充放电等进行综合管理。

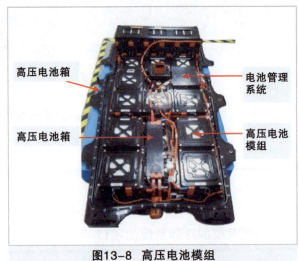

图13-8 高压电池模组

高压电池系统的额定电压=单体电池额定电压×单体电池串联数
高压电池系统的容量=单体电池容量×单体电池并联数量
高压电池系统总能量=高压电池系统的额定电压×高压电池系统的容量
高压电池系统重量比能量=高压电池系统总能量÷高压电池系统重量

13.3.2 高压配电盒

高压配电盒是完成高压电池电源的输出及分配，实现对支路用电器的保护及切断的部件。高压配电盒内部结构如图13-9、图13-10所示。

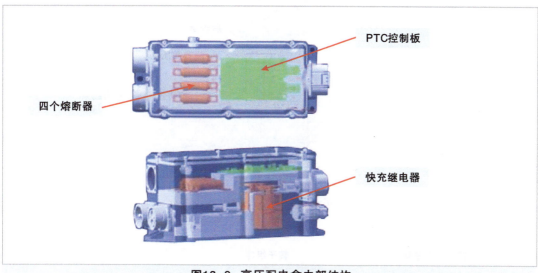

图13-9 高压配电盒内部结构

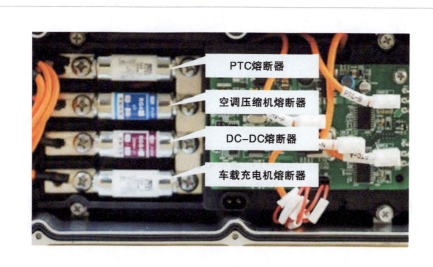

图13-10 高压配电盒内熔断器

13.3.3 驱动电机

驱动电机系统由驱动电机（DM）、驱动电机控制器（MCU）构成，通过高低压线束、冷却管路，与车上其他系统进行电气和液路连接，见图3-11。C33DB驱动电机采用永磁同步电机（PMSM）。

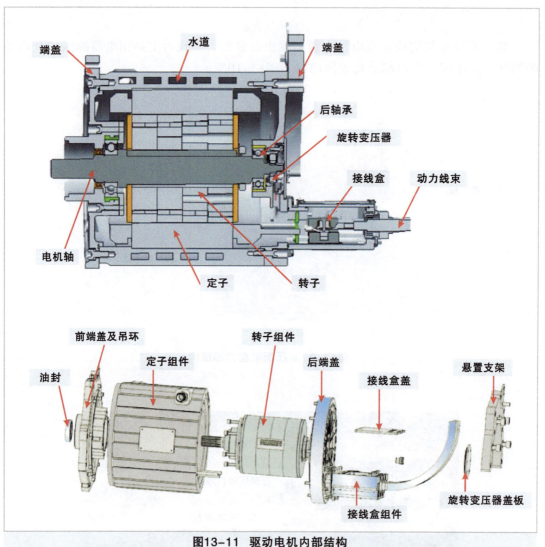

图13-11 驱动电机内部结构

驱动电机系统状态和故障信息会通过车辆CAN网络上传给车辆控制器（VCU），传输通道是两根信号线束，分别是电机到控制器的19PIN插件，以及控制器到VCU的35PIN插件。

13.3.4 驱动电机控制器

它是驱动电机系统的控制中心，又称智能功率模块，以IGBT（绝缘栅双极型晶体管）模块为核心，辅以驱动集成电路、主控集成电路。驱动电机控制器（MCU）使用以下传感器来提供驱动电机系统的工作信息，包括：

电流传感器：用以检测电机工作的实际电流（包括母线电流、三相交流电流）。

电压传感器：用以检测供给电机控制器工作的实际电压（包括高压电池电压、12V蓄电池电压）。

温度传感器：用以检测电机控制系统的工作温度（包括IGBT模块温度、电机控制器板载温度）。驱动电机控制器（MCU）内部结构见图13-12。

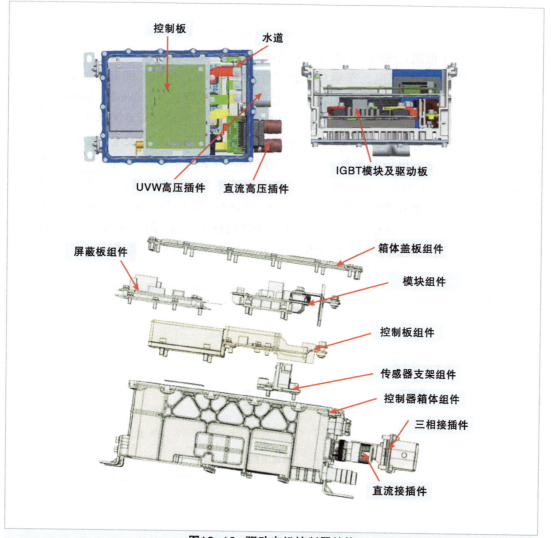

图13-12 驱动电机控制器结构

第14章 广汽传祺

14.1 GA5 PHEV

传祺Hybrid是基于传祺平台，采用峰值功率95kW的永磁同步电机驱动，搭载容量13kW·h的锂离子电池，纯电动状态下，整车可行驶50km以上，并可在电池电量不足时，通过车载增程器给车辆充电，车辆总续驶里程大于500km，克服了纯电动车里程短等缺点。整车动力充沛，0~50km/h加速时间仅为5.3s，最高车速达≥150km/h，同时油耗仅为2.5L/100km，与同级别传统动力车型相比，油耗大幅降低。它的高压系统部件见图14-1。

增程纯电传祺是以传祺GA5为原型车进行开发，配备高效的发电机以及高性能的集成发电机及驱动电机控制系统，采用峰值功率95kW的永磁同步电机驱动，搭载容量13kW·h的锂离子电池，满电状态下，整车可纯电动行驶80km以上，并可在电池电量不足时，通过车载增程器给车辆充电，车辆总续驶里程大于600km，克服了纯电动车里程短等缺点。整车动力充沛，0~50km/h加速时间仅为5.3s，最高车速达≥150km/h，同时油耗仅为2.5L/100km，与同级别传统动力车型相比，油耗大幅降低。

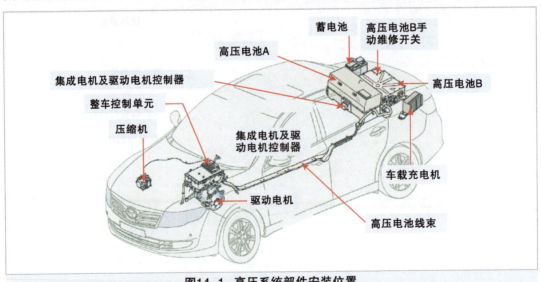

图14-1 高压系统部件安装位置

14.1.1 高压电池（磷酸铁锂）

高压电池由212个磷酸铁锂电池单体组成，每个电池单体的额定电压是3.2V。使用电压范围为2.5～3.6V。系统的额定电压为345.6V，工作电压为260～420V，瞬时电流可达300A以上。

高压电池布置于行李箱处，见图14-2。它配备有冷却风管，见图14-3。高压电池配备了手动维修开关(A箱、B箱各配备一个)，B箱手动维修开关从行李箱处可以拆卸，A箱手动维修开关从后排座椅中部靠背处拆卸。

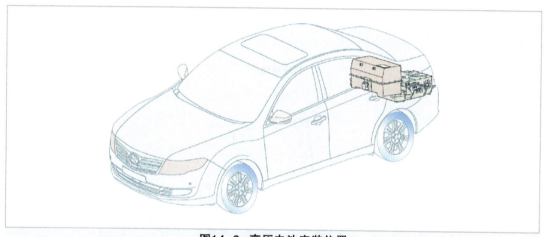

图14-2　高压电池安装位置

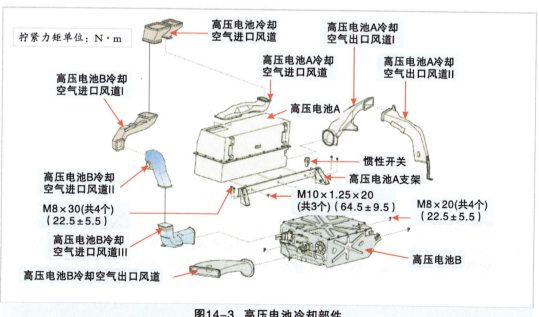

图14-3　高压电池冷却部件

高压电池控制系统使用专用散热风扇进行散热。该冷却系统采用风冷式,利用散热风扇将来自车厢内部的空气吸入高压电池箱,以冷却高压电池和BMS控制单元等电器部件,见图14-4、图14-5。

车厢内部的空气通过位于后窗台板装饰板上的进气管流入,向下流经高压电池组,以降低高压电池温度,然后经过BMS控制单元、总正负继电器等电器元件,降低电池温度后,通过排气管将空气排出车外。

散热风扇为直流低压风扇,配备独立的DC/DC变换器。当散热风扇工作时,电流从高压电池,流出经过DC/DC变换器,将350V直流高压转换成12~16V的直流低压,提供给散热风扇电动机。

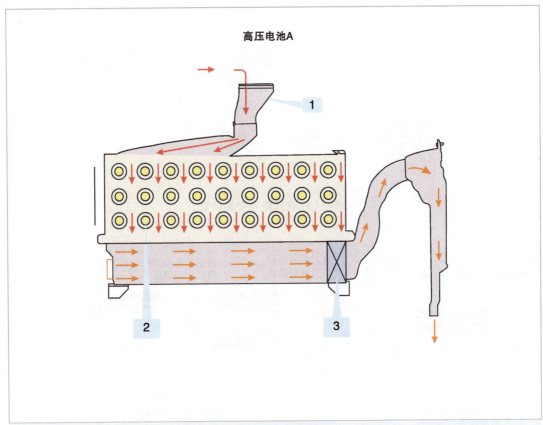

图14-4 冷却空气流经路径(一)

车厢内部的空气通过位于后窗台板后装饰板上的进气管①流入,向下流经高压电池组②,以降低高压电池的温度,然后经过BMS控制单元、总正负继电器等,降低电器元件的温度后,空气被冷却风扇③抽出通过排气管从车内排出。

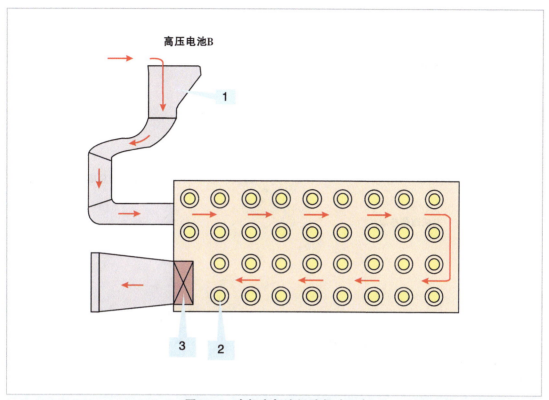

图14-5 冷却空气流经路径（二）

车厢内部的空气通过位于后窗台板后装饰板上的进气管①流入，向下流经高压电池组②，以降低高压电池的温度，然后经过BMS控制单元、总正负继电器等，降低电器元件的温度后，空气被冷却风扇③抽出通过排气管从车内排出。

14.1.2 驱动电机

该车采用永磁同步电机作为驱动电机，其原理与交流同步电机类同，只是用永磁体转子代替了交流同步电机转子的电励磁。它的工作原理为当三相定子绕组通入三相对称正弦交流电时，所产生的旋转磁场会牵引转子与旋转磁场同步旋转。因此永磁同步电机的定子结构也与交流同步电机相同，其绕组通常也为三相式；转子通常采用径向永久磁铁做成磁极。永磁电机的效率很高，最高效率能达到96.2%。驱动电机安装位置见图14-6所示。

电机系统依托增程式系统平台，电机控制器包括控制电路、功率驱动单元、DC/DC变换器、高低压接插件、内部线束和所有相关的软硬件等。电机控制器作为ISG电机（发电机）和驱动电机的控制器，并集成了DC/DC变换器，是一款双电机控制器。

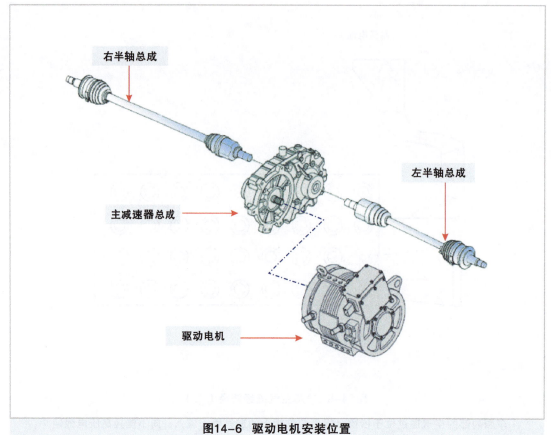

图14-6 驱动电机安装位置

ISG电机（发电机电机）和发动机构成增程器，TM电机（驱动电机）为整车提供驱动动力。发动机不参与驱动，而是作为一个增程器驱动发电机电机发电，实现了在线充电的功能，消除了纯电动车续驶里程不足的特点，同时也解决了纯电动汽车对基础充电设施过度依赖的特点，减小了电池容量，降低了成本。

1. 驱动电机

驱动电机也是一种可逆电机，其输出端通过主减速器总成与车轮之间相互传递力矩。在整车控制器的作用下它既可以工作在电动机模式，也可以工作在发电机模式。在电动机模式下，驱动电机从高压电池获取电能，并将其转换成机械能，通过主减速器总成向两前轮提供驱动力。在发电机模式下，驱动电机可以吸收车轮的动能，将其转换成电能储存在高压电池中，同时产生的反拖力可实现对车轮的制动效果（见制动能量回收）。

2. 发电机电机

发电机电机简称ISG电机，该电机只负责给高压电池充电不负责驱动，其工作原理是发电机转子与发动机曲轴连接，通过发动机曲轴直连带动发电机转子转动从而产生电能。该发电机电机额定功率为31kW，峰值功率为40kW，额定转速是4500r/min，峰值转速是6000r/min。

发电机电机安装在发动机曲轴后端。发电机电机为紧凑、轻型和高效的永磁交流电机。发电机电机既是起动机又是发电机，在起动时作为起动机带动发动机，在制动或下坡时作为发电机给高压电池充电。发电机组成部件如图14-7所示。

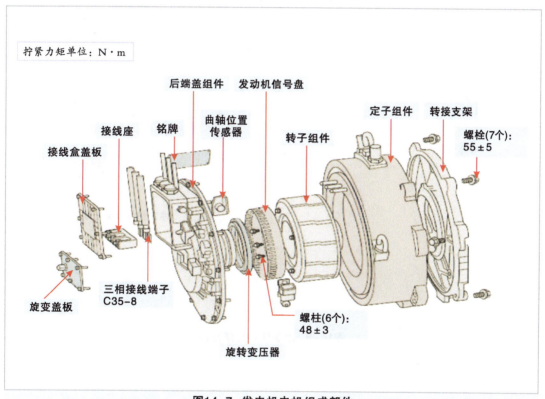

图14-7 发电机电机组成部件

14.1.3 水加热器系统

冷却液在PTC水加热器中加热后，由暖风水管流入空调单元的HVAC，通过空调单元的鼓风机使车厢内冷空气与HVAC进行热交换，之后热风从风道进入车厢，从而起到采暖、除霜、除雾的作用。水加热器总成电源来自高压电池，供暖管路与空调系统独立。水加热器系统连接部件见图14-8。

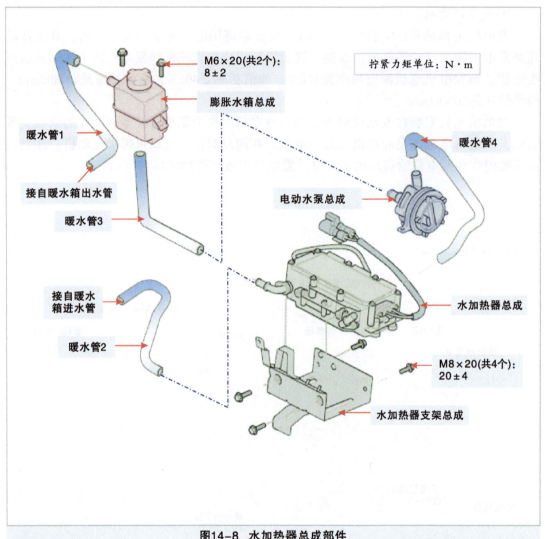

图14-8 水加热器总成部件

14.2　GA3S PHEV

GA3S PHEV插电混动车型是以传祺GA3S为原型车进行开发的，采用峰值130kW的永磁同步电机驱动，搭载11kW·h的锂离子高压电池。纯电动状态下，整车可行驶约60km，并可在电池电量不足时，通过车载增程器给车辆充电，车辆总续驶里程大于600km，克服了纯电动车续驶里程不足的缺点。整车动力充沛，0-100km/h加速时间仅为8.9s，最高车速达180km/h，同时油耗为1.4L/100km，与同级别传统车相比，油耗大幅降低。GA3S PHEV发动机舱部件见图14-9。

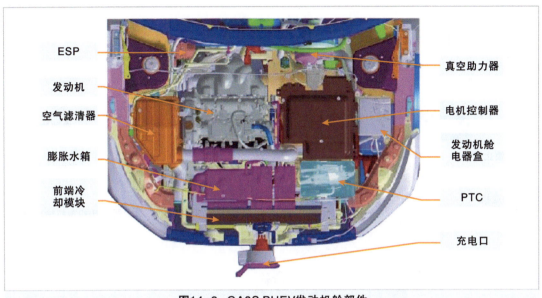

图14-9　GA3S PHEV发动机舱部件

14.2.1　高压电池（锂离子）

高压电池系统布置在后排座椅底盘，见图14-10，由8个M12的固定螺栓固定，手动维护开关安装于右后排座下，需要拆下右后排座椅才能够进行拆装操作。高压电池系统冷却方式为液冷，重量≤138kg，由88个电池单体组装而成8个模组，额定电压为321V，正常电压范围为250～369V，瞬时最大放电功率为110kW。

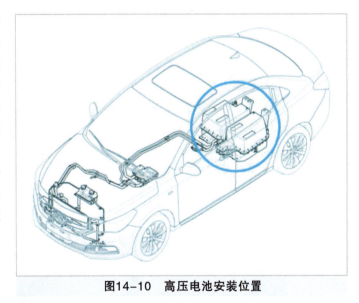

图14-10　高压电池安装位置

14.2.2　机电耦合系统

机电耦合（G-MC）系统将发电机电机、驱动电机、离合器、传动齿轮以及主减速器集成为一体；该方案采用发动机与发电机同轴、双电机并排布置的结构，单速比传动，通过离合器/制动器的控制实现纯电动、增程、混动等多种模式。G-MC系统部件分布如图14-11所示。

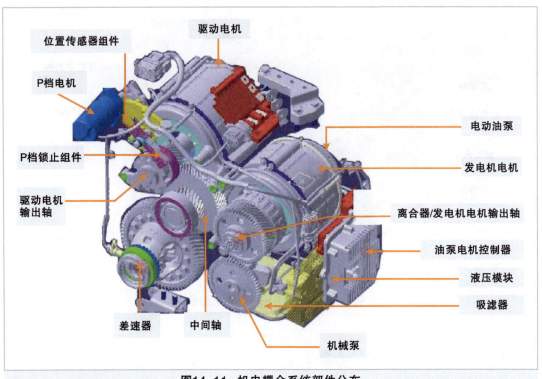

图14-11 机电耦合系统部件分布

GMC关键零部件（图14-12）：

- 电机系统：驱动电机、发电机电机
- 离合器
- 液压系统：液压模块、电动泵、吸滤器、机械泵
- 传动系及P档机构
- 壳体及其附件
- 油管组件
- 标准件

图14-12 GMC系统部件

序号	产品类型	功　能
1	液压模块	实现油压的控制、液压流量的分配
2	电动油泵	液压系统油源，为系统供油
3	吸滤器	过滤油液
4	机械泵	液压系统油源，为系统供油
5	P档电机	P档机构通过锁止驱动电机输出轴，实现P档驻车
6	离合器	通过控制离合器的接合与分离，控制发动机动力是否输出到车轮参与驱动，从而实现驱动模式的切换
7	传动系	传动系实现将驱动电机、发动机动力耦合输出到驱动轴

图14-12　GMC系统部件（续）

14.2.3　电机控制器

集成式电机控制器是集成了ISG、TM及DC/DC变换器三合一控制器，其工作电压范围为220~460V，瞬时最高电流为445A。

集成式电机控制器包括控制电路、功率驱动单元、DC/DC变换器、高低压接插件、内部线束和所有相关的软硬件等。集成式电机控制器作为发电机和驱动电机的控制器，并集成了DC/DC变换器，是一款双电机控制器。电机控制器组成部件见图14-13。

图14-13　电机控制器组成部件

14.2.4 整车控制系统

GA3S PHEV整车控制系统关联部件如图14-14所示。

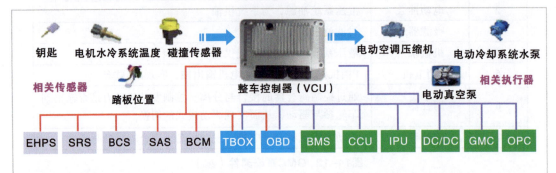

零件名称	缩写	功能
电控动力转向系统	EHPS	控制电磁阀的开度，从而满足高、低速时的转向助力要求
安全气囊	SRS	被动安全保护系统
车身控制系统	BCS	控制ABS/ESP
半主动悬架	SAS	通过传感器感知路面状况和车身姿态，改善汽车行驶平顺性和稳定性的一种可控式悬架系统
车身控制模块	BCM	设计功能强大的控制模块，对车身相关电器进行控制
远程监控系统	TBOX	行车时实时上传整车信号至服务器，实现对车辆进行实时动态监控
车载诊断系统	OBD	诊断整车故障状态
电池管理单元	BMS	检测高压电池状态，控制高压电池输入/输出
整车控制器	VCU（HCU）	接收整车高压/低压附件信号，对整车进行控制
耦合控制单元	CCU	检查GMC油压/油温，通过控制电磁阀实现离合器吸合/断开
集成式电机控制器	IPU	控制驱动电机和发电机电机
直流/直流变换器	DC/DC	将高压电池内高压直流电转化为12V直流电，供低压用电器使用
机电耦合系统	GMC	内置TM、ISG、主减速器，实现整车动力输出
低压油泵控制器	OPC	辅助控制GMC内部冷却油流动

图14-14 整车控制系统

14.2.5 电动空调压缩机与PTC水加热器

GA3S PHEV空调制冷系统除了使用电动压缩机外，原理和部件与传统车辆基本一致。暖风系统采用发动机及PTC加热器，最大功率5000kW，作为供热原件根据车辆的使用工况及用户需求，自动选择发动机或者PTC供暖。PTC水加热器通过发热原件将水加热，将电能转化为热能。空调系统部件位置见图14-15。

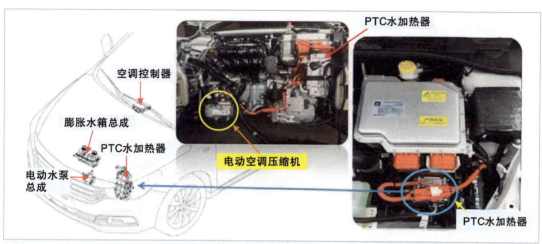

图14-15 空调系统部件位置

14.3 GE3 EV

GE3EV搭载一台型号为TZ220XSA5H01的132kW电机,最高时速为160km/h,续驶里程提升至400km,直流快充0.5h电量就可达80%。

1. 纯电动模式

纯电动模式下高压电池直接提供能源给驱动电机,电机驱动车辆行驶。纯电动模式示意图见14-16所示。

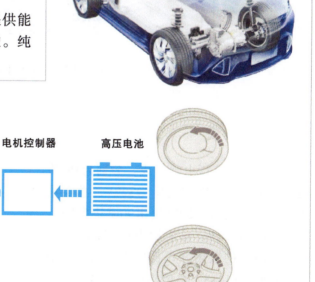

图14-16 纯电动行驶模式

2. 制动能量回收

RBS再生制动系统根据驾驶人制动需求，产生制动回收功率，把它转化为电能，增加续驶里程，图14-17为其原理示意图。制动能量回收系统包括与车型相适配的驱动电机、高压电池及可以监视电池能量的智能电池管理系统。制动能量回收系统回收车辆在制动或惯性滑行中释放出的多余能量，并通过驱动电机将其转化为电能储存在高压电池中，用于之后的加速行驶。

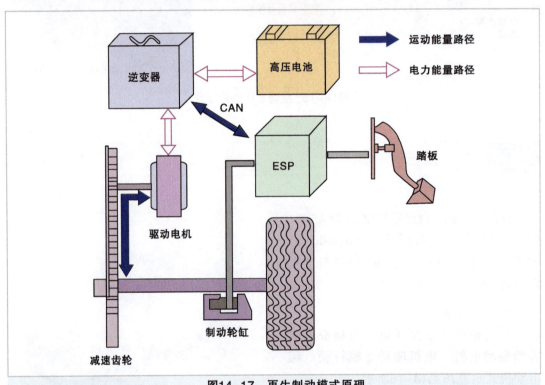

图14-17 再生制动模式原理

14.3.1 高压电池（锂离子）

配备两款高压电池总成，分别为3模块组88模块串联，额定电压为322V，总能量为45.1kW·h；以及2模块组90模块串联，额定电压为328V，总能量为45.99kW·h，均采用液冷的散热方式。高压电池总成安装位置见图14-18，总成构成见图14-19。

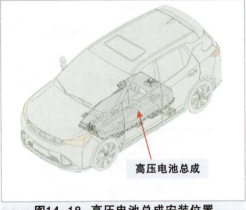

图14-18 高压电池总成安装位置

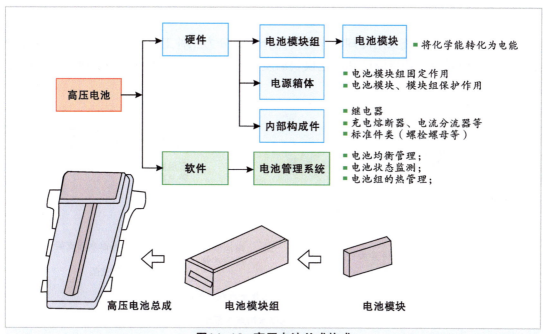

图14-19 高压电池总成构成

高压线束是高电压、大电流的线束，是指整车橙色部分的线束。高压线束把电流从高压电池传到高压液体加热器、电机控制器、PTC加热器、车载充电机总成和电动空调压缩机，为高压直流电；从电机控制器传到驱动电机为高压交流电。高压线束分布见图14-20。

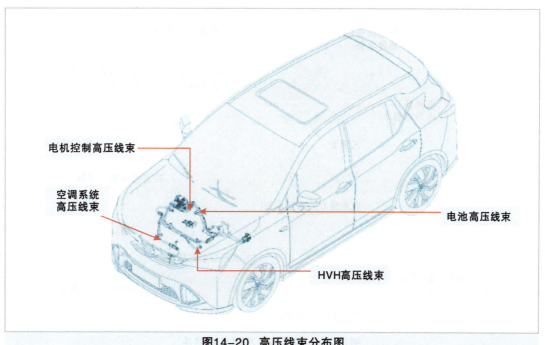

图14-20 高压线束分布图

14.3.2 高压电池冷却系统

高压电池冷却系统采用冷却液作为传热介质，分为三种工作模式：慢冷、快冷与加热。这三种模式根据环境温度和电池模块温度的不同，按需求进行自动切换。冷却系统组成见图14-21。

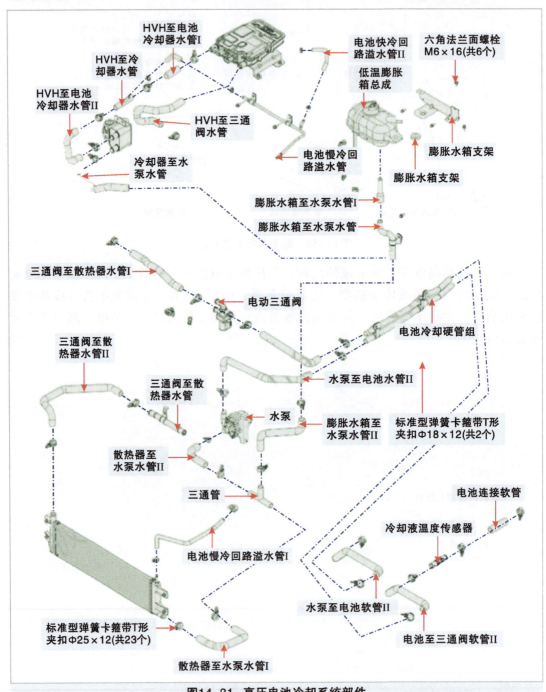

图14-21 高压电池冷却系统部件

1. 慢冷模式

电池工作产生的热量通过冷却液带到前格栅处电池冷却器，然后通过空气吹散热器把热量散到空气中，当电池模块温度检测大于等于25℃且小于等于38℃时，温控系统运行的是慢冷模式，工作流程如图14-22所示。

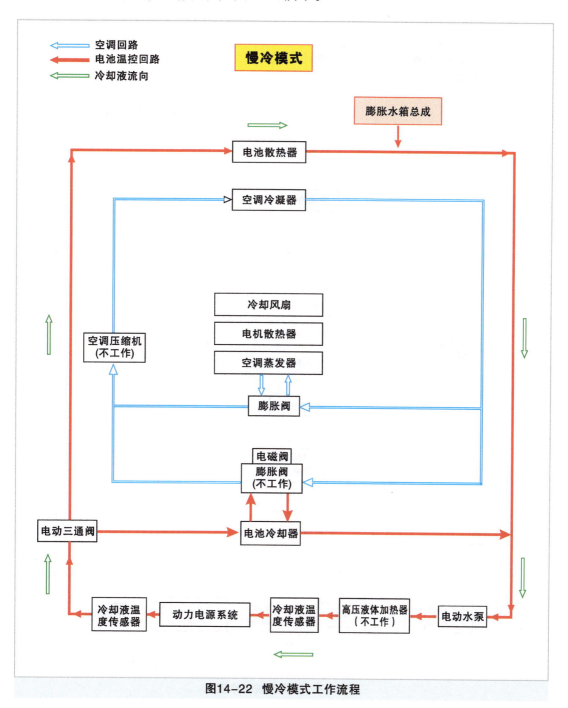

图14-22 慢冷模式工作流程

2. 快冷模式

电池工作产生的热量通过冷却液带到电池冷却器，电池冷却器一侧走冷却液，另一侧走空调制冷剂，空调制冷剂冷却冷却液，冷却液再冷却电池。当电池模块温度检测大于38℃时，温控系统运行的是快冷模式，工作流程如图14-23所示。

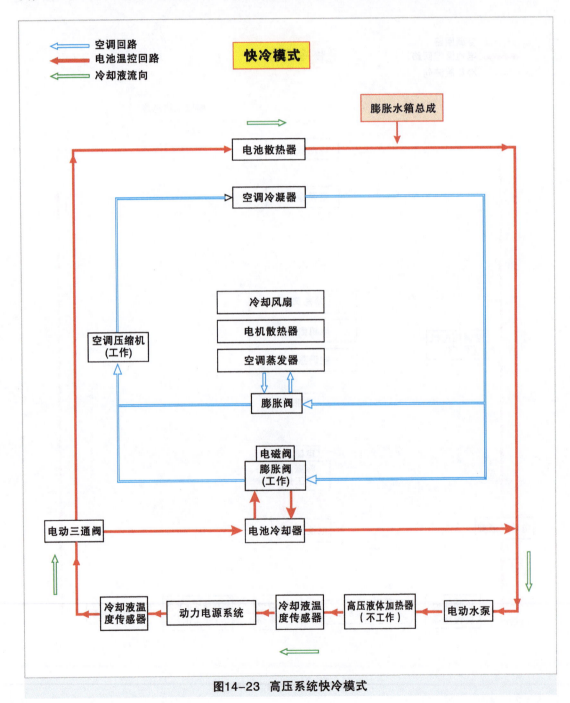

图14-23 高压系统快冷模式

3. 加热模式

通过高压液体加热器加热冷却液，冷却液再加热电池。当电池模块温度检测小于5℃时，温控系统运行的是加热模式，工作流程如图14-24所示。

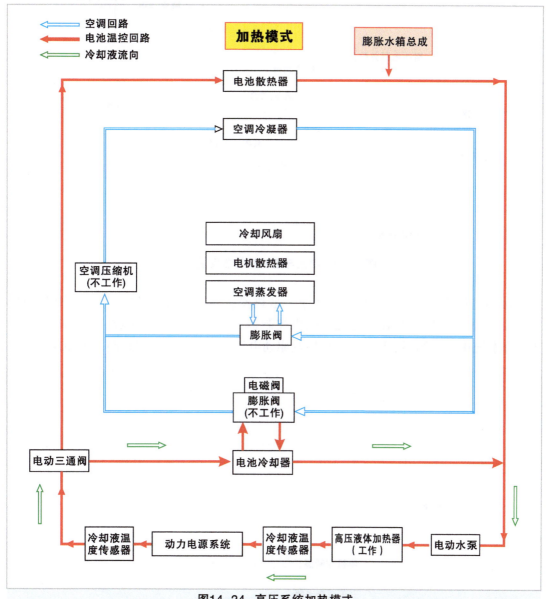

图14-24 高压系统加热模式

14.3.3 电机与电机控制器

电机控制器将来自高压电池的高压直流电转化为高压三相交流电，输出至驱动电机，通过控制高压三相交流电的变化，控制驱动电机的输出转矩。电机与电机控制器安装位置见图14-25。

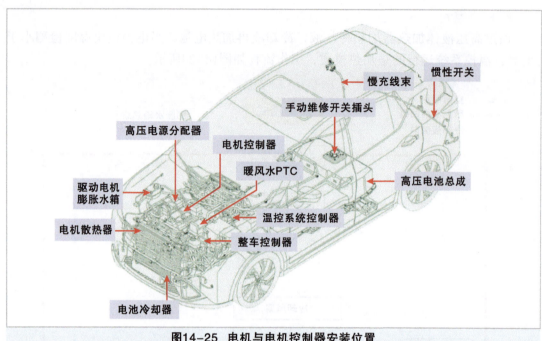

图14-25 电机与电机控制器安装位置

驱动电机冷却系统主要由电动水泵、散热器、电动风扇、膨胀水箱、冷却液温度传感器、电动水泵、车载充电机、电机控制器、管路及支架等组成,用于电机控制器、车载充电机控制器、DC/DC变换器及驱动电机等电子元件温度控制,见图14-26。

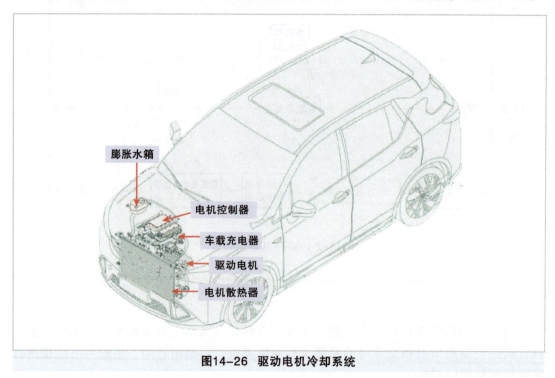

图14-26 驱动电机冷却系统

驱动电机冷却系统的冷却部件有DC/DC变换器、车载充电机、电机控制器和驱动电机，所有部件都布置在前舱，部件布置如图14-27所示。图14-28为系统冷却流程图。

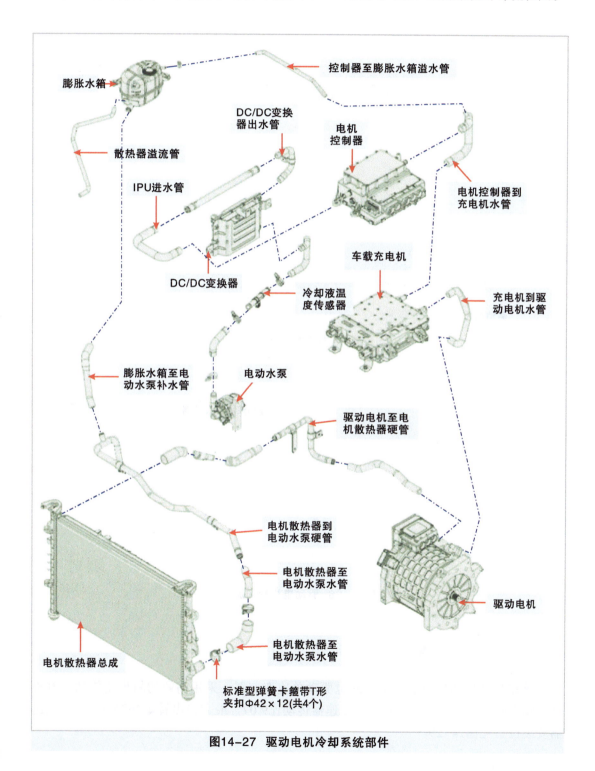

图14-27 驱动电机冷却系统部件

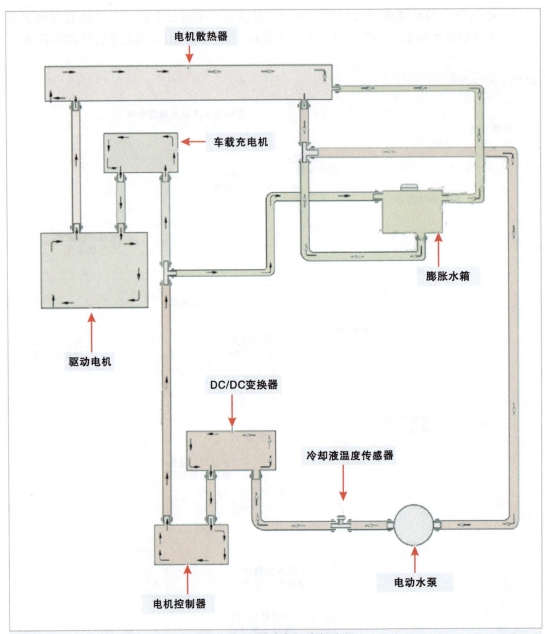

图14-28 驱动电机冷却流程

14.3.4 差速器与减速器总成

该车型使用博格华纳新平台的电驱动单速变速器,采用高效的斜齿轮传动,电机最大输出转矩290N·m,最大单速变速器传动比9.07,最大输出转矩263N·m。主减速器安装位置见图14-29。

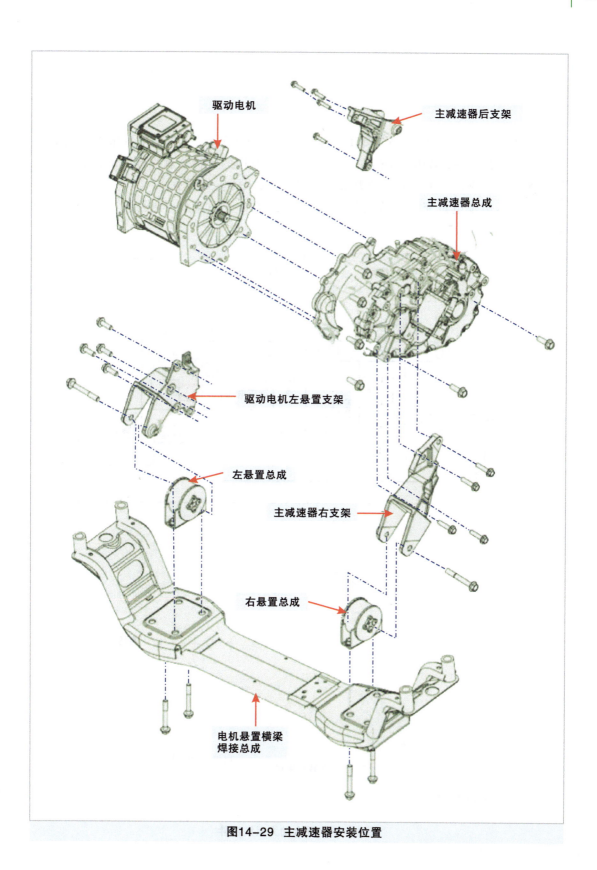

图14-29 主减速器安装位置

14.4 GS4 PHEV

GS4插电式混合动力SUV车型是一款A级平台SUV车型。GS4插电式混合动力系统主要由机电耦合系统GMC、插电式混合动力系统专用的阿特金森循环发动机,以及高压电池系统组成。该车型混合动力系统部件位置如图14-30所示。

在高压电池电量充足的情况下,GS4插电式混合动力汽车可进行纯电行驶,当电

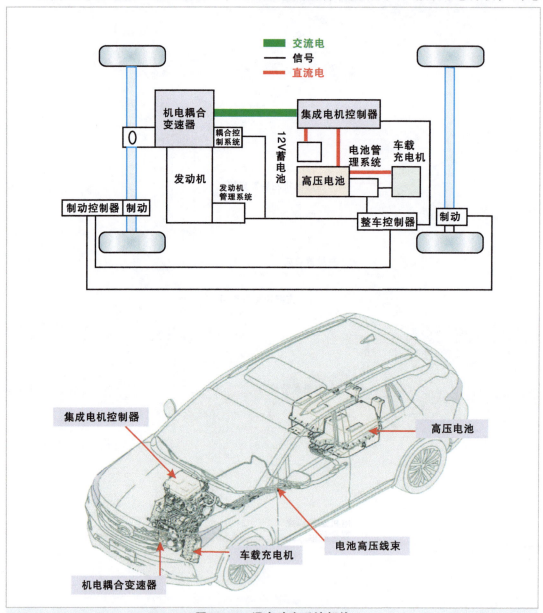

图14-30 混合动力系统部件

池电量不足时,可采用发电机发电,通过先进的混合动力系统及智能的控制逻辑,使得整车的经济性及动力性能得到充分的发挥。而在滑行或者制动时,可对车辆制动能量进行回收,补充电池电量,提高能量利用率,进一步提升车辆的经济性。

GS4插电式混动车型可通过外接充电设备对高压电池进行充电,充电系统可自动识别交流慢充设备的充电能力,采用合理的充电策略实现外接充电。GS4插电式混合动力车型还可采用家用220V插座进行充电,方便快捷。

14.4.1 高压电池(锂离子)

高压电池系统布置在后排座椅底盘处,由8个M12的固定螺栓固定,手动维护开关安装于右后排座垫下,需要翻开右后排座垫才能够进行拆装操作,见图14-31。

高压电池(GAC6450CHEVA5B)系统冷却方式为液冷,组合方式为88个电池模块串联,额定电压为321V,正常电压范围为238~369V,总能量为11.56kW·h。

高压电池(GAC6450CHEVA5C)系统冷却方式为液冷,组合方式为96个电池模块串联,额定电压为350V,正常电压范围为269~398V,总能量为13kW·h。

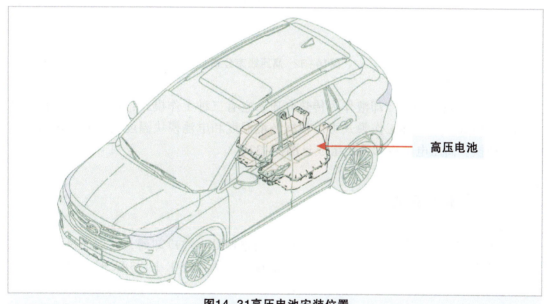

图14-31 高压电池安装位置

高压线束是高电压、大电流的线束,是指整车橙色部分的线束,从整车底盘位置的高压电池开始,沿着地板加强件侧,延伸到发动机舱内,用于连接高压电池、高压液体加热器、集成电机控制器、PTC加热器、车载充电机总成、电动空调压缩机、机电耦合变速器。

高压线束电流从高压电池到高压液体加热器、集成电机控制器、PTC加热器、车载充电机总成和电动空调压缩机为高压直流电。从集成电机控制器到驱动电机、发电机电机为高压交流电。

发电机电机/驱动电机高压线束是高电压、大电流的电缆，属于高压交流电，位于发动机舱内，用于连接机电耦合变速器与集成电机控制器。

充电插座线束是高电压、大电流的电缆，位于C柱下饰板内，用于车辆充电用的充电插座线束，见图14-32。

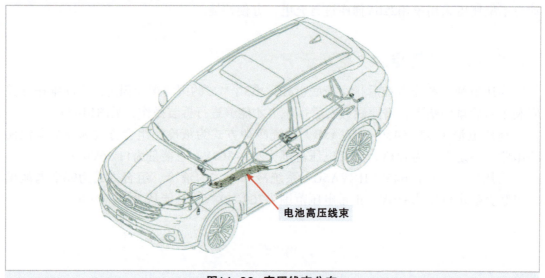

图14-32　高压线束分布

电池温控系统采用冷却液作为传热介质，它有三种工作模式：慢冷模式、快冷模式和加热模式。这三种工作模式可以根据环境温度和电池模块温度的不同，按需求进行自动切换。高压电池冷却系统组成见图14-33。

 慢冷模式

电池工作产生的热量通过冷却液带到前格栅处电池冷却器，然后通过空气吹散热器把热量散到空气中。当电池模块温度检测大于25℃小于38℃时，温控系统运行的是慢冷模式，工作流程见图14-34。

 快冷模式

电池工作产生的热量通过冷却液带到电池冷却器，电池冷却器一侧走冷却液，另一侧走空调制冷剂，空调制冷剂冷却冷却液，冷却液再冷却电池。当电池模块温度检测大于38℃时，温控系统运行的是快冷模式，工作流程见图14-35。

 **加热模式**

通过高压液体加热器加热冷却液,冷却液再加热电池。当电池模块温度检测小于5℃时,温控系统运行的是加热模式,工作流程见图14-36。

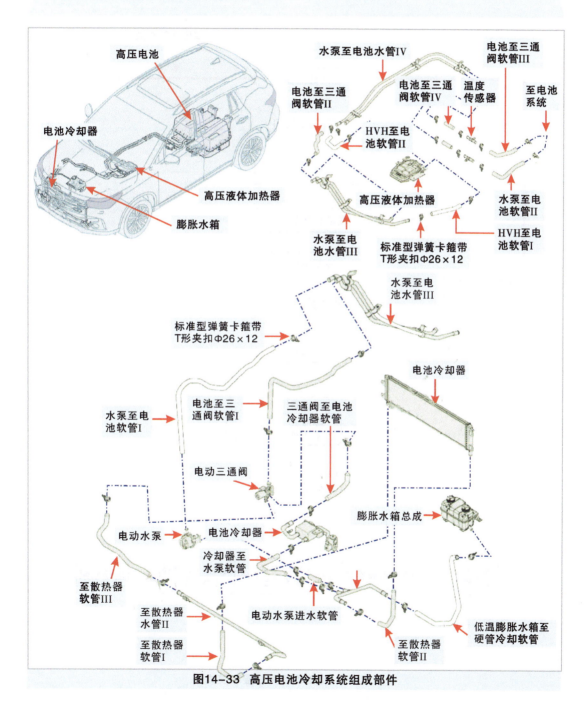

图14-33 高压电池冷却系统组成部件

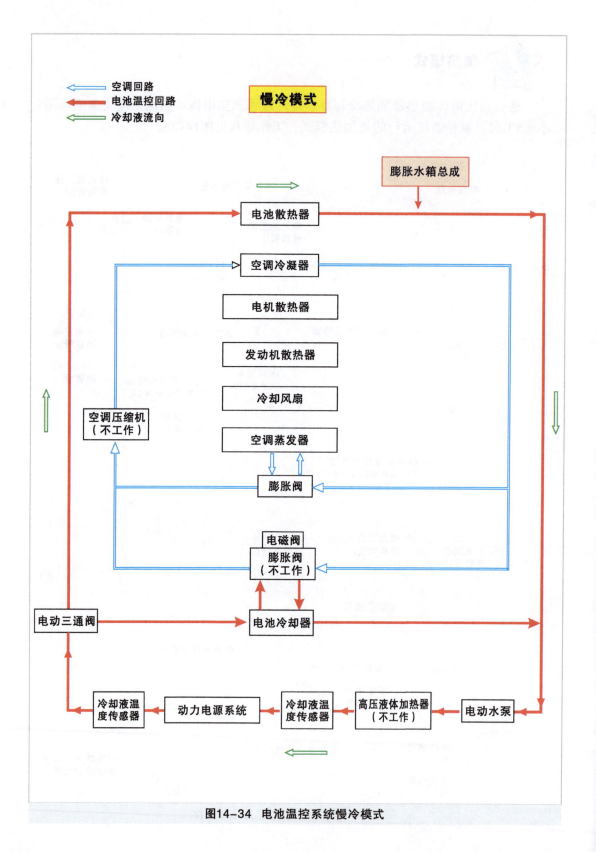

图14-34 电池温控系统慢冷模式

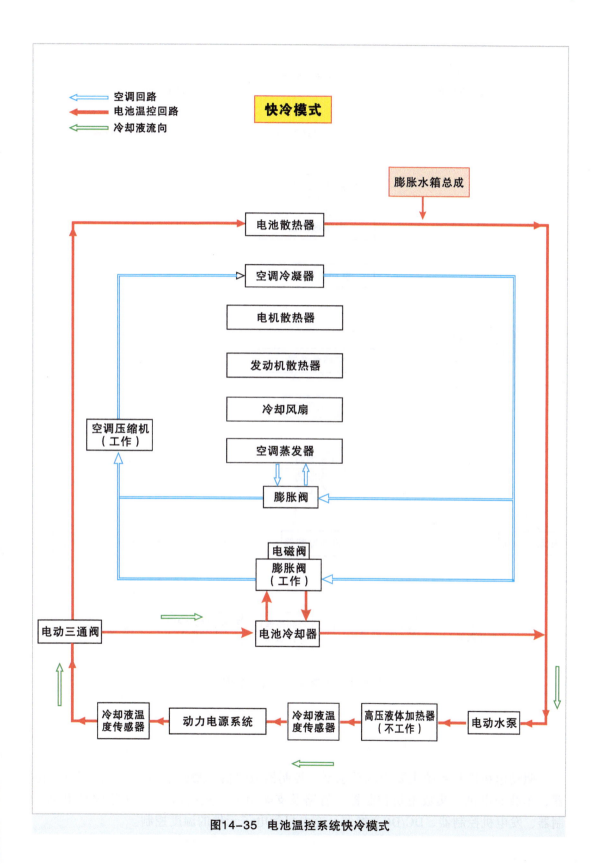

图14-35 电池温控系统快冷模式

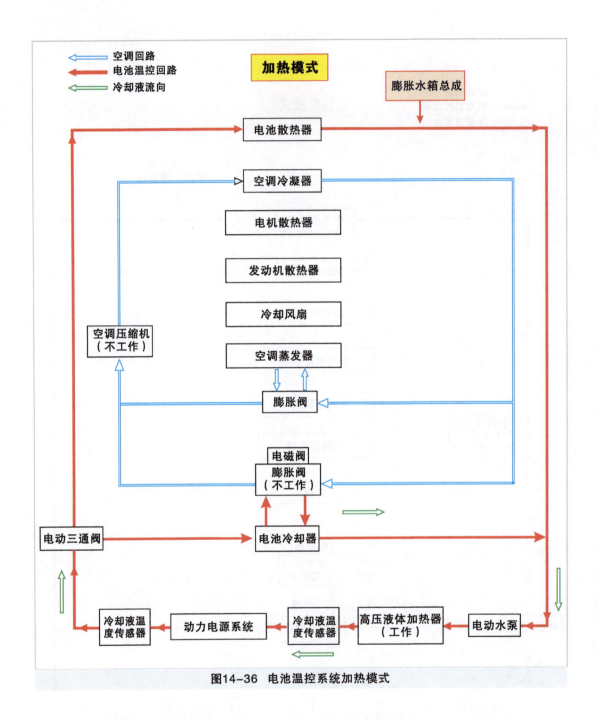

图14-36 电池温控系统加热模式

14.4.2 高压冷却系统

驱动电机冷却系统主要由电动水泵、控制器散热器、膨胀水箱、冷却液温度传感器、车载充电机、集成电机控制器、管路及支架组成,见图14-37,用于驱动电机控制器、发电机控制器、DC/DC变换器及充电机等电子元件的温度控制。

车辆起动后，驱动电机冷却系统的水泵开始工作，冷却系统开始循环。当冷却系统的温度达到一定条件下后，水泵的转速降低，输出功率较小。当温度上升到一定条件后，水泵的转速又开始提高，加大功率输出，加快冷却液循环。

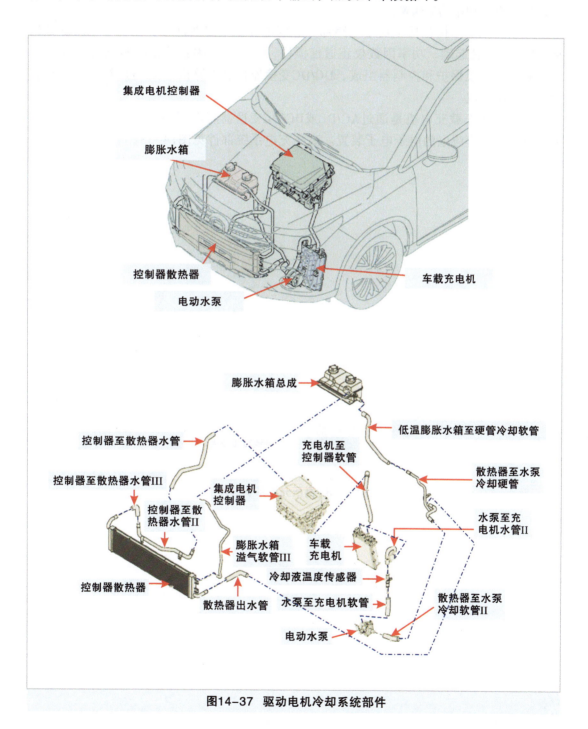

图14-37 驱动电机冷却系统部件

14.4.3 车载充电机

车载充电机的主要功能是通过普通家庭单相交流电（220V）或者交流充电桩充电，最大充电功率为3.3kW。

车载充电机结构包括主功率电路部分和弱电控制电路两部分。主功率电路部分包括EMI滤液、转起动、功率因数校正通信模块，其中功率因数校正控制电路由电压/电流检测、驱动及保护和控制器组成，DC/DC变换器控制电路由电流/电压检测电路和驱动保护电路组成。

电动汽车车载充电机是通过AC/DC或DC/DC变换器将电网的交流电转换为满足电池充电要求的直流电的电子电子装置。高压充电系统部件见图14-38。

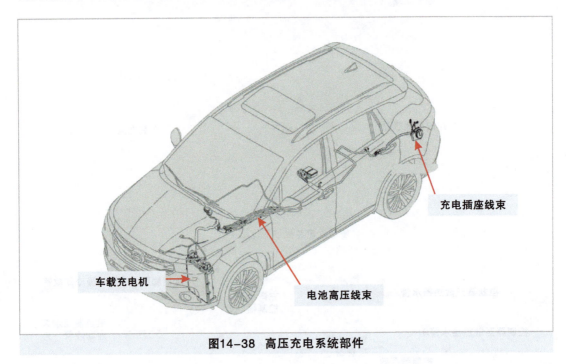

图14-38 高压充电系统部件

第15章 荣威

新能源汽车
关键部件结构图解手册

15.1 E50 EV

荣威E50 EV搭载镍钴锰酸锂电池,最大续驶里程达到170km,0~50km/h加速时间5.6s,百公里加速时间为14.6s。该电池总能量为18kW·h,具有快充和慢充两种充电模式,一次充电后,荣威E50在匀速路况下续驶里程在220km以上。E50 EV的核心部件包括镍钴锰酸锂高压电池系统、永磁同步驱动电机、整车热管理系统、电动助力转向系统、电机控制器、车载高压充电器、电动空调压缩机、制动能量回收控制等。该车高压系统部件分布如图15-1所示。

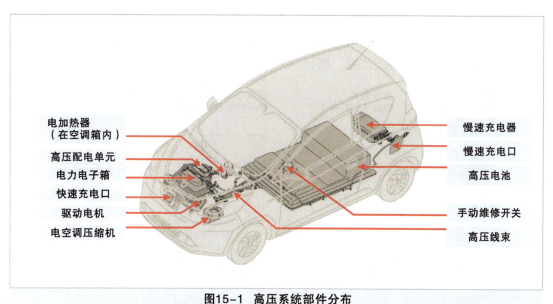

图15-1 高压系统部件分布

15.1.1 高压电池(镍钴锰酸锂)

荣威E50高压电池安装位置见图15-2。

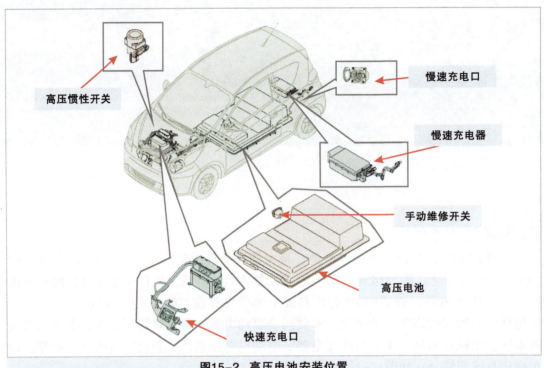

图15-2 高压电池安装位置

高压电池包含5个电池模块,其中3个大模块(27个电池单元串联后3个电池模块并联),2个小模块(6个电池单元串联后3个电池模块并联);电池共有93个电池单元串联。电池模块组成结构如图15-3、图15-4所示。

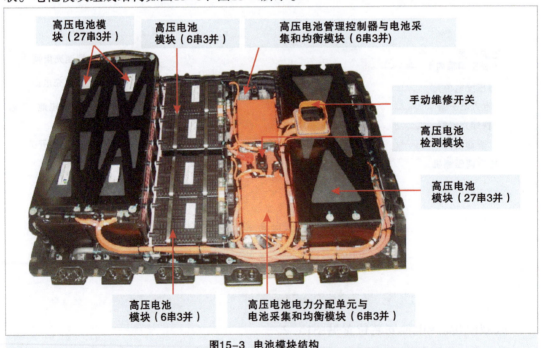

图15-3 电池模块结构

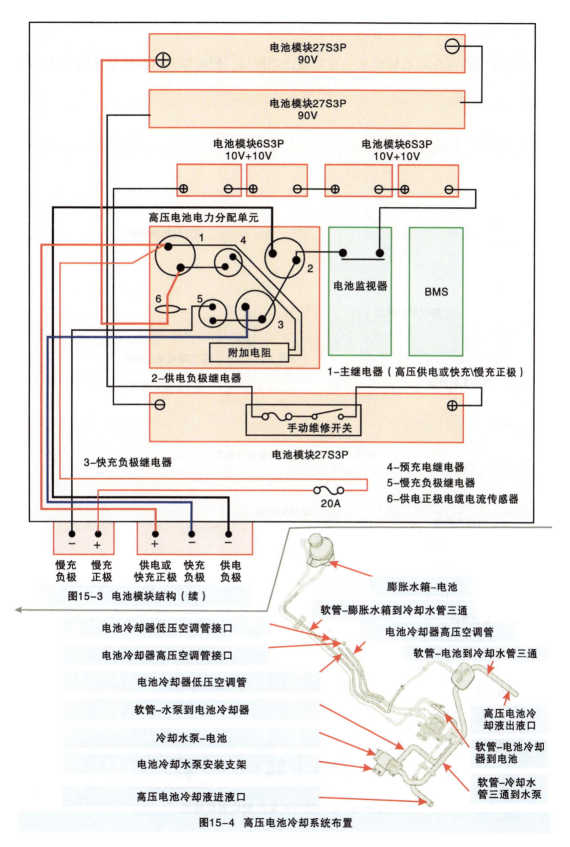

图15-3 电池模块结构（续）

图15-4 高压电池冷却系统布置

15.1.2 高压配电系统

荣威E50高压配电系统线束分布如图15-5所示，配电单元电路连接见图15-6、图15-7。

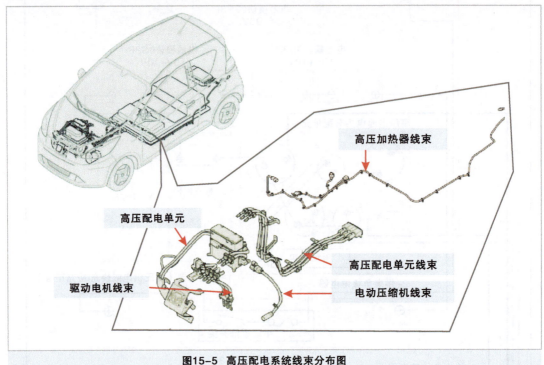

图15-5 高压配电系统线束分布图

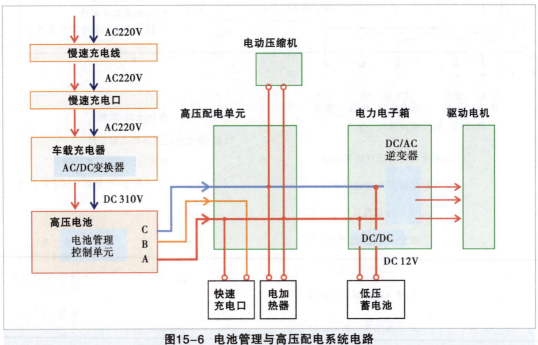

图15-6 电池管理与高压配电系统电路

第15章 荣威

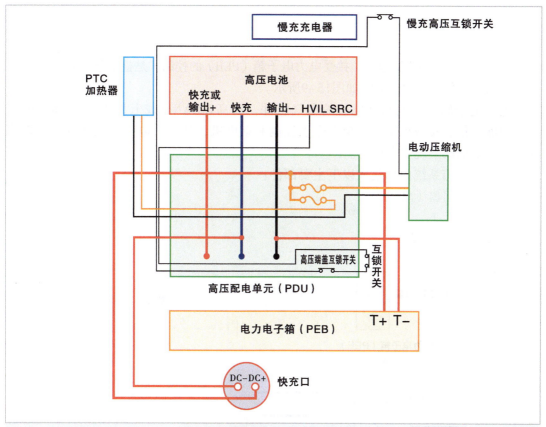

图15-7 高压配电单元电路连接

15.1.3 驱动电机

荣威E50驱动电机结构如图15-8所示。

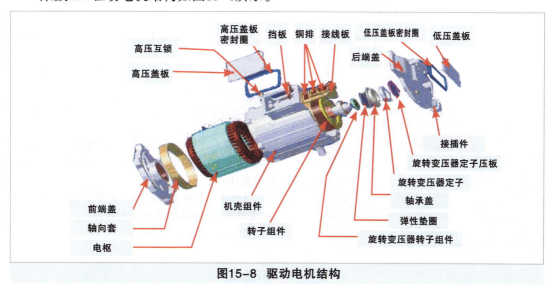

图15-8 驱动电机结构

15.1.4 电力电子箱

驱动电机为三相交流电机,接受电力电子箱(PEB)的控制,是整个车辆的动力源。电力电子箱(PEB)电路如图15-9所示。

电力电子箱是控制驱动电机的电气组件,在高速CAN总线上与VCU、IPK、BCM等控制器通信,接收VCU的转矩命令以控制驱动电机,且电力电子箱控制器带有自诊断功能,以确保系统安全运行。

电力电子箱系统内部集成以下主要部件:
- 电机控制器(MCU)
- 逆变器
- DC/DC变换器

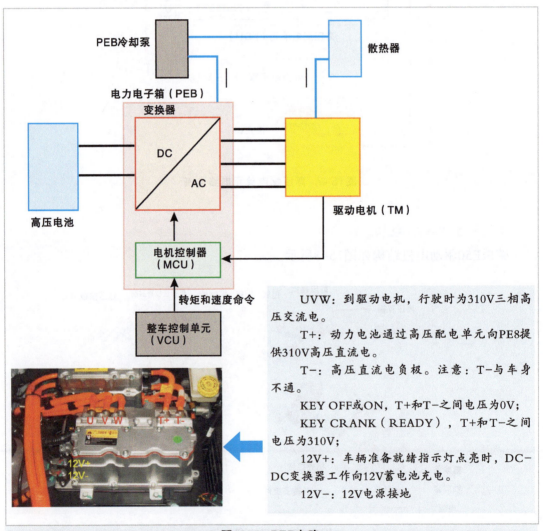

图15-9 PEB电路

15.2　ERX5 EV

荣威ERX5 EV采用的是高能量密度锂离子高压电池，同时应用了更为智能化的电池管理控制器（BMS）。ERX5提供3种充电方式，分别是安全插座和快/慢充充电桩，其中快充只需要40min就能充到80%的电量。电机的最大功率为85kW，峰值转矩为255N·m。综合工况续驶里程可达320km，等速最大续驶里程则能达到425km。

该车高压系统部件分布如图15-10所示。

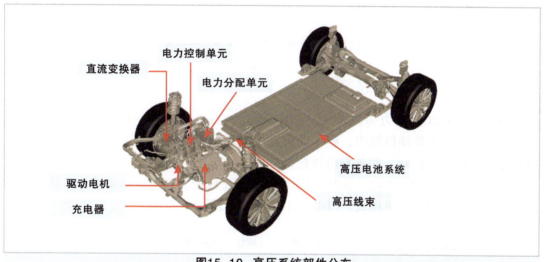

图15-10　高压系统部件分布

15.2.1　高压电池（锂离子）

高压电池由以下部件组成：

1）电池模块组：包含8个电池模块。

2）电池管理控制器（BMS）：汇总内部控制器采集的电池信息，通过一定的控制策略，向整车控制器提供电池运行状态的信息，响应整车高压回路通断命令，实现对电池的充放电和热管理。

3）电池检测模块：实现电流检测和绝缘检测等功能。

4）电力分配单元：通过不同高压继电器的通断，实现各个高压回路的通断。

5）高低压线束及插接器。

6）冷却系统附件：冷却板和冷却管路等。

7）外壳。

高压电池总成外观及接口分布如图15-11所示。

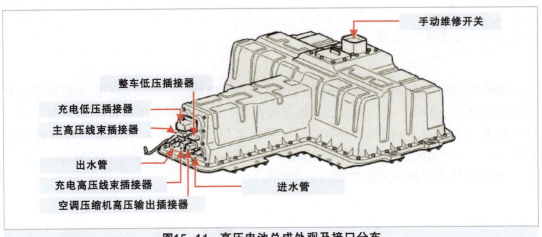

图15-11 高压电池总成外观及接口分布

15.2.2 电驱动变速器

该车型以EDU为动力传输单元。EDU全称为Electrical Drive Unit——电驱动变速器。EDU总成位于发动机舱内,整个动力总成通过悬置分别固定于副车架和纵梁上。EDU总成带扭转减振器,并具有电液控制功能,实现平行轴式齿轮式自动换档,其中前进档(D位)共有2个档位,为2速变速器。EDU总成能实现纯电动驱动、串联和并联混合动力等多种动力输出模式。EDU部件如图15-12所示。

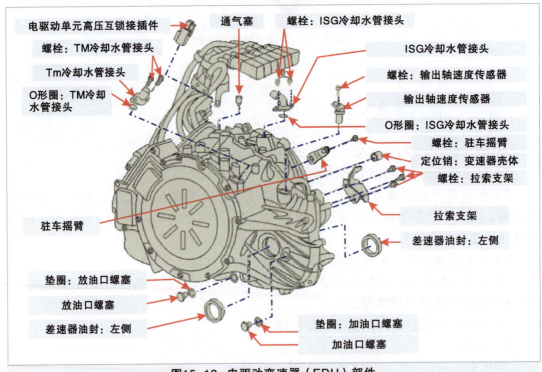

图15-12 电驱动变速器(EDU)部件

电驱动变速器差速器部件分解及液压控制单元部件如图15-13所示。

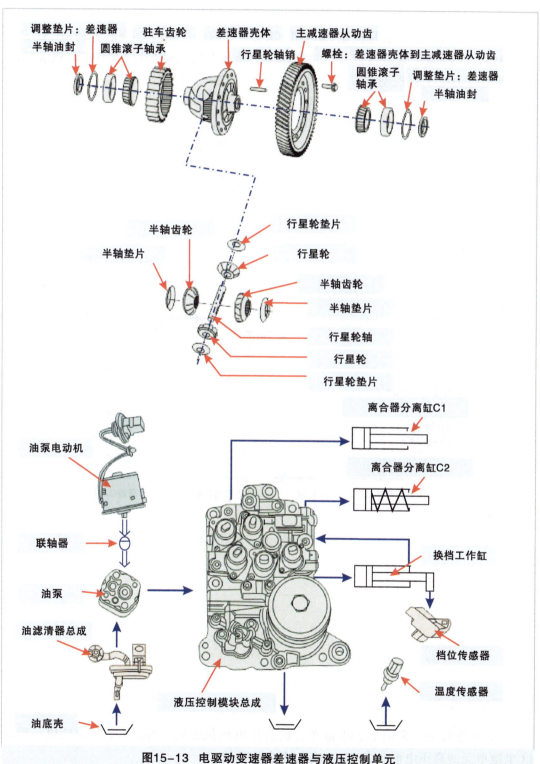

图15-13　电驱动变速器差速器与液压控制单元

15.2.3 电力电子箱

电力电子箱（PEB）是控制TM电机和ISG电机的电气组件，在混合动力CAN总线上与HCU、BMS等控制器通信。它接收HCU的转矩和转速命令以控制ISG电机和TM电机，同时电力电子箱控制器带有自诊断功能，以确保系统安全运行。图15-14为该系统示意图。

电力电子箱系统内部集成以下主要部件：

- TM控制器
- ISG控制器
- 逆变器
- DC/DC变换器

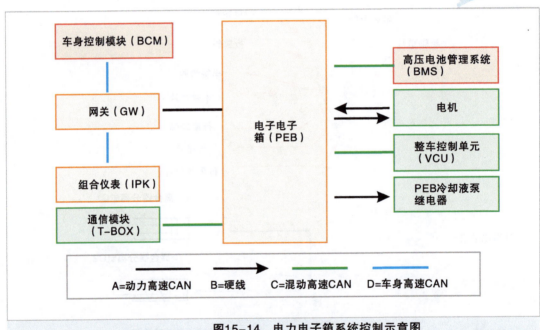

图15-14 电力电子箱系统控制示意图

15.3 e550 PHEV

15.3.1 高压电池（锂离子）

高压电池由以下部件组成：

1) 电池模块：采用A123电池单元的高压电池包含M1~M4共4个电池模块；采用LG电池单元的高压电池包含M1~M3共3个电池模块。

2）电池管理控制器（BMS）：汇总内部控制器采集的电池信息，通过一定的控制策略，向整车控制器提供电池运行状态的信息，响应整车高压回路通断命令，实现对电池的充放电和热管理。

3）监控及均衡板（MBB）/电池监测模块（CMU）：MBB适用于采用A123电池单元的高压电池，它采集电池单元电压、温度信息，并通过CAN上传至BMS。当电池单元电压超过一定的范围时，实现电池单元电压均衡控制。CMU适用于采用LG电池单元的高压电池，它采集电池单元电压、温度信息，并通过CAN上传至BMS。

4）高压电力分配单元（EDS Module）：通过不同高压继电器的通断，实现各个高压回路的通断。

5）高低压线束及插接器。

6）冷却系统附件：冷却板和冷却管路等。

7）外壳。

采用LG电池单元的高压电池与A123电池单元的高压电池外形、外部接口以及插接器针脚定义保持一致，接口分布见图15-15。

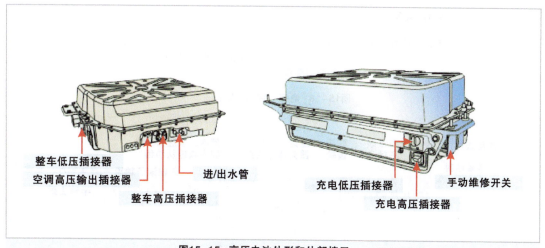

图15-15 高压电池外形和外部接口

15.3.2 电驱动变速器

该车型以EDU为动力传输单元。EDU全称为Electrical Drive Unit——电驱动变速器。EDU总成位于发动机舱内，整个动力总成通过四个悬置分别固定于副车架和纵梁上。EDU总成带扭转减振器，并具有电液控制功能，实现平行轴式齿轮式自动换档，其中前进档（D位）共有2个档位，为2速变速器。EDU总成能实现纯电动驱动、串联和并联混合动力等多种动力输出模式。电驱动单元的外部附件、差速器及液压控制单元部件见图15-16、图15-17、图15-18。

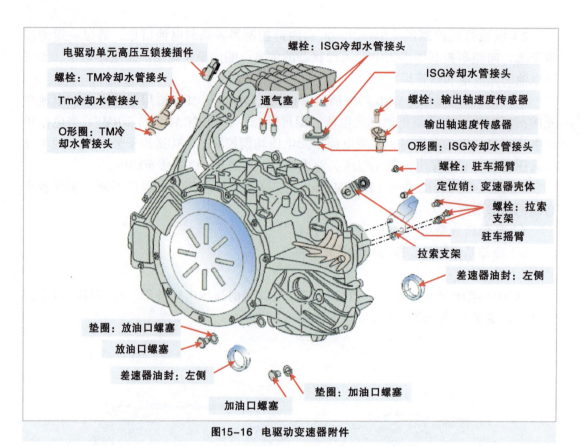

图15-16 电驱动变速器附件

图15-17 差速器总成

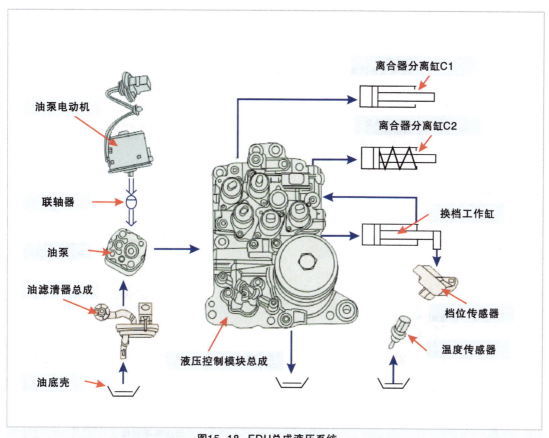

图15-18 EDU总成液压系统

15.3.3 电力电子箱

电力电子箱（PEB）是控制TM电机和ISG电机的电气组件，在高速CAN总线上与HCU、IPK、BCM、BMS、PMU、EPB等控制器通信。它接收HCU的转矩命令以控制ISG电机和TM电机，同时电力电子箱控制器带有自诊断功能，确保系统安全运行，系统运行原理如图15-19所示。

- TM控制器
- ISG控制器
- 逆变器
- DC/DC变换器

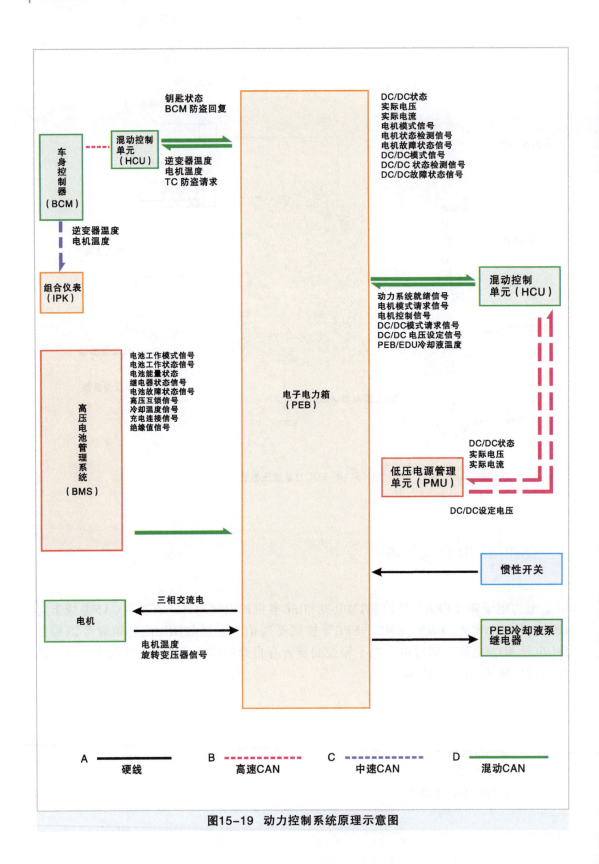

图15-19 动力控制系统原理示意图

第16章 吉利

16.1 帝豪 EV

16.1.1 高压电池（锂离子）

本车高压电池采用锂离子电池。

高压电池总成安装在车体下部，高压电池的组成部件包括：各电池模组总成、CSC 采集系统、电池控制单元（BMU）、电池高压电力分配单元（B-BOX）、维修开关等部件。高压电池安装位置见图16-1。

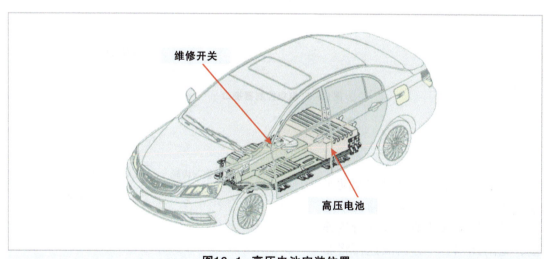

图16-1 高压电池安装位置

16.1.2 驱动电机

驱动电机主要由以下部件组成（图16-2、图16-3）：

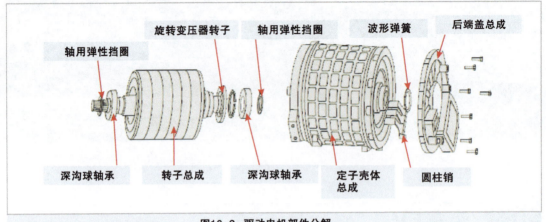

图16-2 驱动电机部件分解

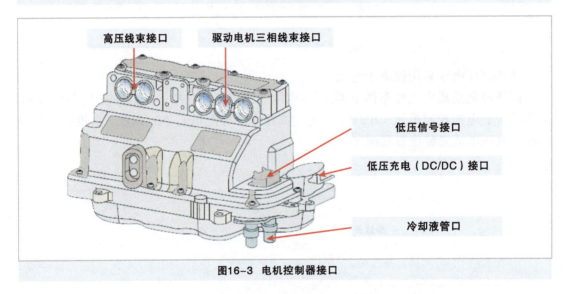

图16-3 电机控制器接口

16.1.3 减速器

减速器介于驱动电机和驱动半轴之间,驱动电机的动力输出轴通过花键直接与减速器输入轴齿轮连接,见图16-4。一方面减速器将驱动电机的动力传给驱动半轴,起到降低转速增大转矩作用,另一方面满足汽车转弯及在不平路面上行驶时,左右驱动轮以不同的转速旋转,保证车辆的平稳运行。

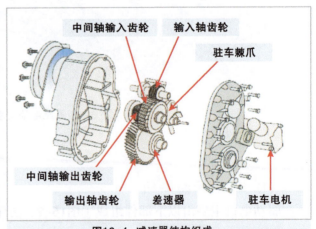

图16-4 减速器结构组成

16.2 帝豪 PHEV

16.2.1 高压电池（锂离子）

本车高压电池采用锂离子电池（Lithium ion Battery）。高压电池总成安装在车体下部，高压电池的组成部件包括：各电池模组总成、CSC采集系统、电池控制单元（BMU）、维修开关等部件，见图16-5。

电池管理系统（Battery Management System，BMS）能够对高压电池总电压、总电流、每个测点温度和电池单体的电压参数进行实时监控，并进行故障诊断、剩余电量比（SOC）计算、短路保护、漏电监测、报警显示、充放电模式选择等。BMS可以将高压电池相关参数上报HCU，由HCU控制高压电池的充电和放电功率。

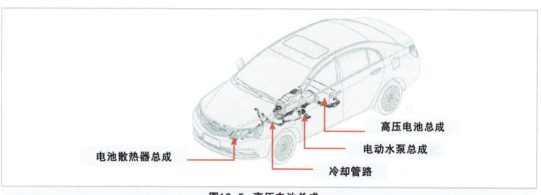

图16-5 高压电池总成

混合动力车有一套高压供电系统。高压供电系统由高压电池为电机控制器、动力合成箱、电动压缩机、冷却油泵控制器等高压部件提供能量。此外，高压电池还有一套交流慢充充电系统。所有这些高压部件都由高压配电系统输送电能，如图16-6所示。

高压配电系统主要包括以下部件：动力线束总成、PEU-电机连接电缆（EM1）、PEU-电机连接电缆（EM2）、电动油泵高压线束、充电机连接线束、分线盒-PEU连接线束等。

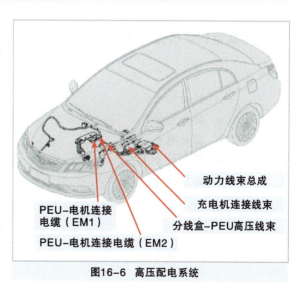

图16-6 高压配电系统

充电系统从功能上可分为慢充、低压充电、制动能量回收三项。

1) 慢充功能由以下部件组成（图16-7）：

- 交流充电口（带高压线束）
- 交流充电插座
- 交流充电插头
- 高压电池
- 车载充电机

警告！！

家用充电插座额定电流不能小于充电插座额定电流，否则可能会导致发热，甚至引起火灾。

2) 低压充电功能由以下部件组成（图16-7）：

- 12V蓄电池
- 电机控制器
- 分线盒
- 高压电池

3) 能量回收功能由以下部件组成：

- 制动开关
- 动力电池
- 驱动电机
- 整车控制器
- 高压线束

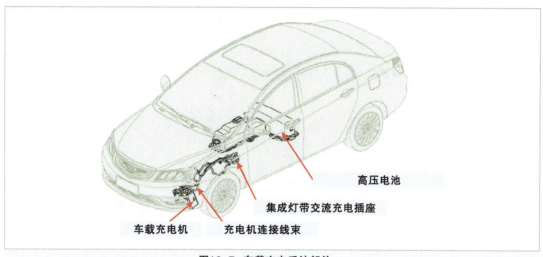

图16-7 车载充电系统部件

16.2.2 动力合成箱

动力合成箱是混合动力汽车特有的机电耦合驱动系统,通过先进的控制系统使电机和发动机两种动力装置协调运转。

动力合成箱采用拉维纳行星排作为动力分流机构,实现整车的多种运行模式。拉维纳行星排具有多自由度、可控性好、传动比大等优点,可实现发动机和电机的动力耦合,有效地降低了电机额定转速,降低了电机制造难度。

复合动力分流技术将发动机的功率一部分以机械路径传递以驱动车辆,另一部分以电功率传递以驱动车辆,实现了发动机转速和车速的解耦,优化了发动机的工作状态,使得该动力系统整体上表现出良好的燃油经济性。

本车动力合成箱是采用拉维纳行星排为耦合机构的双电机无级变速系统,动力合成箱主要由以下部件组成(图16-8、图16-9、图16-10):

- 四轴双行星排总成
- 驱动电机(E2)
- 驱动电机(E1)
- 制动器(B1)
- 制动器(B2)
- 驻车机构
- 减速齿轮
- 差速器
- 冷却及液压控制器系统

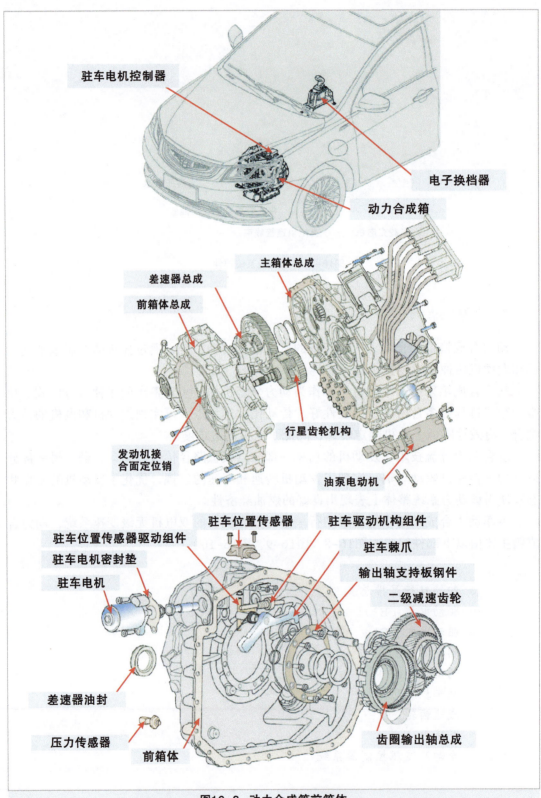

图16-8 动力合成箱前箱体

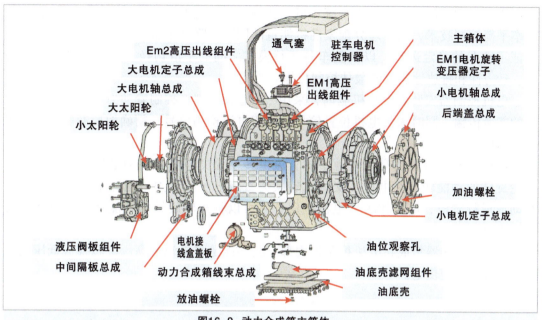

图16-9 动力合成箱主箱体

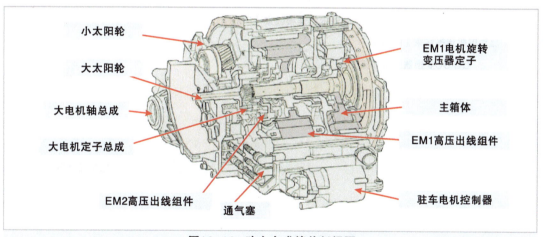

图16-10 动力合成箱前剖视图

动力合成箱的冷却油泵采用高压驱动的无位置传感器的永磁无刷直流电动机油泵。油泵为液压控制器系统和机件的冷却、润滑提供油压。油泵采用内摆线齿轮设计,其设计排量为6.5mL。动力合成箱冷却部件如图16-11所示。

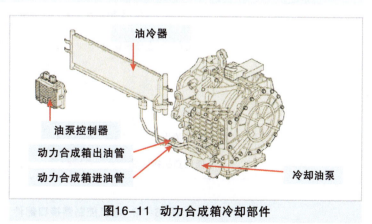

图16-11 动力合成箱冷却部件

本车采用的深度混合动力系统，可以实现无级变速的功能，采用转矩控制方法和功率平衡控制技术，在合理分配发动机能量的同时，降低了整车的燃油消耗和排放，保证了整车的稳定运行，以及整车各运行模式之间的平滑切换，达到了整车在经济性、动力性和排放性能上的最佳控制目标。

电机控制器安装在发动机舱内，采用CAN总线控制，控制着动力电池组到电机之间的能量传输，同时采集电机位置信号和三相电流检测信号，精确地控制驱动电机运行（图16-12）。

电机控制系统能将高压电池中的直流电转换为交流电以驱动电机，同时具备将车轮旋转的动能转换为电机（交流电转换为直流电）给动力电池充电的设备。车辆制动或滑行阶段，电机作为发电机应用。它可以将车轮旋转的动能转化为电能，给电池充电。

DC/DC变换器集成在电机控制器内部，其功能是将电池的高压电转换成低压电，为整车低压系统供电。

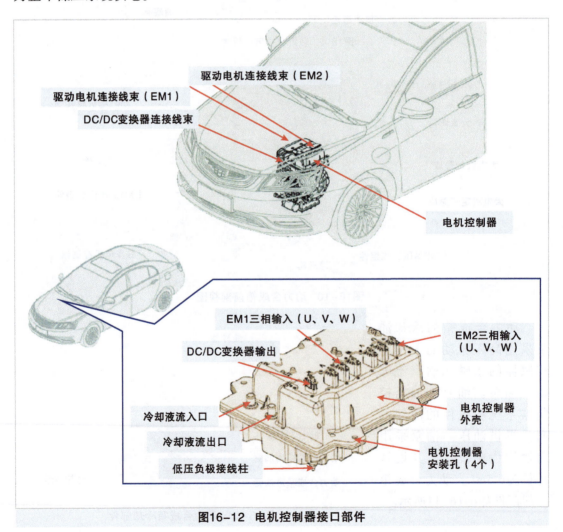

图16-12　电机控制器接口部件

16.3 帝豪 HEV

16.3.1 高压电池（镍氢）

高压电池总成安装在车辆后排座椅后部行李箱内，见图16-13。高压电池的组成部件包括（图16-14）：

- 电池模组总成
- CSC（电池单体管理单元）采集系统
- BMS（电池控制单元）
- 冷却风机
- 高压箱
- 内部线束
- 维修开关（MSD）

图16-13 高压电池安装位置

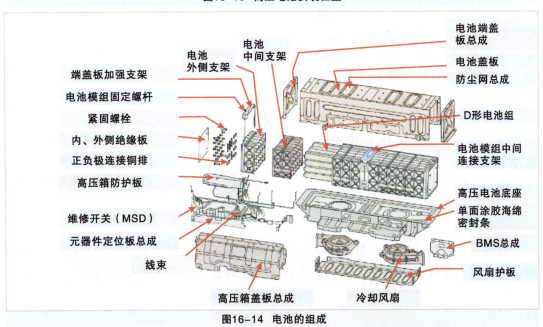

图16-14 电池的组成

高压电池为圆柱状镍氢电池单体。高压电池在使用、储存过程中的性能会受到温度的影响。为保证电池模组性能一致性，正常情况下，高压电池的内部各个区域温差不得超过6℃，电池最高温度不超过55℃。

根据电池的特性要求，电池内部采用风冷方式实现冷却，见图16-15。在电池内部设置两台风扇，左、右各一个，采取抽风的方式，从车辆乘员舱抽取空气，根据实际电池温度场分布情况，通过BMS的PWM控制调节风扇转速，达到电池不同模组散热效果，保证电池整体温度一致，处于合适的工作区间。

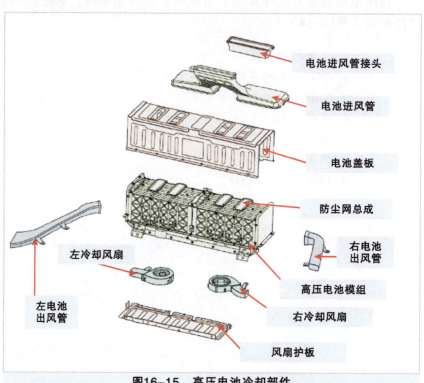

图16-15　高压电池冷却部件

混合动力车有一套高压供电系统。高压供电系统由高压电池为电机控制器、动力合成箱、电动压缩机、冷却油泵控制器等高压部件提供能量。所有这些高压部件都由高压配电系统连接输送电能(图16-16)。

高压配电系统主要包括以下部件：动力线束总成、PEU-电机连接电缆（EM1）、PEU-电机连接电缆（EM2）、电动油泵高压线束等。

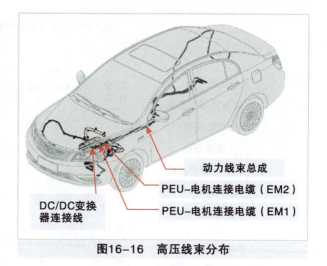

图16-16　高压线束分布

电池管理系统（Battery Management System，BMS）能够对高压电池总电压、总电流、每个测点温度和电池单体的电压参数进行实时监控，并进行故障诊断、剩余电量比（SOC）计算、短路保护、漏电监测、报警显示、充放电模式选择等。BMS可以将高压电池相关参数上报HCU，由HCU控制高压电池的充电和放电功率。

 BMS电流传感器

电流传感器是一种基于霍尔效应，检测汽车上DC、AC或者脉冲电流的装置。它具有量程精度高、线性度好等特点。

电流传感器安装在高压箱内，高压电池直流母线穿过传感器中心的孔，当高压电池充电或放电时，传感器会受到直流母线中电流（I_p）的影响产生一个输出电压（V_{out}），控制器能根据传感器输出电压（V_{out}）的大小计算出当前高压电池通电电流（I_p）值。

 BMS温度传感器

温度传感器布置在高压电池模组内部，采用负温度系数热敏电阻，高压电池温度上升，温度传感器的电阻反而下降，BMS通过温度传感器的电阻值监控电池模组内部的温度，防止高压电池过热。

 维修开关（MSD）

位于高压电池总成右侧，放倒后排右侧座椅，拆卸维修开关防护盖可操作维修开关。在检查和维护高压零部件前，断开维修开关可以确保切断高压电，以保证人员安全。

维修开关内部有一个熔丝防止主高压线路过载，当维修开关内的熔丝熔断时需要对维修开关整体更换。

 冷却风扇

在电池内部设置两台风扇，左、右包各一个，采取抽风的方式，从车辆乘员舱抽取空气，根据电池实际温度场分布情况，通过BMS的PWM控制调节风扇转速，达到电池不同模组散热效果，保证电池整体温度一致，处于合适的工作区间。

高压电池总成外部连接如图16-17所示，高压电池管理系统电路原理见图16-18。

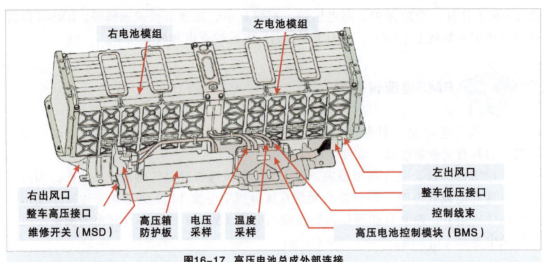

图16-17 高压电池总成外部连接

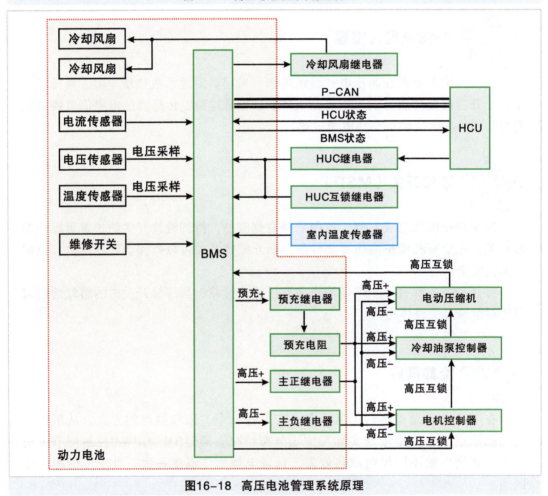

图16-18 高压电池管理系统原理

16.3.2 动力合成箱

本车动力合成箱结构与帝豪PHEV车型相同,详细内容请参考16.2节。

第17章 奇瑞

17.1 艾瑞泽7e PHEV

17.1.1 车辆控制器

车辆控制器（HCU）是整个混合动力汽车的控制中心，它能够识别驾驶人驾驶意图，实现前进、倒退、再生制动及停车，可以实现EV\HEV\ENGINE\AUTO动力模式的切换和控制，能够对高压动力系统实施最优的能量管理，全面保护高压电池、驱动电机及其他子系统。车辆控制器还可实现OBD故障诊断、CAN控制、数据保存、车身及附件管控、热管理等多种功能。车辆控制器安装位置见图17-1。

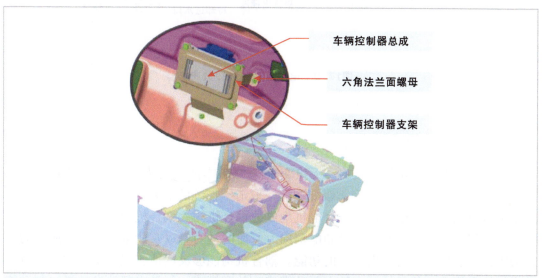

图17-1 车辆控制器安装位置

17.1.2 电机控制器

电机控制器作为驱动系统的关键部件，其主要作用是在EV模式下实现驱动电机加速、减速,并响应HCU请求指令,实现电机正转和反转,从而实现控制整车前进和后退,同时在PHEV怠速条件下或制动时实现再生制动和能量回收功能。

电机控制器简称为IPU(集成控制器),其内部集成了DC/DC变换器和高压分线盒。冷却方式为水冷、直流输入、三相交流电输出。

IPU内部集成了电机控制器、DC/DC变换器和高压分线盒,电机控制器高压母线插座通过高压线束与高压电池总成连接;三相交流电插座通过三相线缆连接,其中驱动电机集成在变速器内部;POD插座通过线缆与POD连接,PTC/空调压缩机插座通过线缆分别与PTC和空调压缩机连接,DC/DC变换器正极输出插座与电器盒连接,电器盒通过200A熔丝与12V电池正极连接;IPU搭铁点通过搭铁线与整车搭铁点连接,通过车身与12V电池负极连接。电机控制器接口分布如图17-2所示。

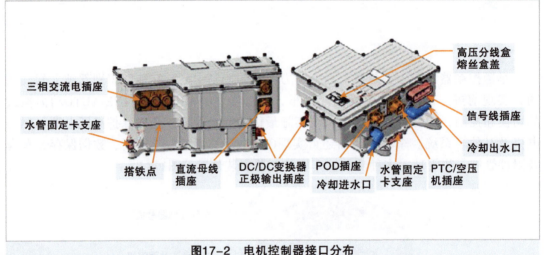

图17-2 电机控制器接口分布

17.1.3 无级变速器

混合动力变速器由耦合机构和无级变速器(CVT)本体组成。CVT变速器本体是奇瑞公司自主研发的QR019CH系列无级变速器,取消了传统的液力变矩器,取而代之的是一个单排单级行星齿轮机构和一个电机集成的耦合机构。耦合机构位于发动机和变速器本体之间。电机提供纯电驱动和电动助力所需的动力,以及能量再生制动所需的制动力矩,还有发电和起动发动机的功能。耦合机构能够灵活地实现发动机动力和电机动力切换和耦合,使系统具有纯电驱动模式、并联模式、行驶中起动发动机、制动能量回收、怠速发电等相关模式,并能实现多种模式快速平稳地切换。

行星齿轮系统、电机、制动器、离合器和单向离合器等部件集成在变速器前箱体中。通过对离合器和制动器的控制,可以实现混合动力汽车的各种功能。混合动力变速器元件分解如图17-3、图17-4所示。

第17章 奇瑞

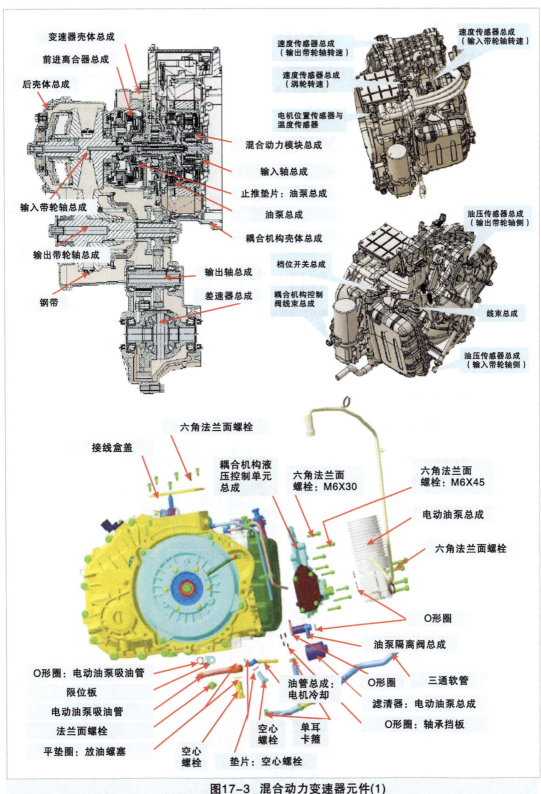

图17-3 混合动力变速器元件(1)

277

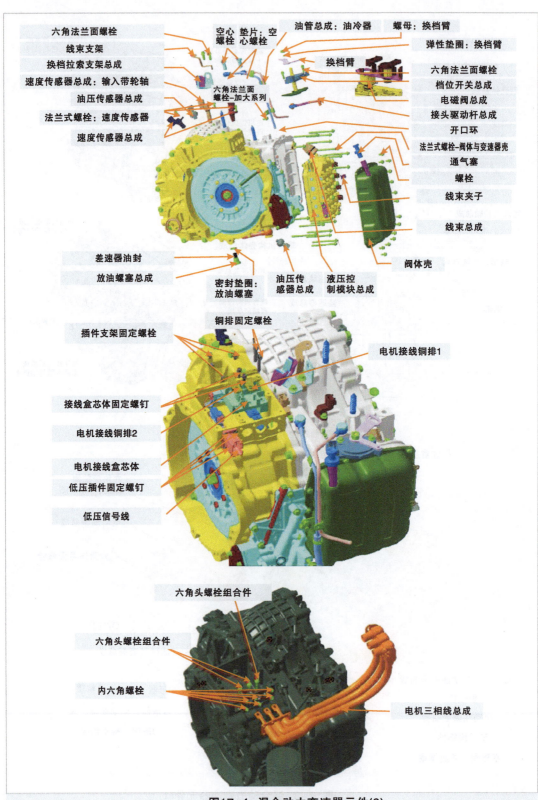

图17-4 混合动力变速器元件(2)

17.2 M1 EV

M1纯电动车采用纯电力驱动系统。整车配备29/40kW永磁同步电机、336V高压锂离子电池，采用自主研发的整车控制系统、高压电池管理系统及DSP控制技术，采用固定传动比减速器，通过整车控制器与电机控制器及电池管理系统的协同控制，可实现整车较强的动力性和舒适性。整车配备了ABS，更好地保证了制动安全。整车系统各网络节点间通过CAN总线通信，数据通信实时性强。

M1EV整车控制系统部件如图17-5所示。

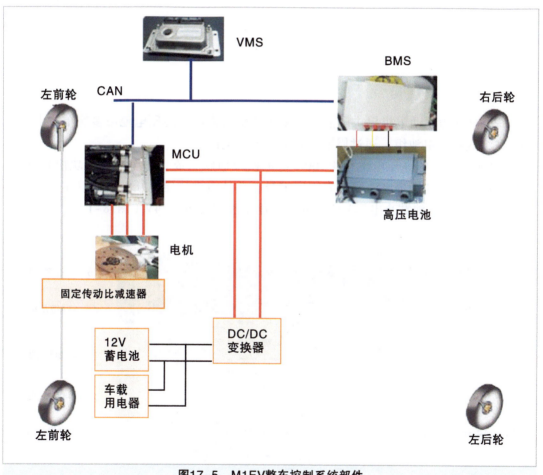

图17-5　M1EV整车控制系统部件

第18章 众泰

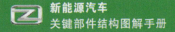

18.1 云100/100S EV

18.1.1 高压电池（锰酸锂）

高压电池为驱动电机提供电能，是整车的动力来源。高压电池由多块单体电池串联/并联组成高压电池组，通过周期性充电来补充电能。

云100电动车的高压电池组由100个电池模块串联组成，每个电池模块由4个单体电池并联组成，且每个电池模块有固定编号，单体电池额定电压3.7V，单体电池最高电压4.2V，单体电池截止电压3.1V，高压电池组额定总电压74V（图18-1）。

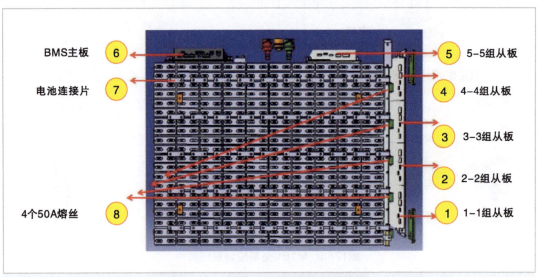

图18-1 众泰云100锰酸锂电池结构

18.1.2 驱动电机控制器

驱动电机控制器通过35芯插接件，将驱动电机、起动开关、仪表、档位开关、加速踏板信号、制动信号等联系起来，从而使车辆有序行驶。起动钥匙到ON档，分线盒总正接触器吸合，高压电池两相直流电进入驱动电机控制器。驱动电机控制器先将两相直流电转换三相直流电，再结合档位、加速踏板模拟量等控制信号控制输出到驱动电机的电流，从而实现对车辆驱动系统的管理。驱动电机控制系统原理如图18-2所示。

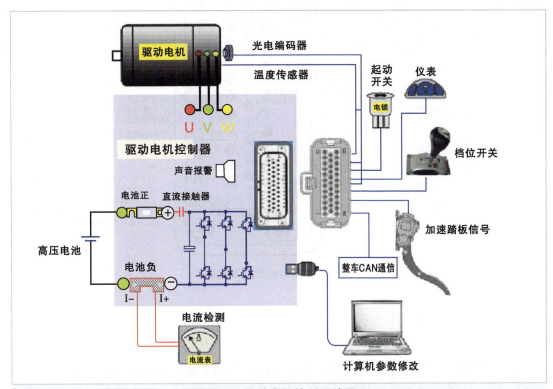

图18-2 驱动电机控制系统原理

18.1.3 电驱动动力系统

驱动电机

是整车的动力核心，相当于燃油车的发动机，通过高压电池提供的电能将电能转换成动能，通过减速器、半轴驱动电动汽车行驶。

驱动电机控制器

根据制动踏板和加速踏板的输入信号，发出相应的控制命令来控制驱动电机的转速及转向，从而驱动电动汽车行驶。驱动电机控制系统电路如图18-3所示。

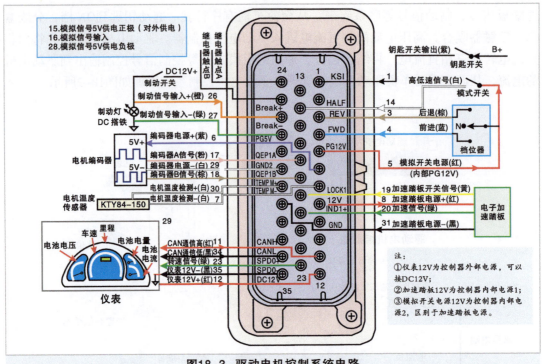

图18-3 驱动电机控制系统电路

减速器

减速器是将驱动电机的高速运转通过齿轮传动变成低速大转矩的动力输出装置。它不同于传统汽油车的变速器，减速器只有固定速比，没有变速功能，速度以及方向的变化是通过驱动电机控制器来实现。减速器的固定速比为7.3。

18.2 芝麻E30 EV

18.2.1 高压电池（锂离子）

E30EV的锂离子电池组容量为16kW·h，匀速行驶状态下续驶里程为170km以上，综合续驶里程超过150km。使用220V电源慢充，充满电约6~8h，在调配车型上使用直流电快速充电接口，充满电仅需1~2h。E30EV电池系统主要由电池管理系统（Battery Management System，BMS）、维修开关及高压电池组组成。芝麻E30电动汽车将电池管理系统控制单元与高压电池统一集成安装在高压电池包中。

高压电池总成安装位置见图18-4。

第18章 众泰

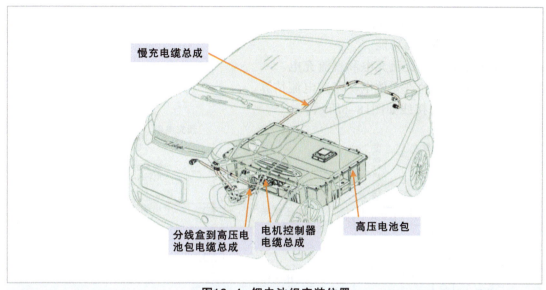

图18-4 锂电池组安装位置

高压电池由单体电池、单体电池连接线等组成，每块电池有编号。单体电池额定电压3.6V，额定总电压144V。BMS由1个电池管理主控单元BCU和1个电池管理从控单元BMU构成，BCU检测24节串联电池电压，以及6个温度点的温度；BMU检测24节串联电池电压，以及8个温度点的温度。

18.2.2 电池管理系统

电池管理系统（BMS）主要功能如下：

1）电池单体电压及电池组总电压检测，40个单体电压及总电压。

2）电池组温度检测及热管理；10个外部温度点检测及2路内部温度检测，加热控制电路管理。

3）电池组充放电电流的检测。

4）3路CAN通信（整车CAN，内部CAN，预留快充CAN）。

5）管理系统供电电源检测，系统上电控制（ACC&ON &慢充），延时掉电等功能。

6）电池组高压模块的管理，总正&慢充，总负，预充，加热。

7）电池组故障诊断。包含但不限于过电压，欠电压，过电流，欠电流，温度过高，绝缘失效，SOC过低，CAN通信失效，预充电失败，继电器故障等。

8）电池组SOC估算。

9）在线软件升级功能。

10）外部控制信号的检测，高压接插件状态，唤醒信号等。

11）电池组漏电检测。

12) 慢充及快充检测接口。

13) BMS数据存储功能。

14) 电池单体平衡功能。

15) 充电管理，交流充电和直流充电。

16) 实时最大允许充放电功率或电流估算。

高压电池动力接线如图18-5所示。

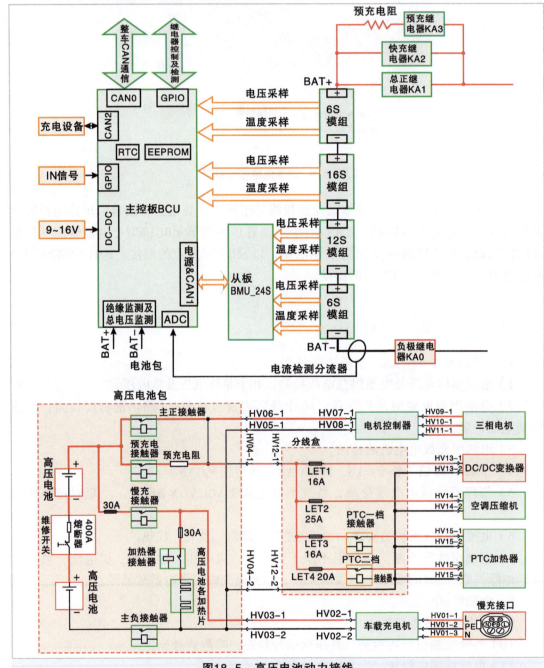

图18-5　高压电池动力接线

电池管理系统（BMS）电路如图18-6所示。

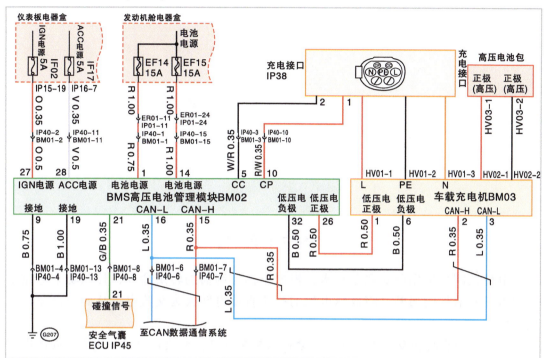

图18-6 BMS电路

18.2.3 驱动电机

E30EV搭载的最大功率为30kW，峰值转矩为150N·m的交流异步电机，与之匹配的是单档式双级变速器。该车最高车速为80km/h.

电机控制系统主要由电机控制器及驱动电机组成。

电机控制系统是车辆控制的直接参与机构，它实现了从电能到机械能的转换。它的主要功能如下：

* 转矩解析，实现整车驱动。
* 对自身进行故障诊断和标定的功能。
* 电机转速及工作温度的测量。

E30EV采用三相交流异步电机，当三相交流电流流入异步电机定子绕组中，产生交流旋转磁场，旋转磁场切割转子导条，从而在转子导条中产生感应电流，载流的转子导条在定子旋转磁场中受洛伦兹力作用，从而形成电磁转矩，驱动电机转子旋转。电机端部安装有旋转变压器，通过磁场变化产生信号电压，经编码器解码后测出电机转速（图18-7）。

18.2.4 电机控制器

电机控制器由驱动电路、功率电路、诊断电路、电源电路等组成。

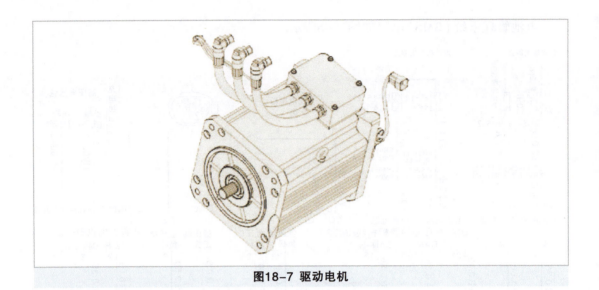

图18-7 驱动电机

电机控制器采用脉宽调制技术,根据车辆控制器的转矩命令,控制功率电路中电力电子元器件的通断,将高压电池的高压直流电转换为交流电,从而操纵驱动电机工作。

在能量回收时和发电机工况时,会将三相交流电转换成直流电,用于给高压电池充电。

电机控制器采集驱动电机中旋转变压器的信号,计算出电机的转速,通过CAN总线传递给车辆控制器。

电机控制器通过温度传感器采集驱动电机及自身的工作温度,通过CAN总线传递给车辆控制器。

电机控制器安装位置见图18-8。

电机控制器检测电机的温度、磁极位置及转速,并将电机与自身运行状态通过CAN总线传递给车辆控制器,车辆控制器综合车辆各种信号,通过CAN总线控制电机控制器工作,将高压电池的高压直流电转换为三相交流电控制车辆的运行。电机控制器电路连接见图18-9。

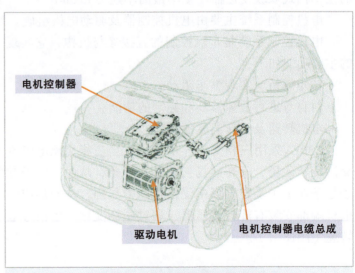

图18-8 电机控制器安装位置

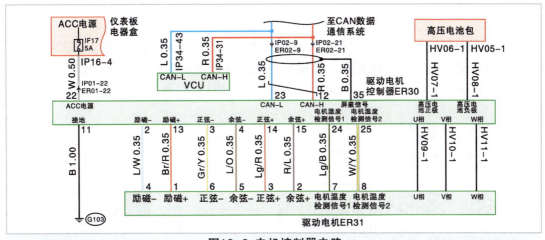

图18-9 电机控制器电路

18.2.5 车辆控制器

车辆控制器（Vehicle Control Unit，VCU）是整个汽车的核心控制部件，它通过线路或CAN总线采集电子加速踏板信号、档位信号、制动踏板信号及其他部件信号，并做出相应判断后，控制下层的各部件控制器的动作，操控汽车正常行驶。VCU电路连接见图18-10。

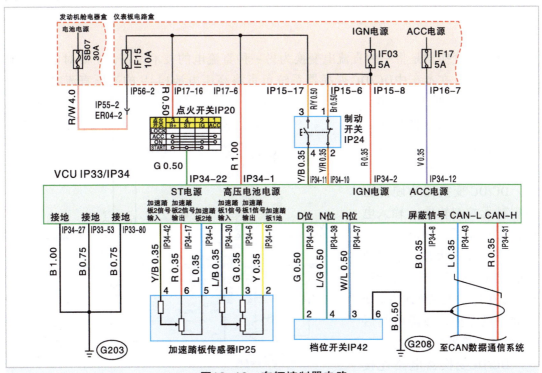

图18-10 车辆控制器电路

18.2.6 车载充电机

车载充电机安装在电动汽车上，通过充电插头与交流电网相连接，将220V交流电转换为直流电给高压电池充电，监视充电状态并根据充电状态调整充电功率，实现电动汽车充电的智能化控制。车载充电控制电路如图18-11所示。

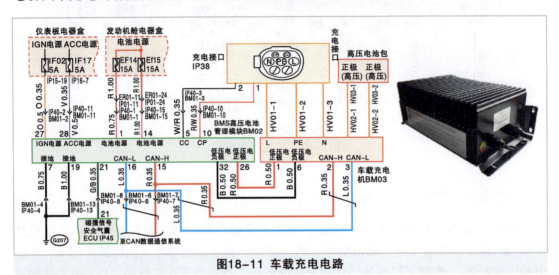

图18-11 车载充电电路

18.2.7 DC/DC变换器

DC/DC变换器是将一种直流电变换为另一种直流电的技术设备，主要对电压、电流实现变换。在本车中DC/DC变换器系统负责将高压电池144V的高压直流电转换为$(13.8±0.2)V$的低压直流电。

为整车低压电器提供电能，并且在12V蓄电池亏电时给12V蓄电池充电。

DC/DC变换器为硬件逻辑控制，无控制软件，输入电压正常建立后，DC/DC变换器就进入待机状态，给定使能信号DC/DC变换器就开始运行，发生保护工况则DC/DC变换器停机保护，故障修复后则DC/DC变换器恢复运行。

DC/DC变换器电路连接如图18-12所示。

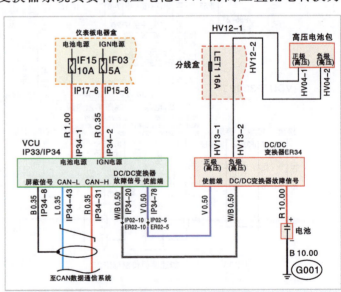

图18-12 DC/DC变换器电路

18.3 E200 EV

18.3.1 高压电池（锂离子）

E200 EV电池系统主要由BMS、高压分线盒及高压线束组成，BMS对电池进行实时监测和控制，可以提供电池电压，电流，温度，绝缘电阻，剩余电量，运行状况等信息。在充电过程中对电池的电压、电量等的不一致性进行平衡，进而提高电池组容量，延长电池组使用寿命(充放电循环次数)。高压分线盒实现高压电到各个动力模块的电源分配。图18-13为高压系统连接电路简图。

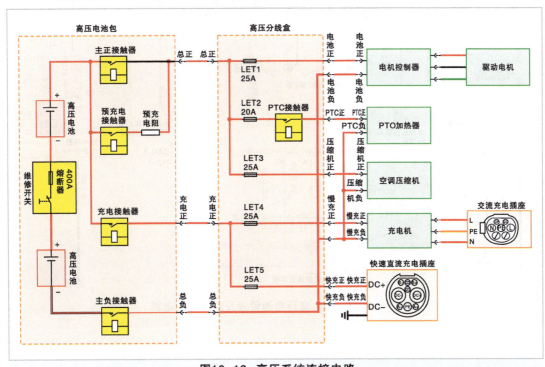

图18-13　高压系统连接电路

EV充电系统包括车辆直流快充系统与交流慢充系统。直流快充系统汽车部件主要由快速直流充电插座，BMS组成；交流慢充系统主要由充电机、交流充电枪、交流充电插座、BMS等组成。高压电池充电控制系统如图18-14所示。

高压电池充电控制：

1) 高压电池充电过程中，BMS通过检测CC点电阻，判断交流充电枪是否完全连接，检测CP点电动车与电动车供电设备之间交互是否正常。

2) 高压电池充电过程中，BMS通过检测CC2点电压判断高压直流插头是否完全连接。

3) 高压电池充电过程中，BMS通过CH_CAN线与充电机通信，监测慢充充电过程(充电电流、充电压及电池温度的检测调控)。

4) 高压电池充电过程中，BMS通过CH_CAN线与直流充电桩通信，监测快充充电过程(充电电流、充电压及电池温度的检测调控)。

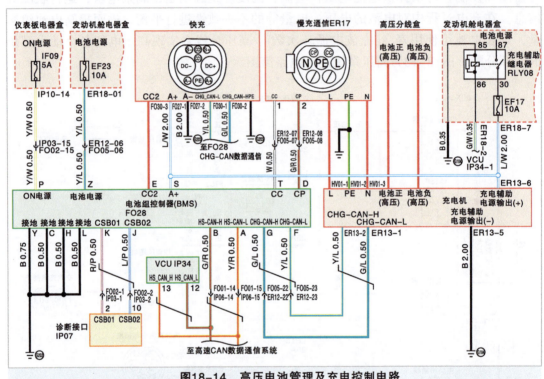

图18-14　高压电池管理及充电控制电路

18.3.2　电机控制器

电机控制系统是电动汽车的核心执行机构，它执行整车控制器的转矩指令，将高压电池的电能转化为驱动电机的动能，操控车辆的运行。电机控制系统主要由电机控制器、驱动电机等组成，还包括高压电线、信号线。图18-15、图18-16为电机控制器与电机总成分解图，电机控制系统电路见图18-17。

电机控制系统主要实现如下功能：

- 实现电能到机械能的转换。
- 电机转速的检测。
- 驱动电机、电机控制器温度的检测。

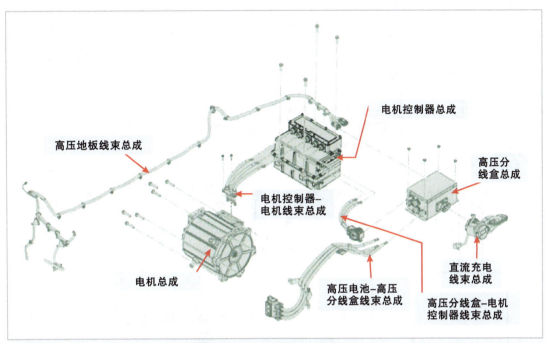

图18-15 电机控制器分解图

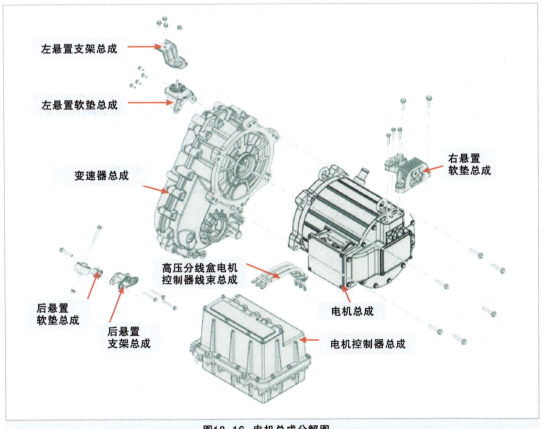

图18-16 电机总成分解图

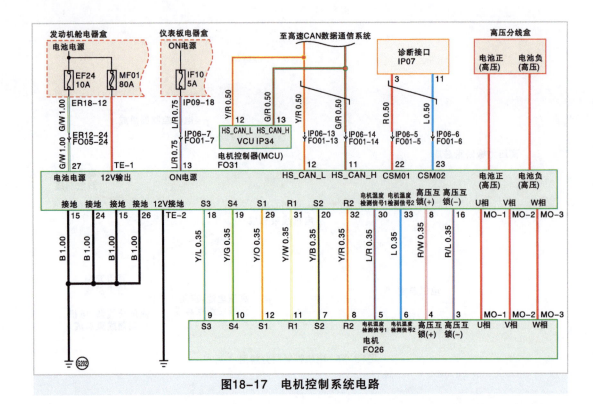

图18-17 电机控制系统电路

18.3.3 整车控制系统

E200 EV的整车控制系统主要由整车控制器、电子加速踏板总成、档位旋钮开关、制动踏板总成、ECO开关、定速巡航开关等组成。整车控制系统部件位置见图18-18。

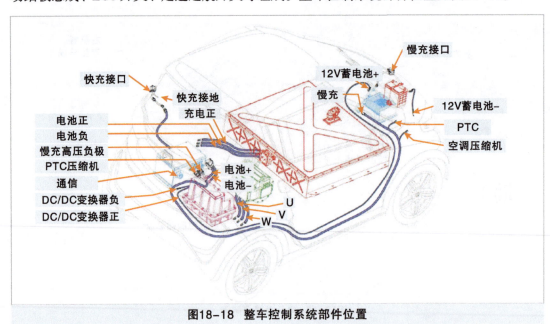

图18-18 整车控制系统部件位置

第18章 众泰

整车控制器（VCU）是整个汽车的核心控制部件。它负责整车能量管理、驾驶人模型、整车故障处理及记录、制动能量反馈、协调空调控制功能、风扇控制功能、EVP逻辑判断控制、ECO节能模式逻辑判断、充电逻辑及控制等。整车控制系统电路见图18-19。

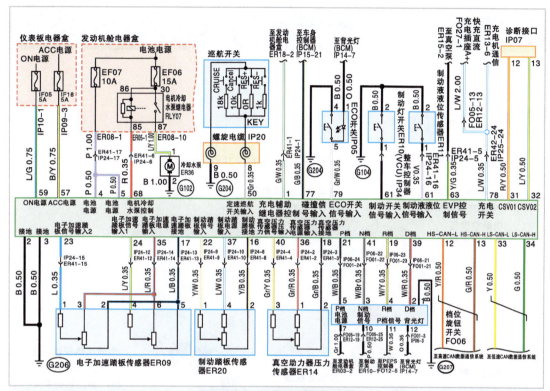

图18-19 整车控制系统电路

第19章 江淮

新能源汽车
关键部件结构图解手册

19.1 江淮iEV4

江淮iEV4车型高压系统部件如图19-1、图19-2所示。

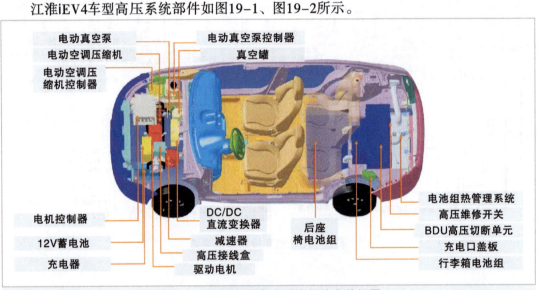

图19-1 iEV4车型高压系统部件安装位置

图19-2 iEV4车型发动机舱部件分布

19.2 江淮iEV5

19.2.1 整车高压系统部件

江淮iEV5高压系统部件位置如图19-3、图19-4所示。

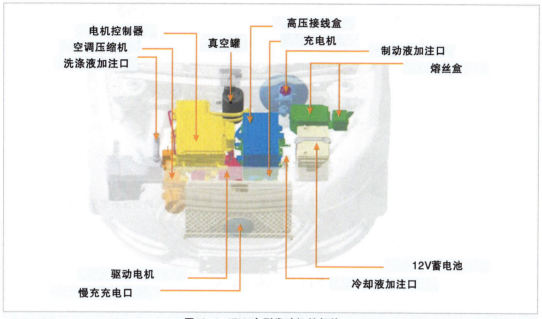

图19-3 iEV5车型发动机舱部件

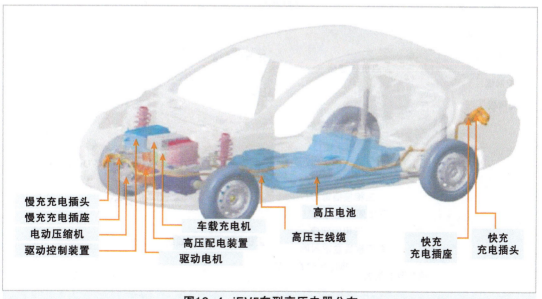

图19-4 iEV5车型高压电器分布

19.2.2 驱动电机与电机控制器

驱动电机与电机控制器部件分解图如图19-5、图19-6所示。

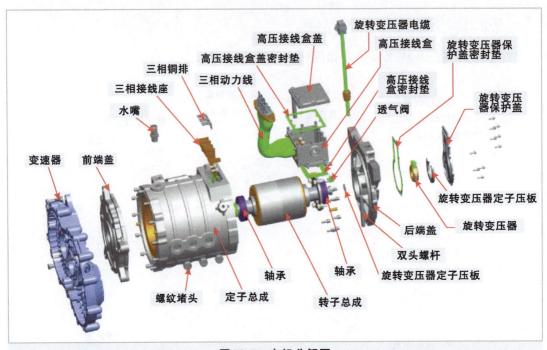

图19-5 电机分解图

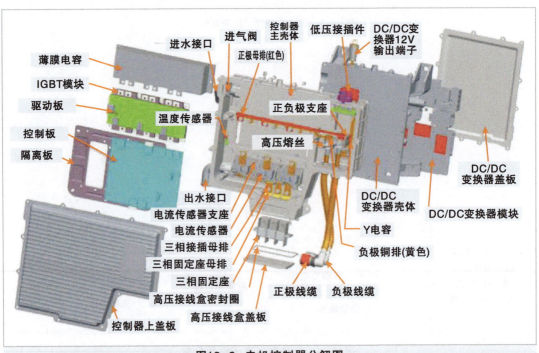

图19-6 电机控制器分解图

19.3 江淮iEV6

19.3.1 高压系统部件分布

江淮iEV6高压系统部件分布如图19-7、图19-8所示；iEV6S高压系统部件分布如图19-9、图19-10所示。

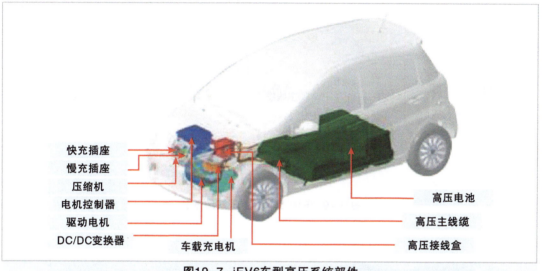

图19-7　iEV6车型高压系统部件

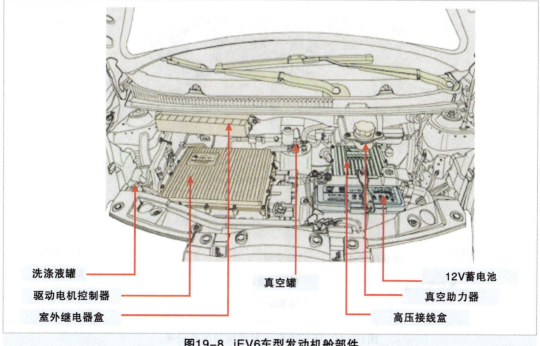

图19-8　iEV6车型发动机舱部件

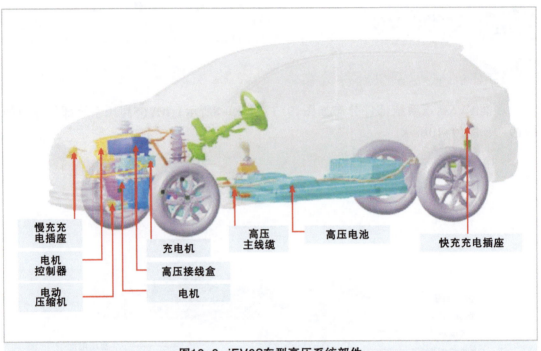

图19-9 iEV6S车型高压系统部件

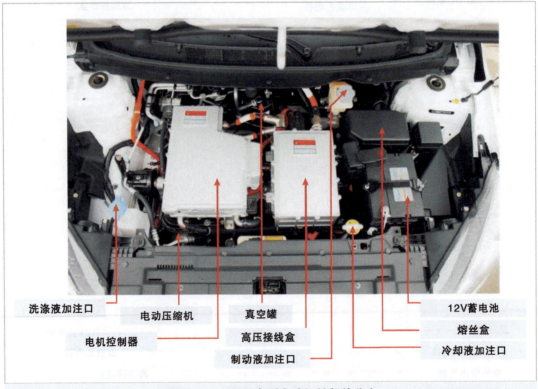

图19-10 iEV6S车型发动机舱部件分布

19.3.2 充电控制系统

充电控制系统电路框架及端子信息如图19-11所示。

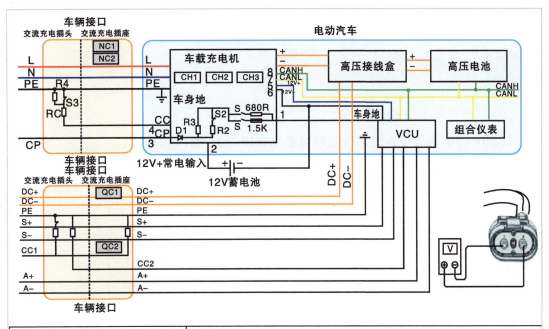

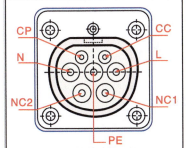

CC：充电连接确认信号线（充电器检测）
CP：占空比确认充电器功率输出（充电器检测）
L：交流220V电源
N：中线
PE：设备地
NC1：备用
NC2：备用

慢充接口

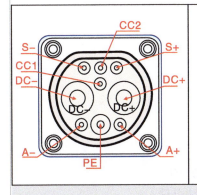

DC+：直流电源正，连接直流电源正与电池正极
DC−：直流电源负，连接直流电源正与电池负极
PE：保护接地，连接供电设备地线和车辆车身地线
CC1：充电连接确认（快充桩检测）
CC2：充电连接确认（车辆检测）
S+：充电通信CAN-H，连接快充桩和车辆的通信线
S−：充电通信CAN-L，连接快充桩和车辆的通信线
A+：低压辅助电源正，为车辆提供低压辅助电源
A−：低压辅助电源负，为车辆提供低压辅助电源

快充接口

图19-11 充电控制系统电路框架与端子信息

19.3.3 驱动电机与电机控制器

驱动电机与电机控制器构造与iEV5车型相同，相关内容请参考19.2节。

19.4 江淮iEV7

19.4.1 高压系统部件

江淮iEV7车型高压系统部件安装位置见图19-12、图19-13。

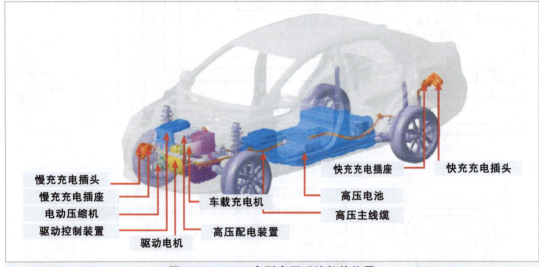

图19-12 iEV7车型高压系统部件位置

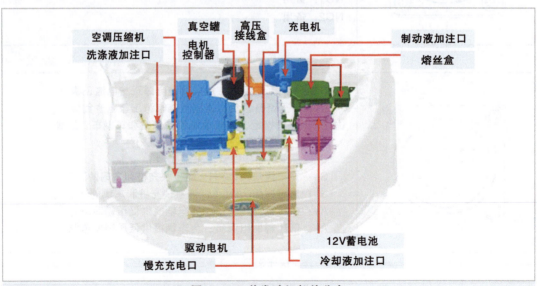

图19-13 前发动机部件分布

19.4.2 高压电池系统

iEV7高压电池模块内部结构如图19-14所示。

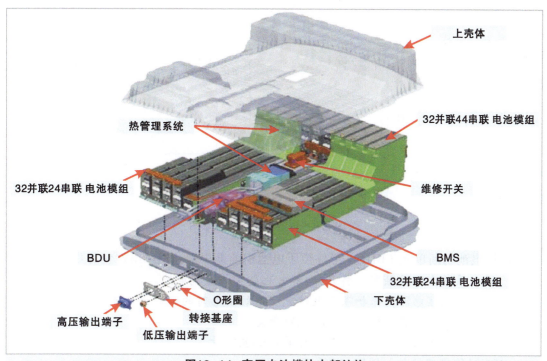

图19-14 高压电池模块内部结构

高压电池总成包含三种模组，包括左前电池模组、右前电池模组和后部电池模组，示意图见图19-15。

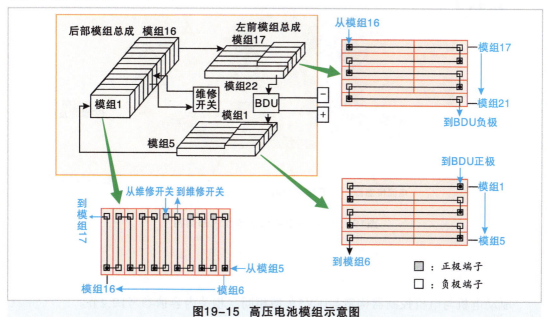

图19-15 高压电池模组示意图

左前模组为4个32并联5个串联模组右前模组为1个32并联4串联模组，后部模组为11个32并联4串联模组，见图19-16。

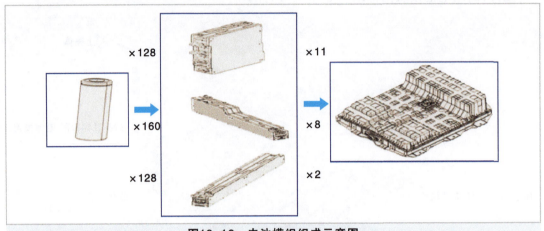

图19-16　电池模组组成示意图

高压电池切断单元（BDU）组件位于电池组前部中间，BDU组件包含如下部件：
- 系统主路接触器，打开/切断电池包主路直流电流。
- 预充继电器，保护高压电路免受系统上电时的瞬时大电流冲击。
- PTC继电器，用于控制PTC的开关。
- 电流传感器，用来测量和计算电池包容量。

BDU组件内部结构如图19-17所示。

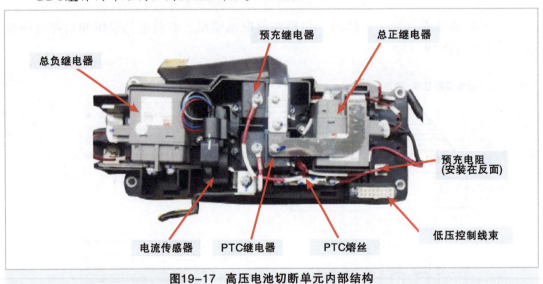

图19-17　高压电池切断单元内部结构

19.4.3　驱动电机与电机控制器

驱动电机与电机控制器构造与iEV5车型相同，相关内容请参考19.2节。

第20章　长安

新能源汽车
关键部件结构图解手册

20.1　逸动EV

20.1.1　驱动电机

电机系统由驱动电机总成和电机控制器总成两个部分组成。

驱动电机总成为三相水冷永磁同步电机，具有电动和发电功能。

电机控制器总成：电动时，将高压直流电，通过IGBT功率模块，转换成三相交流电，驱动电机转动；发电时，将电机线圈端产生的三相交流电通过IGBT模块，转变成高压直流电，给电池充电。

驱动电机总成三相线束连接如图20-1所示。

电机控制器接口定义如图20-2、图20-3所示。

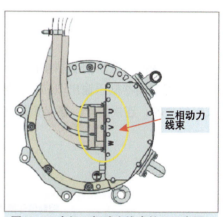

图20-1　电机三相动力线束接口示意图

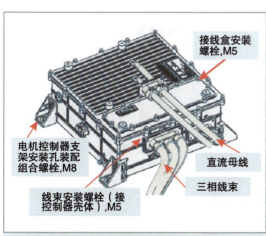

图20-2　电机控制器接口定义（正面）

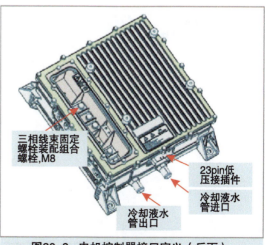

图20-3　电机控制器接口定义（反面）

20.1.2 直流变换器

直流变换器总成如图20-4所示。

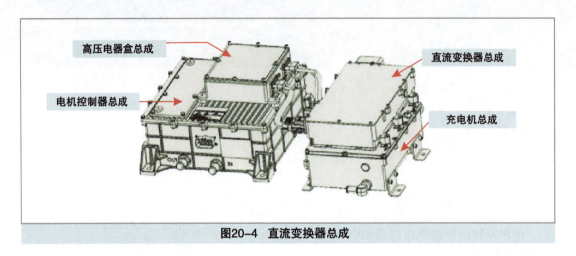

图20-4 直流变换器总成

直流变换器低压控制端接插件接口定义如图20-5所示。

直流变换器低压输出端描述：低压输出端为直接引线输出，正极到熔断器线束总成熔丝盒内，连接熔丝，输出负极直接连接在车身上。

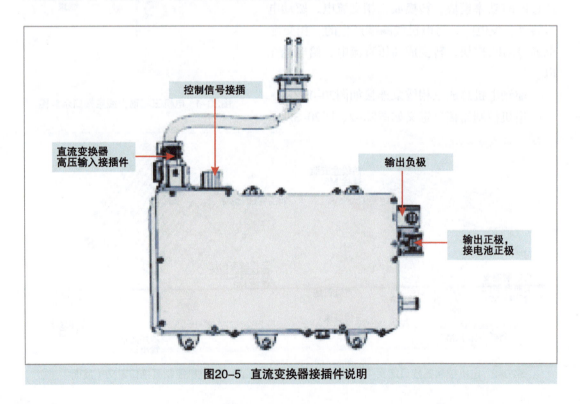

图20-5 直流变换器接插件说明

20.1.3 高压电器盒

高压电器盒总成：将高压电池线路分成五路，分别给电机控制器、PTC、空调压缩机、充电机和直流变换器供高压电，其中PTC、空调压缩机、充电机和直流变换器各配电支路串接30A熔丝，起保护作用，其中熔丝可以更换；高压电器盒内部接线见图20-7。线束接口输出见图20-8，电器盒内熔丝分布见图20-9。

高压电器盒总成布置在发动机舱，位于电机控制器上方，见图20-6。

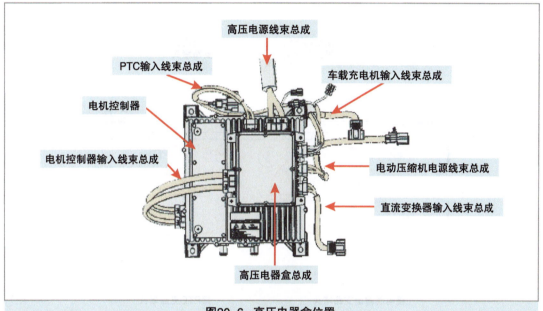

图20-6　高压电器盒位置

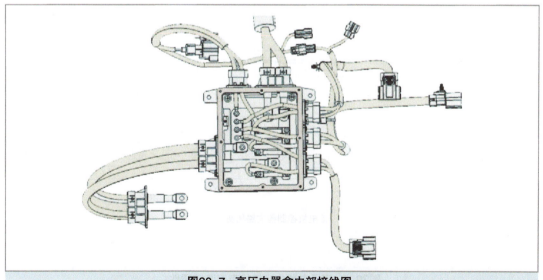

图20-7　高压电器盒内部接线图

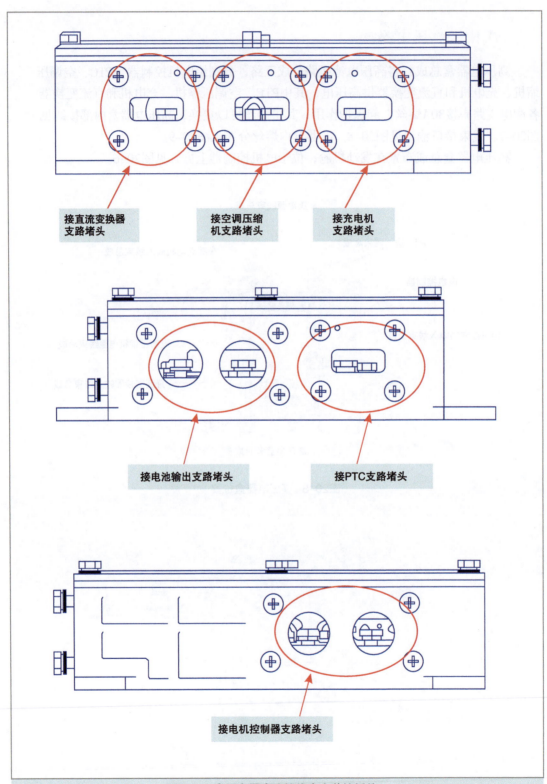

图20-8 高压电器盒连接线束安装接插件

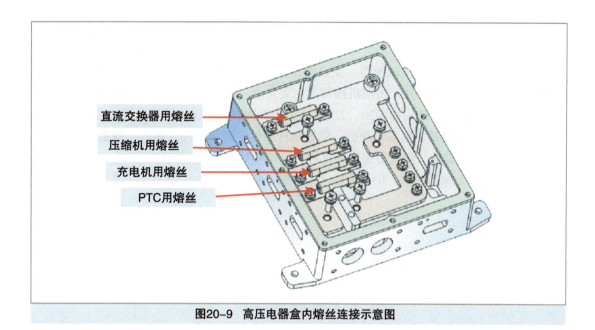

图20-9　高压电器盒内熔丝连接示意图

20.1.4　高压线路

高压线路连接如图20-10所示。

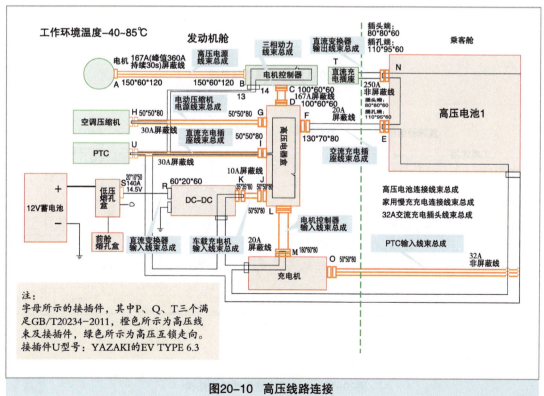

图20-10　高压线路连接

20.1.5 电动减速器

电动减速器为单速双极减速器，变速器总成如图20-11所示。它的主要结构包括传动机构和驻车机构两部分。传动机构部分主要包括：输入轴组件、中间轴组件、差速器组件主减速器，其结构如图20-12所示，传动机构部分的结构明细见图20-13。

驻车机构主要包括：驻车电动机、蜗轮蜗杆组件、齿条组件、棘爪、棘爪销、棘爪回位弹簧、驻车棘轮、角度传感器等部件，其结构如图20-14所示。

电动减速器无倒档机构，倒档靠驱动电机的反转实现。

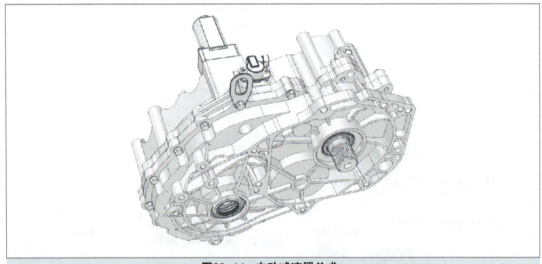

图20-11 电动减速器总成

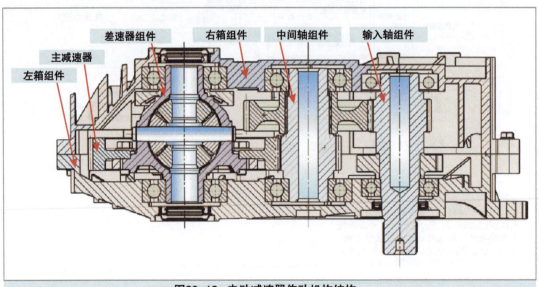

图20-12 电动减速器传动机构结构

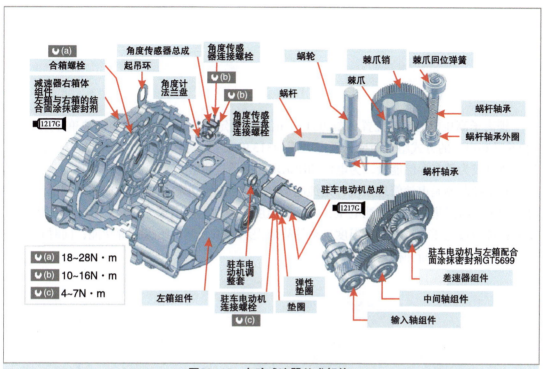

图20-13 电动减速器总成部件

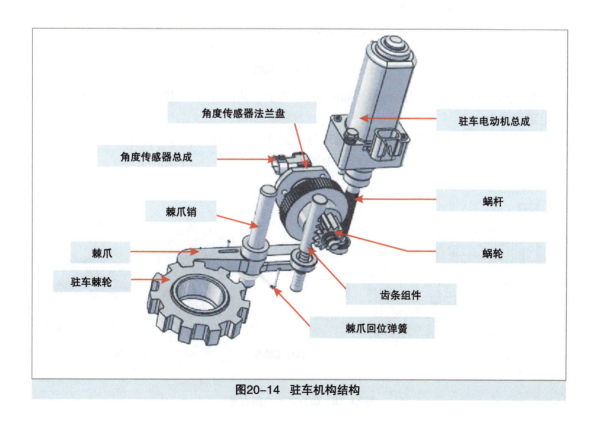

图20-14 驻车机构结构

20.2 奔奔EV

20.2.1 高压电池（锂离子）

锂离子高压电池总成位置见图20-15，由单体额定电压3.65V的172个电池单体采用2并联86串联的方式组合而成，额定电压为313.9V，额定容量为74A·h/88A·h。高压电池总成为整车存储能量，为电机和DC/DC变换器提供能量来源。

BCU控制器是电池管理系统，是纯电动汽车上管理整车高压电池总成的关键部件。它可实时采集并监控电池电压、电流、温度，预估电池电量（SOC）和当前可用功率；进行过电压、过电流、温度过高等故障提示，以及漏电流保护等功能；同时它也具有CAN故障诊断和标定功能。

图20-15 高压电池总成位置

电池模块总成类型共分为6种，如图20-16所示，共计2P86S，模组通过模组支架固定定箱体上。

电池管理控制器总成、电池状态管理器总成Ⅱ布置于16S模组侧面，直接安装在模组上；电池状态管理器总成Ⅱ布置于中通道内。

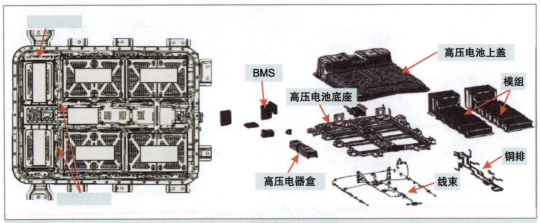

图20-16 动力电池内部布置

20.2.2 驱动电机与控制器

驱动电机总成及附件如图20-20所示，控制器盒外部接口、熔丝分布及内部结构见图20-18、图20-19和图20-21。

 电机系统

* 电机控制器通过矢量控制的方式控制电机输出转矩，见图20-17
* 通过控制IGBT开关管的顺序实现电机正转、反转和制动能量回收功能。

 高压分线盒

它将高压电池直流母线分成四路，分别给电机控制器、PTC、空调压缩机和直流变换器提供高压电，其中PTC、空调压缩机、直流变换器各配电支路串接30A、30A、10A熔丝，起保护作用，熔丝可以更换。

 直流变换器

它将输入高压直流电转换成低压12V DC电源，为整车的低压用电设备和12V电池提供电源，确保整车低压用电设备的正常工作。

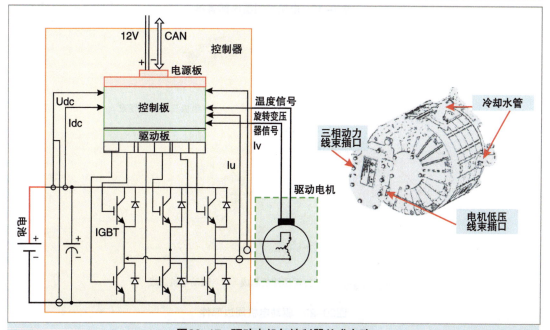

图20-17 驱动电机与控制器总成电路

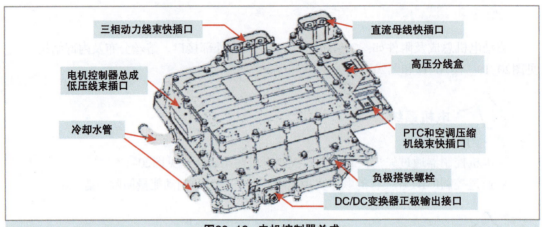

图20-18　电机控制器总成

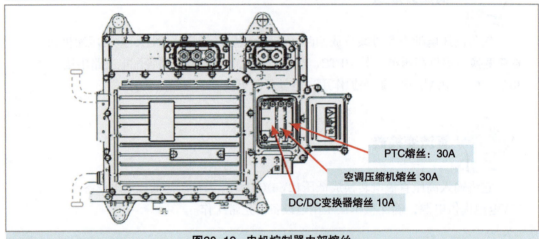

图20-19　电机控制器内部熔丝

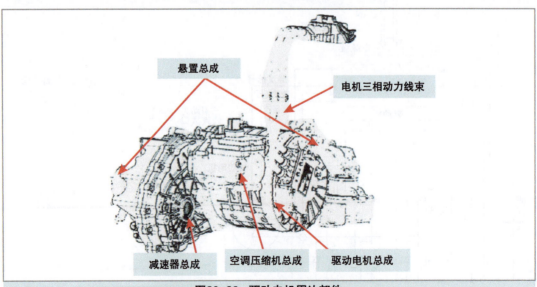

图20-20　驱动电机周边部件

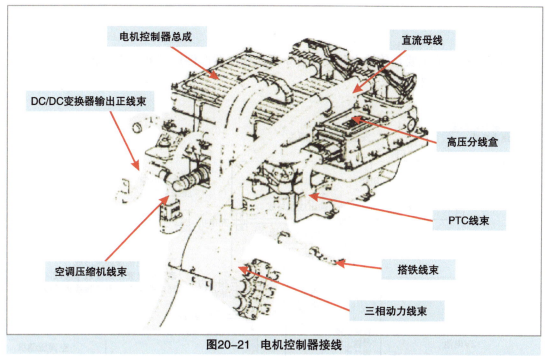

图20-21 电机控制器接线

20.2.3 车载充电机

充电机上电初始化后，按照CAN总线充电参数指令为高压电池充电。充电控制电路原理如20-22所示。

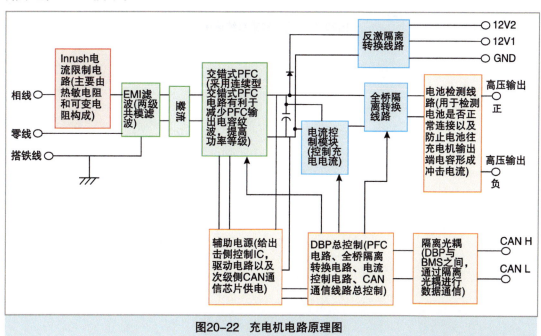

图20-22 充电机电路原理图

20.2.4 高压线束

高压线束总成主要是传输电流，为各个高压用电器部件提供电源的功能。高压线束系统连接图见下图20-23。

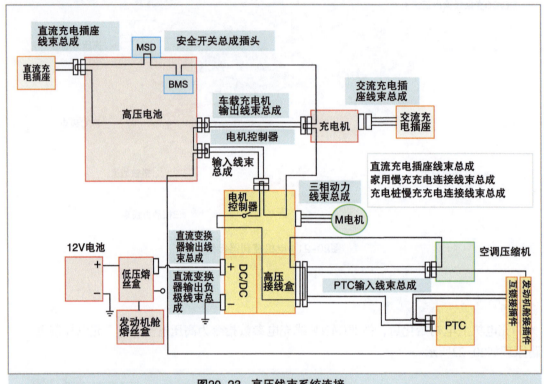

图20-23 高压线束系统连接